Reger · Metaphern und Idiome

HARALD REGER

Metaphern und Idiome

in szenischen Texten,
in der Werbe- und Pressesprache

HELMUT BUSKE VERLAG HAMBURG

Der Abdruck der Beiträge erfolgt mit freundlicher Erlaubnis der Gesellschaft für deutsche Sprache in Wiesbaden

CIP-Kurztitelaufnahme der Deutschen Bibliothek

Reger, Harald:
[Sammlung]
Metaphern und Idiome in szenischen Texten, in der Werbe- und Pressesprache / Harald Reger. - Hamburg : Buske, 1980.
   ISBN 3-87118-440-3

ISBN 3-87118-440-3
Alle Rechte vorbehalten
© HELMUT BUSKE VERLAG HAMBURG 1980
Gesamtherstellung: Strauß & Cramer, Hirschberg

INHALT

Vorwort	7
Literaturverzeichnis	9
Metapher und sprachliches Symbol im Drama *(Muttersprache 5/1972 S. 324-333)*	15
Die Bildlichkeit in der Soraya-Presse *(Muttersprache 3/1972 S. 149-156)*	25
Zur Idiomatik der Boulevardpresse *(Muttersprache 3/1974 S. 230-239)*	33
Die Metaphorik in der Boulevardpresse *(Muttersprache 4/1974 S. 314-325)*	43
Die Metaphorik der Anzeigenwerbung in Zeitschriften *(Muttersprache 3/1976 S. 225-245)*	55
Die Metaphorik in der konventionellen Tagespresse *(Muttersprache 4/1977 S. 259-279)*	77
Zur Idiomatik der konventionellen Tagespresse *(Muttersprache 5/1977 S. 337-346)*	97
Die Metaphorik in der Illustriertenpresse *(Muttersprache 2/1978 S. 106-131)*	107
Zur Idiomatik in der Illustriertenpresse *(Muttersprache 5/1978 S. 310-325)*	133

Alle Beiträge sind der "Muttersprache", Zeitschrift zur Pflege und Erforschung der deutschen Sprache, herausgegeben von der Gesellschaft für deutsche Sprache in Wiesbaden, entnommen. Die Originalpaginierung wurde beibehalten. Die Seitenzählung dieses Bandes erfolgt durchgehend am Fußsteg

VORWORT

Der vorliegende Band faßt Beiträge zusammen, die in der Zeitschrift "Muttersprache" von 1972 bis 1978 erschienen. Das Interesse an ihnen zeigt sich in den Nachfragen für Sonderdrucke und den Anfragen für Zusammenfassungen in "Language und Language Behavior Abstracts" und/oder "Sociological Abstracts".

Die Aufsätze beinhalten den Aufweis von Metaphernarten und die Ermittlung ihrer allgemeinen und speziellen Funktionen in szenischen Texten und Werbeanzeigen sowie die gleichartige Untersuchung der Metaphern und der Idiomarten (allgemeine, sprichwörtliche Redensarten, Sprichwörter) in Bereichen der Pressesprache.

Die für die Untersuchungen verwendeten Metaphernkategorien - insgesamt fünf (ohne Untergruppen) - wurden ermittelt durch die sprachfunktionale Analyse von Übertragungen und deren begrifflicher Fixierung, d.h. durch die Bestimmung der Übertragungsmodi, welche die Metaphern konstituieren. Diese sind zu abstrahieren, wenn die Relation zwischen einem Bezugsobjekt (als Gegenstand oder Person, Begriff, Sachverhalt - z.b. Solidarität) und dem übertragenen Phänomen (gleichfalls als Gegenstand oder ... - z.B. Woge/Welle) bestimmt wird (Eine Welle von Solidarität schlug ihm entgegen = konkretisierende Metapher). Die so ermittelten Metaphernkategorien gewährleisten sowohl für poetische als auch für expositorische Texte angemessene Untersuchungen.

Unter dem Aspekt der Aussagekomplexität und auch -intensität können Übertragungen zudem u.a. als kreativ, konventionell, lexikalisiert bezeichnet werden (Letztere werden nicht mehr als Metaphern empfunden - Motorhaube - und konventionelle nicht mehr als innovativ - auf dem Wege in Weiße Haus sein).

Literaturwissenschaftliche Untersuchungen zur Metaphorik von literarischen Epochen, in bezug auf das Gesamt-, das Teilwerk oder Einzeltexte von Autoren liegen vor. Aber aufgrund der Bedeutsamkeit der Übertragungen bzw. Metaphernkategorien für die Rezeption von literarischen Texten und damit ebenso für das Verstehen der Erkenntnisinteressen und Erkenntnishorizonte von Autoren sollte die Metaphernforschung intensiviert werden.

Das gilt vor allem für den Aufweis und die Funktionsermittlung sprachlicher Symbole nicht nur in lyrischen, sondern auch in szenischen Texten. Wie an einem traditionellen Bühnenstück aufgezeigt wird, können sich in dramatischen Werken mit nichtnaturalistischem Sprachgebrauch eine Reihe von Metaphern, die den gleichen Bildgegenstand oder den gleichen Bildbereich aufweisen, durch leitmotivische Wiederholung zum sprachlichen Symbol integrieren.

Unter literatur- und sprachwissenschaftlichem Aspekt sowie gleichfalls in didaktischer Perspektive stellen die vorgelegten Metaphern- und Idiomuntersuchungen zur Anzeigenwerbung und Pressesprache Desiderate dar.

Der Aufweis der Metaphorik in den beiden Sprachsektoren und die dreifach akzentuierte Analyse ihrer Funktionen - in bezug auf die Sprache, die Texte der Journalisten, die Leser - sind deshalb besonders relevant, weil die Übertragungen in den Werbeanzeigen ein dominantes und in der Pressesprache wegen ihrer eminenten Häufigkeit das bedeutsamste stilistische Ausdrucksmittel darstellen. Außer der Ermittlung, welchen Stilebenen die Metaphern zuzuordnen sind, werden die Analyseergebnisse hinsichtlich der konventionellen Tageszeitungen, der Boulevardblätter und der Illustrierten miteinander verglichen.

Es wäre lohnenswert, weitere und zudem differenziertere Untersuchungen zur Metaphorik der Werbe- und Pressesprache vorzunehmen: z.B. die Verschiedenheit der Metaphernverwendung in Werbemedien, der unterschiedliche Gebrauch von Übertragungen für gleiche und ähnliche Produkte in mehreren Zeitschriftenarten; die Metaphernhandhabe in aktuellen Wochen- und kulturell unterhaltenden Monatszeitschriften, Unterschiede der Metaphernverwendung in den Sparten konventioneller lokaler, regionaler und überregionaler Tageszeitungen.

Die Untersuchungen der drei Idiomkategorien in der Boulevard-, der konventionellen Tages- und der Illustriertenpresse verfolgen die gleichen Intentionen wie die Metaphorikanalysen. Die allgemeinen Redensarten und die sprichwörtlichen Redensarten - diese verlangen eine historische Erklärung, jene nicht - wurden herangezogen, weil sie in der Pressesprache im Verhältnis zu anderen Idiomtypen am häufigsten aufzufinden sind; die Sprichwörter wurden herangezogen, weil sie sowohl in festgeprägter Form als auch variiert in Kontexten mehrfache Funktionen haben.

Unter pragmalinguistischem Aspekt ist die Phraseologie seit einigen Jahren ein Schwerpunkt der Sprachforschung und gewinnt deshalb verstärkt Bedeutung für sprachdidaktische Reflexionen und Konzeptionen. Hierdurch mitbedingt, spiegeln die vorgelegten Arbeiten in ihrer zeitlichen Abfolge teilweise die Differenzierung der Idiomatikdiskussion. Das gilt ebenso für die Metapherndiskussion in den analogen Beiträgen..

Auch hinsichtlich der Phraseologieforschung sind weitere und speziellere Untersuchungen der Werbe- und Pressesprache vorzunehmen: z.B. die Verwendungs- und Funktionsweise von Redensarten, Sprichwörtern, Zwillingsformeln in der Werbesprache oder gleichartige Analysen bezogen auf aktuelle Wochen- und kulturell unterhaltende Monatszeitschriften. Ein fast noch völlig unbeachtetes und immenses Forschungsfeld ist die neuere und zeitgenössische fiktionale Literatur.

LITERATURVERZEICHNIS

*Ergänzende und neuere Titel zur Meaphern- und (hinsichtlich Redensarten, Sprichwörter) zur Phraseologieforschung sind mit einem * versehen.*

Adorno, Theodor W.: Jargon der Eigentlichkeit. Zur deutschen Ideologie. - Frankfurt: Suhrkamp ^{5}1970 (= edition suhrkamp 91)

Adorno, Theodor W.: Ohne Leitbild. Parva Aesthetica. - Frankfurt: Suhrkamp ^{4}1970 (= edition suhrkamp 201)

Agricola, Erhard, Wolfgang Fleischer, Hellmut Protze (Hg.): Die deutsche Sprache. Kleine Enzyklopädie in 2 Bänden. - Leipzig: VEB Bibliographisches Institut 1969

*Agricola, Erhard u.a. (Hg.): Lexikon der Wörter und Wendungen. - München: Heyne 1976

Althaus, Hans Dieter, Helmut Henne, Herbert Ernst Wiegand (Hg.): Lexikon der Germanistischen Linguistik. - Tübingen: Niemeyer 1973. 2., vollst. neu bearb.u. erweit.A.1980

Arens, Karlpeter: Manipulation. Kommunikationspsychologische Untersuchung mit Beispielen aus Zeitungen des Springer-Konzerns. - Berlin: Spieß 1970 (= Schriftenreihe für Publizistikwissenschaft 3)

Baake, Dieter: Der traurige Schein des Glücks. Zum Typus kommerzieller Jugendzeitschriften. - In: Hermann K. Ehmer (Hg.): Visuelle Kommunikation. Beiträge zur Kritik der Bewußtseinsindustrie. - Köln: DuMont Schauberg 1971. S. 213-250

Baake, Dieter (Hg.): Mediendidaktische Modelle: Zeitung und Zeitschrift. - München: Juventa 1973

*Bebermeyer, Gustav und Renate: Abgewandelte Formeln - sprachlicher Ausdruck unserer Zeit. - In: Muttersprache 87 (1977) S. 1-42

Beha, Erdmute: BRAVO. - In: Kürbiskern 2/1972 S. 272-278

Böckelmann, Frank: Theorie der Massenkommunikation. - Frankfurt: Suhrkamp 1975 (= edition suhrkamp 658)

Bödeker, Johann Dietrich: Sprache der Anzeigenwerbung. - Karlsruhe: Braun o.J. (= Sprachhorizonte 2)

Bödeker, Johann Dietrich: Die Sprache der Anzeigenwerbung. Begleitheft. - Dortmund: Krüwell-Konkordia 1970

Bongard, Willi: Männer machen Märkte. Mythos und Wirklichkeit der Werbung. - Frankfurt/Berlin: Ullstein 1963 (= Ullstein Taschenbücher 567)

Burger, Harald: Idiomatik des Deutschen. - Tübingen: Niemeyer 1973 (=Germanistische Arbeitshefte 16)

Butzlaff, Wolfgang: Sprachbetrachtung und Sprachkritik mit Hilfe der Zeitung. - In: Der Deutschunterricht (DU) 4/1969. S. 18-39

*Cöster, Oskar: Maulschellen für den "Volksmund" - Epigramme zur Dialektik des Sprichworts. - In: Projekt Deutschunterricht 12 (1978) S. 131-147

Daniels, Karlheinz: Moderne Sprachentwicklung als didaktisches Problem. - In: Sprachpädagogik - Literaturpädagogik. Festschrift für Hans Schorer. Hrsg. von Wilhelm L. Höffe. - Frankfurt: Diesterweg 1969. S. 51-62

Daniels, Karlheinz: Phraseologie als Aufgabe der Sprachdidaktik (Kurzfassung). - In: Ulrich Engel und Helmut Schumacher (Hg.): Linguistik. Beschreibung der Gegenwartssprachen. Bd. 4. - Heidelberg: Groos 1975. S. 92-99 (=Kongreßbericht der 6. Jahrestagung der Gesellschaft für Angewandte Linguistik)

Daniels, Karlheinz: Neue Aspekte zum Thema Phraseologie in der gegenwärtigen Sprachforschung. - In: Muttersprache 86 (1976) S. 257-293. 2. Teil Ebd. 89 (1979) S. 71-96

Daniels, Karlheinz: Redensarten, Sprichwörter, Slogans, Parolen. Bericht über ein Forschungs- und Lehrprojekt zum Thema "Schematismen des Sprachhandelns". - In: Henrici, Gert und Reinhard Meyer-Hermann (Hg.): Linguistik und Sprachunterricht. - Paderborn: Schöningh 1976. S. 174-191

*Daniels, Karlheinz: Zur Konstituierung des Lernbereichs "Reflexion über Sprache" am Beispiel "Sprachliche Schematismen". - In: Dietrich Boueke (Hg.): Deutschunterricht in der Diskussion. Forschungsberichte. Bd. 1. - Paderborn/München/Wien/Zürich: Schöningh ²1979 (=UTB 403) S. 288-308

Dankert, Harald: Sportsprache und Kommunikation. - Tübingen: Tübinger Vereinigung für Volkskunde 1969 (=Volksleben 25)

*Demandt, Alexander: Metaphern für Geschichte. Sprachbilder und Gleichnisse im historisch-politischen Denken. - München: Beck 1978

Dichter, Ernest: (The Strategy of Desire) Strategie im Reich der Wünsche. - München: Deutscher Taschenbuch Verlag 1964 (=dtv. 229/230)

Dittrich, Hans: Redensarten auf der Goldwaage. - Bonn: Dümmler 1970

Enzenberger, Hans Magnus: Baukasten zu einer Theorie der Medien. In: Kursbuch 20. Frankfurt: Suhrkamp 1970. S. 159-186

Enzenberger, Hans Magnus: Bewußtseins-Industrie. - In: Enzenberger: Einzelheiten I. Frankfurt: Suhrkamp ⁷1971. S. 7-15

Esser, Wilhelm Martin: Nochmals: "Das ist (nicht) mein Bier". - In: Muttersprache 83 (1973) S. 150 f

Friederich, Wolf: Moderne deutsche Idiomatik. - München: Hueber 1966. ²1976

Fülleborn, Ulrich: Das dramatische Geschehen im Werk Franz Grillparzers. - München: Fink 1966

Grebe, Paul (Bearb.): Duden. Grammatik der deutschen Gegenwartssprache. - Mannheim: Dudenverlag ³1973 (=Der Große Duden 4)

Grosse, Siegfried: Reklamedeutsch. - In: Wirkendes Wort (WW) 16 (1966) S. 89-104

Gutte, Rolf: Gesellschaftliche Identifikationsangebote - Zum Beispiel "Bravo". - In: Projekt Deutschunterricht 5/1973. S. 42-75

Harweg, Heckhausen, Suerbaum, Weinrich u.a.: Die Metapher (=Bochumer Diskussion). - In: Poetica 2 (1968) S. 100-130

**Häusermann, Jürg*: Phraseologie. Hauptproblem der deutschen Phraseologie auf der Basis sowjetischer Forschungsergebnisse. - Tübingen: Niemeyer 1977 (= Linguistische Arbeiten 47)

Heistrüvers, Hans Dieter: Die sprachliche Untersuchung von Werbetexten. - In: Der Deutschunterricht (DU) 5/1968. S. 98-111

Heller, Karl Jürgen: Die Sprache der Parteienreklame - Die Sprache der Artikelwerbung. - In: Projekt Deutschunterricht 2/1972. S. 60-80

Herder, Johann Gottfried: Sprachphilosophische Schriften. Aus dem Gesamtwerk ausgewählt von Erich Heintel. - Hamburg: Meiner 1960

Herzenstiel, Werner R.: Erziehungserfahrung im deutschen Sprichwort. Theorie einer freiheitlichen Erziehungspraxis. - Saarbrücken: Universitäts- und Schulbuchverlag 1973

Holzer, Horst: Massenmedien oder Monopolmedien. - In: Kürbiskern 4/1971. S. 626-627

Ingendahl, Werner: Der metaphorische Prozeß. Methodologie zu seiner Erforschung und Systematisierung. - Düsseldorf: Schwann 1971 (=Sprache der Gegenwart 14)

Kallmeyer, Werner u.a. (Hg.): Lektürekolleg zur Textlinguistik. Bd. 2: Reader. - Frankfurt: Athenäum 1974 (=Fischer Athenäum Taschenbücher. Sprachwissenschaft 2051)

Katann, Oskar: Forschungsbericht. Hermann Pongs: Das Bild in der Dichtung. - In: Euphorion 32 (1931) S. 226-241

Kayser, Wolfgang: Das sprachliche Kunstwerk. - Bern: Francke ¹⁴1969

Klappenbach, Ruth und Wolfgang Steinitz (Hg.): Wörterbuch der deutschen Gegenwartssprache. 1. Bd. - Berlin: Akademie-Verlag ³1967

Klotz, Volker: Slogans. - In: Sprache im technischen Zeitalter 7/1963. S. 538-546

Köller, Wilhelm: Semiotik und Metapher. - Stuttgart: Metzler 1975

Koller, Werner: Redensarten in Schlagzeilen. - In: Muttersprache 85 (1975) S. 400-408

**Koller, Werner*: Redensarten. Linguistische Aspekte, Vorkommensanalysen, Sprachspiel. - Tübingen: Niemeyer 1977 (=Germanistische Linguistik 25)

Korn, Karl: Sprache in der verwalteten Welt. - Olten/Freiburg: Walter ²1969

Koszyk, Kurt und Karl Hugo Pruys (Hg.): Wörterbuch der Publizistik. - München: Deutscher Taschenbuch-Verlag ²1970

**Kubczak, Hartmut*: Die Metapher. Beiträge zur Interpretation und semantischen Struktur der Metapher auf der Basis einer referentialen Bedeutungsdefinition. - Heidelberg: Winter 1978

Kurz, Gerhard und Theodor Pelster: Metapher. Theorie und Unterricht. - Düsseldorf: Schwann 1976

Landmann, Michael: Gnoseologische und ästhetische Valenz der Metapher. - In: Landmann: Die absolute Dichtung. Essays zur philosophischen Poetik. - Stuttgart: Klett 1963. S. 119-144

Lay, Rupert: Manipulation durch Sprache. - München: Langen-Müller/Herbig 1977

Mackensen, Lutz: Verführung durch Sprache. - München List 1973

Marcuse, Herbert: Der eindimensionale Mensch. Studien zur Ideologie der fortgeschrittenen Industriegesellschaft. - Neuwied: Luchterhand 1970 (=Luchterhand. Soziologische Texte 40)

Michel, Georg u.a.: Einführung in die Methode der Stiluntersuchung. - Berlin: Volk und Wissen 1968

Mieder, Wolfgang: Verwendungsmöglichkeiten und Funktionswerte des Sprichwortes in der Wochenzeitung (Untersuchung der ZEIT für das Jahr 1971). - In: Muttersprache 83 (1973) S. 89-119

**Mieder, Wolfgang*: Das Sprichwort in unserer Zeit. - Frauenfeld: Hueber 1975 (= Schriften des deutschschweizerischen Sprachvereins 8)

**Mieder, Wolfgang:* Das Sprichwort in der deutschen Prosaliteratur des neunzehnten Jahrhunderts. - München: Fink 1976 (=Freiburger Folkloristische Forschungen 7)

**Mieder, Wolfgang (Hg)*: Ergebnisse der Sprichwörterforschung. - Bern/Frankfurt/Las Vegas: Lang 1977

**Mieder, Wolfgang*: Sprichwörtliche Schlagzeilen in der Wochenzeitung. Untersuchung der ZEIT für das Jahr 1977. - In: Muttersprache 88 (1978) S. 93 - 105

Mittelberg, Ekkehart: Wortschatz und Syntax der Bild-Zeitung. - Marburg: Elwert 1967 (= Marburger Beiträge zur Germanistik 19)

Mittelberg, Ekkehart: Sprache in der Boulevardpresse. - Stuttgart: Klett 1970

Möckelmann, Jochen und Sönke Zander: Form und Funktion der Werbeslogans. - Göppingen: Kümmerle 1970 (=Göppinger Arbeiten für Germanistik 26)

**Mooy, Jan J.A.*: A Study of metaphor. On the nature of metaphorical expressions, with special reference to their reference. - Amsterdam: North-Holland Publ. Co. 1976 (= North-Holland linguistic Series 27)

Münch, Ilse: Die Tragik im Drama und Persönlichkeit Franz Grillparzers. - Berlin: Junker und Dünnhaupt 1931

Naumann, Walter: Grillparzer. Das dichterische Werk. - Stuttgart: Kohlhammer o.J. (1955)

**Nieraad, Jürgen*: "Bildgesegnet und bildverflucht". Forschungen für sprachlichen Metaphorik. - Darmstadt: Wissenschaftliche Buchgesellschaft 1977 (=Erträge der Forschung 63)

Obländer, Heinz und Kunibert Reinhard: Presse-Sprache. Begeiheft. - Stuttgart: Klett 1971 (=Arbeitsmaterialien Deutsch)

Oomen, Ursula: Linguistische Grundlagen poetischer Texte. Tübingen: Niemeyer 1973

Oßwald, Paul und Egon Gramer: Die Sprache der Werbung. - In: Der Deutschunterricht (DU) 5/1968. S. 76-97

Packard, Vance: (The hidden Persuaders) Die geheimen Verführer. - Frankfurt/Berlin: Ullstein 1969 (=Ullstein Taschenbücher 402)

Pausch, Holger A.: Die Metapher. Forschungsbericht. - In: Wirkendes Wort (WW) 24 (1974) S. 56-69

**Peukes, Gerhard*: Untersuchungen zum Sprichwort im Deutschen. Semantik, Syntax, Typen. - Berlin: Schmidt 1977 (=Philologische Studien und Quellen 86)

**Pilz, Klaus Dieter*: Phraseologie. Versuch einer interdisziplinären Abgrenzung, Begriffsbestimmung und Systematisierung - unter besonderer Berücksichtigung der deutschen Gegenwartssprache. 2 Bde. - Göppingen: Kümmerle 1978 (= Göppinger Arbeiten zur Germanistik 239)

Pongs, Hermann: Das Bild in der Dichtung. Versuch einer Morphologie der metaphorischen Formen. - Marburg: Elwert ^{2}1960

Priesemann, Gerhard: Bild. - In: Das Fischer-Lexikon. Literatur II. 1. Teil Hrsg. von Wolf-Hartmut Friedrich und Walther Killy. - Frankfurt: Fischer 1965. S. 84-100

Prokop, Dieter (Hg.): Massenkommunikationsforschung 1: Produktion. - Frankfurt: Fischer 1972 (=Fischer Taschenbuch 6151/52)

Pross, Harry: Moral der Massenmedien. Prolegomena zu einer Theorie der Publizistik. - Köln/Berlin: Kiepenheuer und Witsch 1967

Reger, Harald: Das Sprachbild in Grillparzers Dramen: Bonn: Bouvier 1968 (=Xerogrammata. Hochschulschriften 2)

Röhrich, Lutz: Lexikon der sprichwörtlichen Redensarten. 2 Bde. - Freiburg/Basel/Wien: Herder 1973 (^{5}1978)

**Röhrich, Lutz und Wolfgang Mieder*: Sprichwort. - Stuttgart: Metzler 1977 (= Sammlung Metzler. M 154: Abt. E. Poetik)

Römer Ruth: Die Sprache der Anzeigenwerbung. - Düsseldorf: Schwann ^{2}1971 (=Sprache der Gegenwart 4)

Schaum, Konrad: Gesetz und Verwandlung in Grillparzers "Goldenem Vließ". - In: Deutsche Vierteljahrsschrift für Literaturwissenschaft und Geistesgeschichte (DVjs) 38 (1964) S. 388-423

Schmidt, Wilhelm: Deutsche Sprachkunde. - Berlin: Volk und Wissen ^{6}1968

Schneider, Karl Ludwig: Der bildhafte Ausdruck in den Dichtungen Heyms, Trakls und Stadlers. - Heidelberg: Winter 1954

Seidler, Herbert: Zur Sprachkunst in Grillparzers Hero-Tragödie. - In: Festschrift Moritz Enzinger zum 60. Geburtstag. - Innsbruck: Wagner 1953. S. 167-184

Shibles, Warren A.: Die metaphorische Methode. - In: Deutsche Vierteljahrsschrift für Literaturwissenschaft und Geistesgeschichte (DVjs) 48 (1974) S. 1-9

Siefer, Claus: Der Jargon der Sportreportage. - In: Der Deutschunterricht (DU) 1/1970. S. 104-116

Sprachbilder. - Praxis Deutsch 16/1976

Stierle, Karlheinz: Text als Handlung. - München: Fink 1975 (=UTB 423)

Teigeler, Peter: Verständlichkeit und Wirksamkeit von Sprache und Text. - Stuttgart: Nadolsky 1968 (=Effektive Werbung 1)

Todenhagen, Christian: "Das ist (nicht) mein Bier". - In: Muttersprache 82 (1972) S. 334-336

Wander, Karl Friedrich Wilhelm: Deutsches Sprichwörter-Lexikon. 5 Bde. (1867-1880). Unveränderter Nachdruck. - Darmstadt: Wissensch. Buchgesellschaft 1964

Wiese, Benno von: Die deutsche Tragödie von Lessing bis Hebbel. 2. Teil. - Hamburg: Hoffmann und Campe ⁶1964

Weinrich, Harald: Semantik der kühnen Metapher. - In: Deutsche Vierteljahrsschrift für Literaturwissenschaft und Geistesgeschichte (DVjs) 37 (1963) S. 325-344

Weinrich, Harald: Linguistik der Lüge. - Heidelberg: Schneider 1966

Böll, Heinrich: Ansichten eines Clowns (1963)

Böll, Heinrich: Die verlorene Ehre der Katharina Blum (1974)

Grass, Günter: örtlich betäubt (1969)

Hesse, Hermann: Das Glasperlenspiel (1943)

Simmel, Johannes Mario: Der Stoff aus dem die Träume sind (1971)

Wallraff, Günter: Der Aufmacher. Der Mann, der bei Bild Hans Esser war (1977)

Walser, Martin: Halbzeit (1960)

Walser, Martin: Das Einhorn (1966)

Metapher und sprachliches Symbol im Drama

Von HARALD REGER

Die Metapher als sprachlicher Ausdruck und poetisches Ausdrucksmittel
Unter den logischen Grundleistungen der Sprache steht die semantische Funktion oder die Bezeichnung an der Spitze. Die Wörter als Lautform und auch als Schriftform bezeichnen etwas, zeigen auf etwas hin. Die Wörter sind Sprach-Zeichen und werden im normalen unreflektierten Sprachgebrauch einsinnig, eigentlich und direkt für die Aussagen benutzt.

Die gegensätzliche Sprachverwendung der Wörter, ihr indirekter, uneigentlicher, mehr als einsinniger Gebrauch bedeutet eine ästhetische Grundleistung der Sprache und legt ihre metaphorische Funktion offen. Der uneigentliche Sprachgebrauch ist der bildhafte, assoziationsreiche und eigenständig poetische.

Unter diesem Blickwinkel kann das Sprachbild bestimmt werden als sprachlicher Ausdruck, dessen Ausdruckswert mehr als einsinnig und eindeutig ist[1].

Im Sprachbild wird durch die metaphorische Leistungskraft der Sprache die Bedeutung eines eindeutigen Sprachzeichens, z. B. für einen Gegenstand, übertragen auf die Bedeutung eines anderen, und zwar in einem Sinne, dem Gegenstand an sich nicht zukommt; z. B.: der *Fuß* des Berges. Der *Fuß* als Teil des menschlichen Leibes wird als bildhafter, d. h. schaubarer »Gegenstand« »übertragen«, ineinsgesetzt mit der untersten Zone eines Berges. Die bildhafte Ausdrucksweise ist keineswegs auf den Sprachgebrauch der poetischen und vorpoetischen Literatur beschränkt, sondern jede geschriebene und gesprochene Sprache besitzt eine Fülle metaphorischer Wendungen. Anderseits ist die Dichtung auf sie angewiesen.

Die Sprachbilder werden von dem Hörenden oder Lesenden im raschen Fluß der Sprache nicht bildhaft vor dem geistigen Auge verwirklicht. Sie bewirken keine Seh-Erlebnisse, sondern Gefühls- und Gedankenerlebnisse[2].

Terminologisch und für Interpretationen vorteilhaft ist es, die Bezeichnung Sprachbild als Oberbegriff für die sprachlichen Formen zu fassen, deren Aussage mehr als eindeutig ist. Vier Formen bildlicher Ausdrucksweise sind dem Sprachbild einzugliedern: das Emblem und die Allegorie, die Metapher und das sprachliche Symbol. Nur die beiden letztgenannten sind für die Sprache des Dramas bedeutsam und sollen hier untersucht werden hinsichtlich ihrer Eigenart und ihrer Leistungswerte für die Dramen.

In seinem grundlegenden Werk *Das Bild in der Dichtung. Versuch einer Morphologie der metaphorischen Formen* unterscheidet Hermann Pongs zwei Metaphernarten: die mythische und die magische. Durch die mythische Metapher beseelt der Dichter »urbildend, neubildend« aus dem Gefühl dinghafte Phänomene, Lebewesen, göttliche Wesen sowie begriffliche Sachverhalte, indem er ihnen menschliches Verhalten und Tun eindeutet[3].

So beseelt der junge Goethe in dem Gedicht *Willkommen und Abschied* im Gegensatz zu seiner freudigen Stimmung die Erscheinungen der Natur als dämonische Wesen:

> Schon stand im Nebelkleid die Eiche,
> Ein aufgetürmter Riese, da,
> Wo Finsternis aus dem Gesträuche
> Mit hundert schwarzen Augen sah.

---
[1] Vgl. hierzu: Gerhard Priesemann: *Bild.* In: *Das Fischer Lexikon. Literatur II.* 1. Teil. Hrsg. von Wolf-Hartmut Friedrich und Walther Killy. Frankfurt: Fischer 1965. S. 84.
[2] Vgl. ebd., S. 84.
[3] A. a. O., 2. Aufl. Marburg: Elwert 1960. S. 21, vgl. eb. S. 179 und 195.

Die magische Metapher hingegen beseelt die Dinge usf. aus dem »Erfühlen«, das heißt dem Offensein ihnen gegenüber[4]. Die psychische Haltung ist hier dem ich-bewußten Gestaltungsausdruck in dem mythischen Bild entgegengesetzt.

In dem Gedicht *Feuer* formt Annette von Droste-Hülshoff »erfühlend« die Macht dieses Elements:

> Schau, wie das Feuer sich zersplittert,
> Wie's tückisch an der Kohle knittert,
> Lang aus die rote Kralle streckt
> Und nach dem Kerkermeister reckt!

Somit erwachsen die Sprachbilder gemäß der Grundlegung von Pongs, wie es schon Herder in seinen *Abhandlungen über den Ursprung der Sprache* hervorhebt[5], aus dem psychischen Habitus des Dichters als Gefühlsaussage. Das vergleichend-rationale Moment bei der Bildschaffung wird von Pongs in den Hintergrund gerückt, so daß die Metapher in ihrer Hochform eindeutig als Gefühlsmetapher und damit als Gefühlsausdruck bestimmt ist.

Kritisch muß bemerkt werden: Eine klare Unterscheidung der beiden »Beseelhaltungen« — mythisch urbildend und magisch erfühlend — ist nicht immer möglich. So können z. B. die Goethe-Verse sowohl aus dem urbildenden Beseelen als auch gleichzeitig aus dem Erfühlen geprägt sein. Hierdurch wird die Typologie von Pongs unter psychologischem Aspekt fragwürdig[6].

Michael Landmann sieht in seinem Essay *Gnoseologische und ästhetische Valenz der Metapher* das Sprachbild in allen Ausformungen begründet durch die menschliche Fähigkeit des »analogischen Sehens«, die eine »archaische Erkenntniskraft« darstellt[7]. Er greift damit auf die Aussagen der aristotelischen Poetik (Kap. 21) zur Metapher zurück. Demgemäß betont Landmann die vordringlich erkenntnisstiftende Aufgabe und Leistung des Sprachbildes, d. h. ihre gehaltvolle Aussagekraft. Jedoch entspringt die Metapher nicht ausschließlich dem Intellekt, sondern ist zugleich Ausdruck einer ursprünglich leidenschaftlichen Sprache und »wurzelt (...) im spontanen Gefühlsantworten«[8].

Die Hochformen der Bilder sind die »sprachschöpferische« und die »absolute« Metapher. Die sprachschöpferische überwindet die Ausdrucksnot, indem sie einen neuen unbekannten Gegenstand oder Sachverhalt benennt oder ein schon Bekanntes tiefer erkennend umbenennt, z. B. wird der »Spiegel« in einigen Sprachen als »Eis« bezeichnet, die horizontale Erstreckung eines Berges mit »Bergrücken«[9].

Den innersten Bezirk der Metaphern bilden die absoluten, »deren Gegenstand nicht adäquater gefaßt werden kann und in denen die Erkenntnis bereits am Ende und unüberbietbar ist«[10]. Als Beispiele nennt Landmann die Homer-Metapher: »die Sonne sät ihre Strahlen«, ein Bild Lope de Vegas: der Springbrunnen ist »eine gläserne Lanze« und Gotfried Benns bekannte Umschreibung des Ich als »Gamma-Strahlen-Lamm«[11].

---

[4] Ebd. S. 201, vgl. eb. S. 201/202, 175/176 und 305.
[5] Johann Gottfried Herder: *Sprachphilosophische Schriften*. Aus dem Gesamtwerk ausgewählt von E. Heintel. Hamburg: Meiner 1960. S. 46 f.
[6] Vgl. hierzu auch Katann: *Forschungsbericht*. Hermann Pongs: *Das Bild in der Dichtung*. In: *Euphorien* 32 (1931) 530 und 533.
[7] In: Landmann: *Die absolute Dichtung*. Essais zur philosophischen Poetik. Stuttgart: Klett 1963. S. 129.
[8] Ebd. S. 129, vgl. eb.: Herder: *Fragmente über die Bildung einer Sprache*. A. a. O., S. 117 u. 131.
[9] Landmann, a. a. O., S. 126 und 138, zu den Beispielen s. S. 126 f., vgl. eb.: Priesemann, a. a. O., S. 98.
[10] Landmann, a. a. O., S. 136, vgl. eb. S. 140.
[11] Ebd., S. 139.

Die Positionen von Pongs und Landmann sind beide gültig unter dem Aspekt der Metapher als Gefühls- *und* Erkenntnisaussage, weil sie nicht einseitig verabsolutiert werden, sondern die jeweils gegensätzliche rationale bzw. psychische Komponente der Bildschaffung miteinbeziehen, wenn auch in einer verminderten Bedeutsamkeit[12].
Beide Sichtweisen vereinigen sich in der Bestimmung des Menschen als seelisch-geistige Erscheinung. Letzthin erwächst die Metapher aus der Einheit von Gefühl und Denken, und das Sprachbild wird entweder vorherrschend durch die emotionalen Kräfte oder den Intellekt geprägt.

Damit ist die Metapher in ihrer psychischen und rationalen Eigenart dargelegt. Um aber die mehrschichtigen Bildkräfte der literarischen Sprache zu erhellen, sind seelisch und gehaltlich bestimmte Metapherntypen, wie sie Pongs und Landmann aufstellen, für die Untersuchung der Bilder in der Literatur oder für die Untersuchung der Metaphorik eines Dichters unzureichend (dennoch ist es wichtig zu wissen, ob ein Autor vorwiegend aus der eigenen Erlebnisfülle und Lebensproblematik schafft und diese in seinen Werken spiegelt, oder ob er vorherrschend aus dem Erleben seiner Umwelt gestaltet. Weiterhin ist es gleichfalls wichtig zu erkennen, ob die Bilder sprachschöpferisch sind oder sogar als absolute gelten können). Erst durch die Bestimmung der Bildkräfte in den Metaphern selbst werden Sprachbildklassen ermittelt, die eine literarischen Texten angemessene Untersuchung gewährleisten.

Die Bildkräfte sind aufzuspüren, wenn das Verhältnis zwischen dem gemeinten Gegenstand, Begriff oder Sachverhalt — dem Bezugsobjekt also — und dem übertragenen Gegenstand — dem Bildphänomen — ins Auge gefaßt wird. Durch den Aufweis der Bildkräfte wiederum können erst die Leistungswerte der einzelnen Bilder und der Metaphernarten ermittelt werden.

Die Metapher und ihre Leistungswerte im Drama

Eine grundlegende Bildkraft stellt die Dynamisierung dar. Im Bildakt der dynamisierenden Metapher[13] wird auf eine dinghafte Erscheinung entweder eine Bewegung übertragen, zu der sie nicht fähig ist, oder ihre mögliche Bewegung wird gesteigert bzw. umgedeutet. Dies geschieht vorwiegend in der Lyrik.

Aber nicht nur Dinge aus dem Umkreis der Natur und des menschlichen Schaffens können eine Dynamisierung in der Sprache erfahren, sondern auch menschliches Tun, Fühlen und Denken. Der Bezugsgegenstand ist stets der Mensch als leibhafte Erscheinung. Diese dynamisierenden Metaphern haben ihre Domäne in den Dramen.

In Martin Walsers *Zimmerschlacht. Übungsstück für ein Ehepaar* begegnet man ihnen fast auf jeder Textseite, oft sogar mehrfach, z. B.:

FELIX: Jetzt soll der feine Benno mal sehen, (...) *daß er* mich *nicht* einfach beleidigen (...), andauernd *auf mir herumhacken kann* (...)
(im Dialog. Neues deutsches Theater. 3. Aufl. Frankfurt: Suhrkamp 1968 (= ed. suhrkamp, 205), S. 73/74)

Das Holzhacken wird auf den Menschen übertragen in der Bedeutung: ›einen heruntersetzen, lächerlich machen, verspotten‹; ›böswillig kritisieren‹. Trude, seine Frau, möchte aber die Einladung Bennos nicht ablehnen; Felix reagiert verärgert:

Du würdest hinrennen, bloß daß er seine Statisten hat.

---

[12] Vgl. für den gültigen Doppelaspekt: Wolfgang Kayser: *Das sprachliche Kunstwerk.* 14. Aufl. Bern: Francke 1969. S. 124.
[13] Der Terminus findet sich z. B. bei Karl Ludwig Schneider: *Der bildhafte Ausdruck in den Dichtungen Heyms, Trakls und Stadlers.* Heidelberg: Winter 1954. S. 71. — Vgl. auch unter grammatischem Aspekt: Werner Ingendahl: *Der metaphorische Prozeß. Methodologie zu seiner Erforschung und Systematisierung.* Düsseldorf: Schwann 1971 (= *Sprache der Gegenwart.* Schriften des Instituts für deutsche Sprache in Mannheim. Hrsg. von Hugo Moser. Bd. XIV), S. 238 und 244.

Hier wird aus dem Gefühl des Widerwillens, der Ablehnung das normale Gehen gesteigert zum Rennen, was faktisch keineswegs geschehen würde. Seine Abneigung gegen Benno, mit dessen geschiedener Frau er und Trude befreundet sind, faßt er in die Worte: Was meinst du, was Regina sagt, wenn sie hört, wir haben gleich Freundschaft gemacht mit der Neuen, wo doch die schuld ist, daß er Regina *hinausgeworfen hat, einfach hinaus*, ab ins Reihenhäuschen.

Die Gattin ist bestimmt nicht im bündigen Sinne des Wortes hinausgeworfen worden, sondern der Mann verlangte von ihr die Trennung und setzte sie durch.

In den Dramen erschließen die dynamisierten menschlichen körperlichen Tätigkeiten und die durch Handlungen und Bewegungen ausgesagten seelischen und geistigen Aktionen punktuell den Erlebnis- und Gefühlsumkreis der Personen. Sie verstärken die Stoßkraft der Sprache innerhalb des dramatischen Vorgangs. Im Hinblick auf die Figuren beglaubigen die Dynamisierungen als extrem knappe sprachliche Ausbrüche, die sich aus dem Erleben der Personen entladen, ihre intensive Anteilnahme am Geschehen. Dies sind die hervorstechenden poetischen Leistungswerte der dynamisierenden Bilder in den Dramen.

Wenn auch in den Schauspielen Rede und Gegenrede an die Personen des Stückes gebunden sind und somit ihr Fühlen, Denken und Handeln aussprechen, so ist die Sprache des Werkes insgesamt eine Aussage des Autors, und zwar unter dem Aspekt der Auseinandersetzung mit Problemen und Sachverhalten, die ihn zur Stellungnahme und Darstellung anregen oder herausfordern. Diese Stellungnahmen und Wertungen sind häufig durch die beiden aussagemächtigsten Metaphernarten sprachlich gefaßt: die Personifikation und das verkörpernde Sprachbild[14].

Die personifizierende Metapher formt nichtpersonale Erscheinungen, menschliche Eigenschaften und Gefühle sowie Begriffe und göttliche Wesen um in menschliche Wesen, d. h. in wollende, affektfähige, denkende und handelnde Personen.

Die Personifizierung erfolgt im bildhaften Sprachschaffen jedes Dichters stufenweise. Sie setzt ein mit der bewegungseindeutenden und -umdeutenden Dynamisierung. So äußert sich in Rolf Hochhuths »christlichem Trauerspiel« *Der Stellvertreter* in der zentralen Audienzszene der Papst dem Jesuiten Riccardo Fontana gegenüber:
Gott *lenkte* doch die Ströme Europas sehr selten in e i n e Richtung, in e i n Bett . . .
(Reinbek: Rowohlt 1967 [rororo Taschenbuch, 997-998], S. 169).

Gott erscheint in diesem metaphorischen Topos zwar konturlos im Sinne menschlicher Leiblichkeit, aber die Vorstellung einer handelnden oder planenden Wesenheit als Aktionsträger drängt sich schon auf.

Die Personifizierung vollzieht sich deutlicher, wenn die Bildakte durch die Nennung von Teilen des menschlichen Körpers eine konturhafte Person-Vorstellung anbahnen. Letzthin vermag die Sprachkraft die vollpersonifizierende Metapher zu formen: Das Bezugsobjekt wird identisch mit dem Bildgegenstand, d. h. der Bildperson.

Gemäß der körperlichen und seelisch-geistigen Existenz des Menschen können die Bildkräfte der Personifikation alle dem Menschen möglichen Verhaltensweisen den Personifizierungen einformen. Hierfür weitere Beispiele aus dem genannten Stück, zwei aus derselben Szene:
Was hat sich Gott dabei gedacht, als er im Winter neununddreißig *verhinderte*, daß London und Paris (. . .) Finnland im Kampfe gegen Moskau stärkten? (S. 169).

Hier ist Gott eindeutig nicht als manuell handelndes Wesen personifiziert, sondern als denkendes.

Und betet, ihr Lieben im Herrn, auch für die Juden, *von denen viele* schon bald *vor Gottes Antlitz treten werden* (S. 170).

---

[14] Der erste Terminus besitzt wissenschaftsgeschichtliche Tradition, zum letzteren vgl. Harald Reger: *Das Sprachbild in Grillparzers Dramen*. 2. Aufl. Bonn: Bouvier 1970 (= *Xerogrammata*. Hochschulschriften. Bd 2.), S. 104 f.

Das Bezugsphänomen Gott erhält den Leibteil »Antlitz« eingeformt und lenkt so hin zu einer Personvorstellung. Die Personifizierung »Gottes Antlitz« in der Verbindung mit der bewegungseindeutenden Dynamisierung »vor-treten« erzeugt, bezogen auf den Bewußtseinshorizont der sprechenden Person, die Vorstellung Gottes als Richter der Toten und damit gleichzeitig die Vorstellung eines Lebens nach dem Tode.

Die sinnfällige Erscheinung des Satanischen in Hochhuths Stück, der Doktor, sagt während seiner Auseinandersetzung mit Riccardo Fontana im KZ Auschwitz:

> Und so riskierte ich, was keiner noch riskiert hat, seit die Welt sich dreht (...) Ich tat den Schwur, *den alten Herrn so maßlos* (...) *zu provozieren, daß er Antwort geben mußte.* (...) Hören sie die Antwort: *kein Seufzer kam vom Himmel,* kein Seufzer, (...) seit ich hier die Touristen auf Himmelfahrt verschicke (S. 198).

Die vollpersonifizierende Metapher prägt die festbestimmte menschliche Gestalt, indem das Bezugsobjekt Gott mit einer exemplarischen, d. h. typischen menschlichen Gestalt ineins gesetzt wird: Gott = alter Herr, der sich aus Schwäche, Abständigkeit, Resignation oder Desinteresse von den Vorgängen auf der Erde nicht provozieren läßt, selbst nicht durch einen organisierten Völkermord. Auch die Nennung »Touristen« für die noch lebenden oder schon toten Juden ist eine Vollpersonifikation, gleichfalls eine blasphemische im Hinblick auf den Sprecher.

Die Personifizierungen bekunden sich in den Dramen — weitaus mehr noch in der Lyrik — als bildhafte Aussagen über dinghafte Erscheinungen, begrifflich fixierbare Sachverhalte und überpersönliche Wesen. Beobachtungsreihen, Gefühlsschwingungen, Vorstellungen, Gedankenketten und intuitive Erkenntnisse — um die Akte isoliert zu nennen — verdichten sich in der personifizierenden Aussage. Hierdurch wird der Erlebens- und Erkenntnishorizont der Dramengestalten verstärkt in die Sprache hineingenommen und für den Aufnehmenden einsichtig. Damit erweist sich die Personifikation aber nicht nur als eine aussagemächtige und pathetische Redefigur, sondern, auf den dramatischen Vorgang bezogen, bezeugt sie sich in der geballten Formung auch als ein spezifisch dramatisches Stilelement.

Aber die Bildprozesse in den Personifizierungen selbst zeigen noch einen weiteren poetischen Leistungswert auf, jedenfalls durch ihren häufigen Gebrauch in der Dramatik bis Hebbel, Grabbe und Büchner. Die Personifikationen erschaffen eine figürliche Welt in der Sprache, füllen sie mit anthropomorphen Gestalten. Damit stehen den Personen in ihren Sprachbildaussagen dinghafte Phänomene, ihre eigenen Gefühle und Gedanken und die geglaubten dämonischen Wesen und Gottheiten als handelnde personhafte Gestalten gegenüber. Hierdurch wird der dramatische Vorgang durch einen irrealen metaphorischen ergänzt und im Medium der Bildsprache gesteigert. Eine Dramatisierung von Welt und von menschlichem Dasein und Sosein vollzieht sich in der Sprache des Schauspiels. So erfährt ein Urphänomen menschlichen Lebens, das Handeln, in der künstlerischen Formung dieses Tätigseins, d. h. im Drama, seine korrespondierende Ausgestaltung in der Metaphernart der Personifikation. Sprachlich ist die Personifikation der Höhepunkt metaphorischer Gestaltungskraft und -fülle.

Den meist umfassendsten Bereich in der Sprache eines Dichters bilden die verkörpernden Metaphern. Sie formen vorherrschend Begriffe und abstrakte Aussagen in sinnliche Bildgegenstände um.

Dabei scheiden sie sich in zwei große Bezirke: Entweder wird der Bezugssachverhalt metaphorisch in einen Gegenstand menschlichen Schaffens verwandelt oder in eine Erscheinung der Natur.

In Büchners Revolutionsdrama faßt der an der Revolution und am Sinn des Lebens verzweifelnde Danton seine Ansicht in die Worte zusammen:

Puppen sind wir, von unbekannten Gewalten am Draht gezogen; nichts, nichts wir selbst! *Die Schwerter, mit denen Geister kämpfen* — man sieht nur die Hände nicht (...) (II, 5 »Ein Zimmer«, am Schluß).

Die Bildgegenstände »Puppen« und »Schwerter« und die ihnen zugeordnete Situation bzw. Aktion sprechen die Determination des Menschen aus.

Häufiger noch gestalten Dramatiker naturverkörpernde Bilder. In ihnen werden begriffliche Aussagen durch Gegenstände aus dem Umkreis der Natur versinnlicht. Bestimmten Aussagegehalten sind sprachlich geradezu archetypische Bildphänomene sinnhaftanalogisch in allen Literaturen zugeordnet. Aus der Vielzahl sei einer herausgegriffen: das »Feuer«.

In den Aussagebereich des Feuers als Lichtquelle und Lebenselement der Menschen gehört die gesamte Licht-Metaphorik. Durch sie wurden zu allen Zeiten von Dichtern und Denkern vor allem das Göttliche und die Götter bildhaft ausgesagt. In seiner bedrohlichen Ausdrucksfähigkeit verdeutlicht das »Feuer« hingegen den Lebensdrang im Menschen, das Verlangen nach Macht und Ruhm sowie vor allem die Leidenschaft. So läßt Kleist in der *Penthesilea* Odysseus über die Amazonenkönigin, nachdem sie Achill erblickte, sagen:

> Hier diese flache Hand (...)
> Ist ausdrucksvoller als ihr Angesicht:
> Bis jetzt ihr Aug' auf den Peliden trifft:
> *Und Glut ihr plötzlich, bis zum Hals hinab,*
> *Das Antlitz färbt,* als schlüge rings um ihr
> Die Welt in helle Flammenlohe auf
> (66 ff.).

In den Dramen stauen und konzentrieren die Verkörperungen die Aussagen. Gefühle und Gedanken, Taten und Werte werden nicht weitschweifig umschrieben und erläutert, sondern durch die Bildgegenstände bündig verdinglicht.

Diese Metaphern fassen häufig die Antriebe der Personen zu ihrem Handeln in Worte, ebenso ihr Gelingen und Scheitern. Somit ist die verkörpernde Metapher wie auch die Personifikation eine dramatische Redefigur und ein dramatisches Stilelement.

Den Personen steht in ihrem Sprechen eine dinghafte Welt gegenüber, und zwar dergestalt, daß die Dinge durch die Bildakte der Verkörperung legitimiert und befähigt sind, die Innerlichkeit und die Gedanken der Figuren auszusagen, durch die wiederum der Autor zu Wort kommt[15].

Das sprachliche Symbol und seine Leistungswerte im Drama

Zunächst: Was ist ein Symbol? Ein graphisches Zeichen, z. B. das Kreuz, oder ein Gegenstand, als Beispiel wiederum das Kreuz, sind ein Zeichen, Erkennungszeichen, Sinn-

---

[15] Zwei weitere Sprachbildklassen werden nicht dargestellt: die vergeistigende und die sensorische Metapher. Die erste — sie entsinnlicht, entdinglicht gegenständliche Phänomene und den Menschen selbst zu Begriffen —, weil sie im Vergleich zu den vorgestellten Bildarten in Dramen nicht bedeutsam ist, und das sensorische Bild, weil es sehr komplex ist. Zu unterscheiden wären Tast- und Temperaturmetaphern, Geschmacks- sowie Helligkeits- und Farbmetaphern. Das sensorische Sprachbild bekundet insgesamt wie die Personifikation und die verkörpernde Metapher als Redefigur und Stilelement einen dramatischen Habitus, wenn auch in weitaus geringerem Maße; denn es ist an das Adjektiv und Partizip gebunden und somit nur auf ein einzelnes Wort bezogen. Die Bildakte der personifizierten und verkörpernden Metapher jedoch können einen oder mehrere Sätze umspannen und somit alle Satzglieder und Wortarten (vgl. hierzu Harald Reger: *Das Sprachbild in Grillparzers Dramen.* A. a. O., S. 178—203, vor allem S. 199 ff., und zur vergeistigenden Metapher S. 169 ff.).

zeichen = Symbol für den Opfertod Christi, seine Auferstehung aber auch für die Gedankenwelt des christlichen Glaubens schlechthin. Insgesamt repräsentiert das Symbol — je nach der Stellungnahme zu ihm — einen Komplex von wertbejahten oder wertverneinten Gedanken oder auch Gefühlen[16].

Im sprachlichen Symbol wird ein Zeichen oder ein Phänomen der Wirklichkeit, nun aber als Wort bzw. in der Aussage eines Satzes oder mehrerer Sätze zum Repräsentanten eines wertbetonten oder unwertbetonten Zusammenhanges von Anschauungen und Empfindungen. Jedoch auch »veranschaulichte« Begriffe und »versinnlichte« überpersonale Wesen können sprachliche Symbole sein, so Personifikationen des Schicksals oder Gottes als Symbol z. B. für die Bedrohung des Menschen durch seine Umwelt oder als Symbol für die Güte oder Härte des geglaubten göttlichen Wesens. Die nichtsprachlichen Symbole begründen sich in einem historischen Prozeß. Die sprachlichen Symbole in der Dichtung aber sind gesetzt; denn sie entstehen mit ihr und durch sie[17].

Eine Darstellung kann so mit Gehalt gefüllt werden, daß der sie bestimmende Gegenstand bzw. auch die Einheit mehrerer Phänomene sich zu einem sprachlichen Symbol ausweitet. In dem Gedicht *Zwei Segel* von C. F. Meyer werden die »Segel« zum Sinnbild der Lebenseinheit zweier Menschen gestaltet:

> Zwei Segel erhellend
> Die tiefblaue Bucht!
> Zwei Segel schwellend
> Zu ruhiger Flucht!
>
> Wie eins in den Winden
> Sich wölbt und bewegt,
> Wird auch das Empfinden
> Des andern erregt.
>
> Begehrt eins zu hasten,
> Das andre geht schnell,
> Verlangt eins zu rasten,
> Ruht auch sein Gesell.

Die sprachlichen Symbole sind vor allem ein Gestaltungselement der Lyrik. Das jeweilige Bildphänomen des Gedichtes prägt den Text vom Anfang bis zum Ende — wie in den vorstehenden Strophen — oder einen Teil des Textes. In Dramen hingegen werden eine Reihe von Metaphern, eine Kette von Metaphern mit dem gleichen Bildgegenstand durch ihre leitmotivische Wiederholung zum sprachlichen Symbol. Sie weisen in ihrer z. T. knappen und auch weitschwingenden Ausformung (über einige Sätze) entweder den gleichen Aussagegehalt auf oder einen zweifach gegensätzlichen bzw. sogar einen mehrfachen Aussagegehalt.

Diese Metaphernkette verbindet die Szenen sprachlich und gehaltlich miteinander, und ihre einzelnen Glieder stellen Sinnzentren des Werkes dar. Sie erschließen in der Zusammenschau mit dem Geschehen die Idee des Werkes und durch sie gleichfalls die in ihm aufgezeigte Tragik, wenn es eine Tragödie ist. An dem Trauerspiel *Des Meeres und der Liebe Wellen* von Franz Grillparzer soll dies kurz dargelegt werden, von dem Hofmannsthal sagt, es »steht ohnegleichen«[18].

Zunächst sei die Fabel des Schauspiels vorgetragen.

---
[16] Vgl. hierzu Priesemann: *Bild.* — A. a. O., S. 88.
[17] Vgl. ebd., S. 88.
[18] *Rede auf Grillparzer.* In: *Gesammelte Werke in Einzelausgaben.* Hrsg. v. Herbert Steiner. Prosa IV. Frankfurt a. M.: Fischer 1956, S. 117/118.

Hero lebt seit Jahren im Tempelbezirk der Aphrodite zu Sestos am Hellespont und bereitet sich auf die Weihe zur Priesterin vor. Während der Zeremonien sieht sie Leander, der von Abydos, jenseits der Meerenge, zum Tempelfest herüberkam, und ist verwirrt. Leander ist von Liebe ergriffen und gesteht sie ihr wenig später. Als Priesterin kann und will Hero sie nicht erwidern. Nachts sitzt sie in ihrem Turmgemach und denkt an Leander. Er, geleitet von Heros Turmleuchte, durchschwimmt die Meerenge. Die Priesterin weist den Liebenden nicht ab. Der Tempelvorsteher schöpft Verdacht. Am Abend des folgenden Tages schläft Hero ein, der Oberpriester löscht die Lampe, Leander ertrinkt im aufkommenden Sturm. Hero findet die Leiche am Strand. Als der aufgebahrte Geliebte aus dem Tempel getragen wird, bricht Hero tot zusammen.

Die Meer-Metaphern sind das sprachliche Symbol der Tragödie (von den über 20 können hier nur einige zitiert werden).

Das »Meer« wird von dem Dichter als Teil des Bühnenraumes — so im 3. und 5. Akt — d. h. als auf der Bühne schaubares Phänomen für die metaphorischen Aussagen herangezogen und gleichfalls als der Sprache immanenter Bildgegenstand. Diese Doppelpoligkeit bezeugt die Sprachkraft des Autors. Er bezieht die Landschaft des Handlungsablaufs in die Bildsprache der Personen mit ein und formt die Metaphern teilweise somit gleichzeitig aus dem vergegenwärtigten Charakter der Gestalten und ihrem anschaulich erfaßten Lebensumkreis.

Gemäß der Familientradition wurde Hero zur Priesterin bestimmt, und diese Aufgabe und Lebensform scheint ihr gemäß zu sein:

> Im Tempel (...)
> Ward mir ein Dasein erst, ein Ziel, ein Zweck.
> *Wer, wenn er mühsam nur das Land gewonnen,*
> *Sehnt sich ins Meer zurück, wos wüst und schwindelnd?* (1189 ff.).

Das Leben außerhalb des Tempelbezirks — sie kennt es nicht — empfindet sie als gefahrvoll und unberechenbar.

Als die Liebe ihr Herz berührt — ihr zunächst noch unbewußt — verdeutlichen die Meer-Metaphern ihre gefühlsbestimmte Wesensart. Im Turm sagt sie nach der Weihe zu ihrem Onkel, dem Tempelvorsteher:

> Der Ort ist still, die Lüfte atmen kaum.
> *Hier ebben leichter der Gedanken Wogen,*
> *Der Störung Kreise fliehn dem Ufer zu,*
> Und Sammlung wird mir werden (941 ff.).

Die Begegnung mit Leander, sein Geständnis und ihre noch nicht bewußte Liebe zu ihm klingen in dem verkörpernden Sprachbild auf. Noch ist die Liebe, der sie entsagen mußte, für die Priesterin eine »Störung« ihrer naiven Lebensansicht (vgl. 392, 35 ff., 1181 ff., 1187 ff.).

Deutlich hingegen heben dann spätere Meer-Metaphern ihre nun bewußte Leidenschaft und Liebe hervor. In sich versunken — Leander will wieder zu ihr kommen — spricht sie vor sich hin:

> Und kommt die Nacht — Sie bricht ja wirklich ein.
> *Da ist mein Turm, dort flüstern leise Wellen;*
> Und gestern war er da, und heut versprach er — (...)
> *Mein Haupt ist schwer, die wirren Bilder schwimmen.*
> (...) Er kommt. (...)
> (1692 ff., vgl. eb. schon 1026 ff.).

Es ist, als ob Leander aus den Wellen zu ihr spreche.

Die »Wellen«, das »Meer«, auf welches sie vom Platz vor ihrem Turm schaut — und das Meer als Bildobjekt im übertragenen Sprechen —, werden symbolischer Ausdruck ihrer Liebe.

Hero und Leander erfahren die Liebe im wörtlichen Sinne als »Himmelsgnade«[19]. Leanders Worte sprechen es unmittelbar aus in seinem Gebet, bevor er wiederum zu Hero schwimmen will:

> *Ihr aber, die ihr rettend mich beschirmt*
> *Durch Wellennacht:* (er kniet) *Poseidon, mächtger Gott!*
> *Der du die Wasser legtest an die Zügel,*
> *Den Tod mir scheuchtest von dem feuchten Mund*
> (...) *Und Liebesgöttin, du, die mich berief,*
> (...) *Steht ihr mir bei und leitet wie bisher!* (1640 ff.).

In der Liebe durchbricht Hero ohne Schuldbewußtsein die Forderungen ihrer bisherigen Umwelt und findet durch sie zur Sinnmitte ihres Daseins — zwei weitschwingende Metaphern, jedoch keine Meer-Bilder könnten dies belegen (vgl. 1806 ff., 1976 ff.). Auch für Leander bedeutet die Liebe die »innere Wirklichkeit und Ordnung des Lebens«[20]. Er spricht es in negativer Steigerung lapidar aus, als er bei dem ersten Zusammentreffen mit Hero von ihr hört, sie, die Priesterin, dürfe keinen Mann lieben:

> *Nun denn, so senkt in Meersgrund mich hinab!*
> (773).

Grillparzer stellt in diesem Werk die Liebe in ihrem strahlenden Wert dar. Sie entfremdet und zerstört nicht das Wesen der Liebenden[21], sie ist nicht »die Gier des Tiers, das Furchtbare«[22], sondern führt zur vitalen und seelisch-geistigen Selbstfindung und Selbstverwirklichung in der Bindung an den anderen.

Wenn in zwei bisher zitierten Aussagen Leanders und Heros das Meer sich zum Sinnbild ihrer Liebe, d. h. zum Symbol eines sie verbindenden Elements verdichtet, so bezeugt es sich in weiteren Metaphern aus dem Munde Leanders und später auch Heros als Sinnbild ihrer Gefährdung, d. h. eines sie trennenden und letzthin vernichtenden Elements.

> Du siehst, ich habs vermocht. *Und wenn ich starb,*
> *Der ersten Welle Raub erliegend, sank;*
> *Wars eine Spanne näher doch zu dir*
> (1091 ff., vgl. eb. 1226 f.).

---

[19] Benno von Wiese: *Die deutsche Tragödie von Lessing bis Hebbel.* 2. Teil. 6. Aufl. Hamburg: Hoffmann und Campe 1964, S. 422.

[20] Konrad Schaum: *Gesetz und Verwandlung in Grillparzers »Goldenem Vließ«.* In: DVjs, 38 (1964), S. 397. — Vgl. eb. Ulrich Fülleborn: *Das dramatische Geschehen im Werk Franz Grillparzers.* München: Fink 1966, S. 151.

[21] Vgl. im Gegensatz hierzu Ilse Münch: *Die Tragik in Drama und Persönlichkeit Franz Grillparzers.* Berlin: Junker und Dünnhaupt 1931, S. 74, und Benno von Wiese: a. a. O., S. 425.

[22] Walter Naumann: *Grillparzer. Das dichterische Werk.* Stuttgart: Kohlhammer o. J. [1955], S. 69, vgl. eb. S. 28.

Die Meer-Bilder Heros nach Leanders Tod versinnbilden in dynamisierender und dämonisierender Ausformung die Kräfte, die ihrer beider Liebe entgegenstanden. Nur einige Verse seien zitiert:

> *Da kam der Sturm,* die Lampe löscht' er aus,
> *Das Meer erregt' er wild in seinen Tiefen,*
> *Da jener schwamm,* von keinem Licht geleitet.
> (...) *Das Meer erklomm, des Schadens froh, die Wolken,*
> (...) Die Sterne löschten aus (...)
> (...) Die Augen hob er zu den Göttern auf,
> Umsonst! (...)
> (...) *Das Meer tat auf den Schlund,* (...)
> (1954 ff. bis 1972, vgl. auch 1858 ff.).

Am Tod Leanders weiß sich Hero schuldig. Hätte sie nicht geschlafen, wäre von ihr die vielleicht Rettung bringende Turmlampe wieder angezündet worden. Sie weiß nicht, daß der Priester sie während ihres Schlafes löschte. Zugleich sieht sie im Untergang des Geliebten die Strafe der Götter. Dies glaubt auch der Priester; durch das Gottesurteil — wie er meint — ist die Verletzung der Tempelgesetze und die Schuld gegenüber der Glaubensgemeinschaft getilgt (vgl. 1830 ff., 1926 ff., 1998 ff.).

Die besonders hervorgehobene gegensätzliche sinnbildliche Aussagekraft und Aussagemöglichkeit der Meer-Metaphern lassen in der Zusammenschau mit dem sie bedingenden dramatischen Vorgang die Idee des Werkes, d. h. »die Synthese des geistigen Gehaltes«[23], und eine stets mögliche Tragik des Menschen aufscheinen: Die Hingabe an die »innere Wirklichkeit und Ordnung des Lebens«, die Liebe zweier Menschen als der in dem menschlichen Sein von Mann und Frau begründeten Gemeinschaft, führt zu ihrer Selbstfindung und Selbstannahme. Aber sie versagen vor der äußeren Wirklichkeit und Ordnung des Lebens, die sich hier kundgeben als Anspruch geglaubter göttlicher Forderungen bzw. im Anspruch einer Gemeinschaft, der die Liebenden angehören. Die gegensätzliche Lebenshaltung ruft dann ebenfalls Tragik hervor. Die Widersprüche, Spannungen von Freiheit und Notwendigkeit, Sinn und Sinnlosigkeit des Lebens sowie hier auch von Selbstbehauptung und scheinbarer gottgewollter Vernichtung verschränken sich unaufhebbar.

Der poetische Leistungswert der sprachlichen Symbole besteht darin, daß sie für den Aufweis der tragischen Antinomien in Schauspielen mit nichtnaturalistischem Sprachgebrauch und für die Erschließung des Grundgehalts eine sprachimmanente und damit formale Interpretationskategorie erstellen.

Die Sprachbildinterpretation und -forschung eröffnet hinsichtlich der Dramatik ein weites Feld. Im Aufweis der sprachlichen Symbole und anderer für einen Autor kennzeichnender Bildbereiche kann seine Grundmetaphorik ermittelt werden. Sie wiederum gewährt einen wenn auch engumgrenzten Einblick in seine Geistesart und Welthaltung, denn die Sprachbilder »sind (...) die kleinsten Gebilde, in denen sich das sprachliche Weltbild eines Künstlers offenbart«[24].

---

[23] Wolfgang Kayser: *Das sprachliche Kunstwerk.* A. a. O., S. 217. — Vgl. eb.: Roman Ingarden: *Das literarische Kunstwerk.* 2. Aufl. Tübingen: Niemeyer 1960, S. 325.

[24] Herbert Seidler: *Zur Sprachkunst in Grillparzers Hero-Tragödie.* In: *Festschrift Moritz Enzinger zum 60. Geburtstag.* Innsbruck: Wagner 1953, S. 168.

Die Bildlichkeit in der Soraya-Presse

Von HARALD REGER

Soraya-Presse, synonym mit dem bekannteren Terminus Regenbogenpresse, ist die Bezeichnung für unterhaltende Wochenblätter. Sie haben mit den Illustrierten die reiche Bebilderung gemein und z. T. mit diesen sowie vor allem mit der Sonntagspresse, d. h. den am Wochenende erscheinenden Zeitungen, die redaktionellen Gestaltungsmerkmale[1].

Die Gestaltungsmerkmale wurden erstmals durch Morill Goddard, den Redakteur der von Joseph Pulitzer herausgegebenen *Sunday World*, vor ungefähr 80 Jahren für die Sonntagsblätter festgelegt: »einige Seiten mit aktuellen Nachrichten und Meinungen, ein bis zwei Seiten mit wissenschaftlichem oder pseudowissenschaftlichem Stoff, sensationeller kriminalistischer Stoff, Kulissenklatsch mit besonderer Berücksichtigung der Erotik, Brief-

---

[1] So in: *Wörterbuch der Publizistik*. Hrsg. von Kurt Koszyk und Hugo Pruys; 2. Aufl., München: Deutscher Taschenbuch-Verlag 1970. Stichwörter: Illustrierte, Regenbogen- und Sonntagspresse, S. 161 f., 309 f., 328 f.

kastentante ...«, Darstellung literarischer und sozialer Prominenz, Sport- und Gesellschaftsleben, farbige Beilagen mit Comics und Vermischtem«[2].

Auf politische Aktualität verzichtet die Soraya-Presse und legt ihr Hauptgewicht, wie die terminusbestimmende Namenspatronin der Zeitschriften exemplarisch garantiert, auf Berichte und Reportagen über die internationale, vor allem aber europäische Adelsprominenz und die Massenmedien-Topstars. Kräftig beigemischt werden *sex* und *crime* aus der Ballade von Michel und Lieschen Müller sowie Gesundheitspflege und Lebensberatung. »Die Regenbogenpresse pflegt eine moderne Märchenwelt, die dem von Technik und Vermassung bedrohten Individuum in der industriellen Gesellschaft eine Zuflucht bieten soll«[3]. Zudem kompensiert sie psychische Spannungen der Leser durch Identifikation oder Distanzierung mit bzw. von den dargestellten Personen.

Die unterhaltenden Wochenzeitschriften werden nach der statistischen Übersicht im *Wörterbuch der Publizistik* von rund 16,4 % der bundesrepublikanischen Bevölkerung gelesen, d. h. von fast 7 Millionen. Knapp 11 % der Männer lesen sie, somit mehr als 2,2 Millionen, und über 20 % der Frauen, also mehr als 4,6 Millionen[4].

Der Untersuchung wurden zugrunde gelegt — erschienen zwischen dem 6. und 12. Juni 1971 — jeweils Nr. 24 von:

7 Tage, 129. Jg.!, 80 Pf., 48 S., Verlag Klambt, Speyer, Aufl. 320 000[5],

Das Neue Blatt, 22. Jg., 70 Pf., 40 S., Heinrich-Bauer-Verlag, Hamburg, Aufl. 1,6 Millionen,

Neue Post, 70 Pf., 40 S., Heinrich-Bauer-Verlag, Hamburg,

Neue Welt, 70 Pf., 48 S., Verlag Welt am Sonnabend, Düsseldorf, Aufl. 985 000,

Das Goldene Blatt, 1. Jg., 60 Pf., 40 S., Bastei-Verlag, Bergisch Gladbach,

Freizeit-Revue, 60 Pf., 48 S., Burda-Verlag, Offenburg,

Woche aktuell als z. T. auch politisch und sozialkritisch informatives Blatt, 80 Pf., 56 S., Heinrich-Bauer-Verlag, Hamburg.

Unter den logischen Grundleistungen der Sprache steht die semantische Funktion oder die Bezeichnung an der Spitze. Die Wörter als Laut- und auch als Schriftform bezeichnen etwas. Die Wörter sind Sprachzeichen und werden im normalen, unreflektierten Sprachgebrauch einsinnig, eigentlich und direkt für die Aussagen benutzt.

Die gegensätzliche Sprachverwendung der Wörter (und Sätze), ihr indirekter, uneigentlicher, mehr als einsinniger Gebrauch bedeutet eine ästhetische Grundleistung der Sprache und legt ihre metaphorische, d. h. übertragende Funktion offen[6]. Diese Grundleistung und Funktion sind begründet in der menschlichen Fähigkeit des »analogischen Sehens«, die eine »archaische Erkenntniskraft« darstellt[7].

---

[2] *Wörterbuch der Publizistik*, S. 329.
[3] Ebd., S. 309.
[4] Ebd., S. 238, als Quelle angegeben: Werbeträger-Analyse 1967, Bd. 2; fünf Jahre später werden die Leserzahlen wahrscheinlich höher liegen.
[5] Diese und die folgenden Angaben aus: *Wörterbuch der Publizistik*, S. 309.
[6] Vgl. hierzu auch: Gerhard Priesemann: Bild. — In: *Literatur*, 2. Bd., 1. Teil. *Das Fischer Lexikon*. Hrsg. von Wolf-Hartmut Friedrich und Walther Killy; Frankfurt a. M.: Fischer 1965. S. 84.
[7] Michael Landmann: *Gnoseologische und ästhetische Valenz der Metapher.* In: *Die absolute Dichtung. Essais zur philosophischen Poetik.* Stuttgart: Klett 1963. S. 129.
Vgl. eb. — in dem grundlegenden Werk — Hermann Pongs: *Das Bild in der Dichtung. Versuch einer Morphologie der metaphorischen Formen*; 2. Aufl., Marburg: Elwert 1960. S. 2 bis 5, 7, 21.
Beide Autoren gelangen aber in der Entwicklung ihrer Sprachbildtheorie zu gegensätzlichen (und dennoch zu vereinbarenden) Standpunkten hinsichtlich der weiteren spezielleren Genese und Funktion der Sprachbilder.

Unter diesem Blickwinkel ist die Bildlichkeit der Sprache, speziell singulär angezielt als Sprachbild, als Metapher, zu bestimmen als sprachlicher Ausdruck, dessen Ausdruckswert mehr als einsinnig und eindeutig ist. Durch die metaphorische Leistungskraft der Sprache kann die Bedeutung eines eindeutigen Sprachzeichens, z. B. für den Gegenstand ›Fuß‹, übertragen werden auf die Bedeutung eines anderen, und zwar in dem Sinne, wie er dem Gegenstand an sich nicht zukommt: z. B. der Fuß des Berges. Der Fuß als Teil des menschlichen Leibes wird als bildhafter, d. h. schaubarer Gegenstand übertragen, in eins gesetzt mit der untersten Zone eines Berges.

Die bildhafte, metaphorische Ausdrucksweise ist ein spezifisches Ausdrucksmittel der Dichtung, der vorpoetischen Literatur und innerhalb der außerpoetischen Literatur auch ein Gestaltungsmerkmal der Pressesprache.

Durch die Bestimmung der Bildkräfte in den bildhaften Aussagen lassen sich sowohl Sprachbildklassen ermitteln als auch deren Leistungswerte für die Texte herausheben. Die Bildkräfte sind erkennbar, wenn die Beziehung zwischen dem gemeinten Gegenstand, Begriff oder der gemeinten Person — dem Bezugsobjekt also — und dem übertragenen Gegenstand — dem Bildphänomen also — fixiert wird.

Eine grundlegende Bildkraft stellt die Dynamisierung dar[8]. Im Bildakt der dynamisierenden Metapher wird die mögliche Bewegung einer ding- oder leibhaften Erscheinung entweder im Vergleich mit einem nicht genannten Bildgegenstand gesteigert bzw. umgedeutet, oder aber der Erscheinung wird eine Bewegung *eingedeutet*, zu der sie nicht fähig ist. Jedoch auch menschliches Tun, Fühlen und Denken können in der Sprache eine Dynamisierung erfahren. Der Bezugsgegenstand ist dabei stets der Mensch als leibhafte Erscheinung; das Bildphänomen ist entweder ebenfalls der Mensch oder ein anderes ding- bzw. körperhaftes Phänomen. Die dynamisierenden Metaphern umfassen (vgl. die abschließende Aufstellung) die zweitgrößte Sprachbildklasse in den herangezogenen Zeitschriften. Grammatisch werden sie nur durch Verben in ihrer Relation zu Substantiven oder Pronomen ausgesagt. In dem Blatt *Neue Welt*, hier am häufigsten zu finden, kommen sie in einer Reportage über Roy Black mehrfach vor (S. 36 f.).

Der Schlagersänger hat u. a. ein dringendes Bedürfnis: »Ich möchte einmal wieder in ein Kaufhaus gehen ... und *an den Ständen wühlen* können.« Roy mit der »Samtstimme« hat bestimmt nicht vor, wie ein Maulwurf, Wildschwein und Hund oder ein Bagger zu »wühlen«. Die Hingabe an wahrscheinlich textiles Schauen und Auswählen wird durch das metaphorische, von anderen Erscheinungen her übertragene Zeitwort »wühlen« emotional gesteigert und umgedeutet.

Roys Eltern mäkeln, wie er sagt, »eher ein bißchen an mir herum, als *mich in den Himmel zu heben*«. Der fiktive, gigantisch gesteigerte elterliche Kraftakt meint, positiv ausgedrückt: Tun und Lassen ihres Sohnes finden die Zustimmung der Eltern.

Die Interviewerin fügt dem bei, das Showidol fahre oft nach Hause, »um seinen Eltern zu zeigen, wie sehr er *an ihnen hängt*«. Der Goldjunge »hängt« sich nicht bewegungssteigernd oder bewegungseindeutend an Mutters Schürze und Vaters Krawatte, sondern das Verb bedeutet: Geborgenheit, Verständnis usf. suchen und finden.

Mensch muß man bleiben, und so »*bricht Roy* trotz seines immerwährenden Erfolges *nicht in Jubelschreie aus*«. Homerische Heroen freuen sich frenetisch im wörtlichen Sinne der Metapher, aber der Plattenstar erledigt das mit minnesängerischer Zucht.

Weitere dynamisierende Metaphern seien aus anderen Texten der *Neuen Welt* angeführt: *Jede versucht, sich* mit spitzen Ellenbogen und Knien in die erste Reihe *vorzuboxen* (S. 5), Vielleicht *lief sie* ihm deshalb *davon* (S. 6),

---

[8] Der auf der Hand liegende Terminus z. B. in: Karl Ludwig Schneider: *Der bildhafte Ausdruck in den Dichtungen Heyms, Trakls und Stadlers;* Heidelberg: Winter 1954, S. 71.

Sonja entfloh der Einsamkeit (S. 6),
Der Körper will weg, er fiebert (S. 15),
Die Zuschauer zittern vor Erregung (S. 15),
Seit 47 Jahren . . . *wirbelt sie* über die Bühne (S. 37).

Die drei ersten Beispiele sowie das erste und dritte aus dem Roy-Black-Text sind Übertragungen, wie sie die Umgangssprache in Fülle aufweist. Die übrigen kann man dem Sprachgebrauch der Trivialliteratur zurechnen. Diese zweifache Zuordnungsmöglichkeit gilt für alle Metaphernklassen in der Sprache der Soraya-Presse und korrespondiert weitgehend mit dem Sprachniveau der Leser und dem Sprachniveau ihrer Lektüre über die Zeitschriften hinaus.

In sämtlichen Texten erschließen die dynamisierten körperlichen Tätigkeiten und die durch Handlungen und Bewegungen ausgesagten seelischen und geistigen Aktionen punktuell den Erlebnis- und Gefühlsumkreis der sprechenden und vorgeführten Personen und markieren als extrem knappe sprachliche Formulierungen affektiv getönte Stellen der Texte.

Den größten Bereich in den Blättern umfassen die verkörpernden Metaphern[9]. Sie formen vorherrschend Begriffe und abstrakte Aussagen in optisch wahrnehmbare Bildgegenstände um, weiterhin auch schaubare Bezugsobjekte in andersartige Bildphänomene. Dabei scheiden sie sich in zwei Gruppen: Entweder wird der Bezugssachverhalt in einen Gegenstand menschlichen Schaffens umbenannt oder in eine Erscheinung der Natur.

Diese Metaphernart findet sich wiederum am zahlreichsten in der *Neuen Welt*. Hier wie auch im *Goldenen Blatt* und in *7 Tage* wird die Namenspatronin der Regenbogenpresse jeweils in einem Text gefeiert. Einige verkörpernde Metaphern sind zunächst der erstgenannten Zeitschrift entnommen:
»Filmregisseur Indovina *gab ihr den Laufpaß*« (S. 10, ebd. die folgenden Zitate).

Der Bildgegenstand »Laufpaß« = ›Ausweis, Urkunde‹ in Verbindung mit dem Verb »geben« umreißt szenisch die von dem Zelluloid-Manager ausgehende Trennung.
»*Das ehemalige Liebesnest wurde* für Soraya zu einem *Gefängnis* . . .«

Die Verkörperung »Liebesnest«, = ›ehemalige Wohnstätte der beiden‹, idyllisiert, animalisiert — unfreiwillig entlarvend — die ehemalige Beziehung; und die Nennung »Gefängnis«, wiederum = ›Wohnsitz‹, hebt verstärkt die Ambitionen der ehemaligen First Lady Persiens hervor.
»Aber *ihr Herz hängt* nach wie vor *an Indovina*.«

Seit dem Lobpreis auf Gilgamesch und Achill verkörpert das »Herz« gleichsam archetypisch Leidenschaft und Liebe, aber auch summarisch Empfinden und Denken.
»*Sogar in den Augen der Leute, die* lange Zeit über das illegale Verhältnis *die Nase rümpften, stand sie* . . . als rechtmäßige Lebensgefährtin des Sizilianers *da*.«

Die Verkörperung »die Nase rümpfen« als mimisch sichtbares Zeichen des Widerwillens und der Ablehnung ist eine umgangssprachliche Metapher im Gegensatz zu der statischsteifen literarischen »in den Augen stehen« = ›meinen, denken‹.
»Soraya weiß, *daß ihre Nebenbuhlerin* (Indovinas Frau) *alle Trümpfe gegen sie in der Hand hat*.«

Insgesamt erweist sich die Verkörperung gleichfalls als umgangssprachliche, wobei der Bildgegenstand »Hand« als Aktionsträger unzähliger Metaphern wiederum ein archetypisches Sprachbild-Requisit darstellt.

Die bisher vorgeführten Metaphern mögen paradigmatisch dafür gelten, daß durch die Verkörperungen in den Texten der Soraya-Presse die emotionalen Sinnspitzen, Sinn-

---

[9] Vgl. zu dem Terminus: Harald A. Reger: *Das Sprachbild in Grillparzers Dramen;* 2. Aufl., Bonn: Bouvier 1970 (= Xerogrammatica. Hochschulschriften, Bd. 2), S. 104 ff.

zentren fixiert werden, und zwar sprachlich weitschwingender und treffender als durch die Dynamisierungen.

Weiterhin tragen die Verkörperungen auch die informatorischen Sinnspitzen der Berichte und Reportagen. Einige Beispiele aus den Soraya-Artikeln des *Goldenen Blattes* sollen das belegen:
Greift Soraya nach der persischen Krone? (S. 3),
Seither ist Soraya der Schlüssel zu allen Problemen,
... die Prinzessin aus dem mächtigen Stamm der Bakthiari ...,
... ihr Kind könnte zum Fanal des Aufstandes ... werden.

In den Zeitschriften stauen und konzentrieren die Verkörperungen die gefühlsbetonten oder informativen Aussagen. Psychische und rationale Verhaltensweisen, Sachverhalte und Handlungen sowie Mutmaßungen werden nicht weitschweifig dargelegt und erläutert, sondern durch die Bildgegenstände bündig ausgesagt. Insgesamt überwiegen die umgangssprachlichen gegenüber den literarischen Metaphern, bei den zitierten jedoch die letzteren.

Hyperbolische Sprachbilder, die sich gestalten aus dem Mißverhältnis zwischen Bezugsobjekt und Bildgegenstand, findet man selten. Wenn aber, dann signalisieren sie eine bewußt affektierte und damit kitschige Sprachhaltung des Schreibers. Das *Neue Blatt*, die *Freizeit-Revue* und *Das Goldene Blatt* bieten Delikatessen dieser Art. Ein Satz aus dem Vorspann des Fortsetzungsberichts über Peter Alexander aus dem *Neuen Blatt* genüge: »Stars kommen und gehen. Strahlende Sterne und funkelnde Sternschnuppen ziehen meist nur kurze Jahre ihre lichtsprühende Bahn am glänzenden Himmel des Showbusineß« (S. 4).

Hier wird reißerisch das Leserinteresse angestachelt über den Blickfang der protzigen Überschrift und die eingefügten Bilder hinaus.

Die Bildkraft der Verkörperung ist grammatisch auf Subjekt und Prädikat, die Objekte und das Genitivattribut verwiesen. Die verkörpernde Metapher kann einen ganzen Satz umspannen oder sogar mehrere.

Die Personifikationen sind in den Zeitschriften, verglichen mit den dynamisierenden und verkörpernden Bildern, spärlich anzutreffen. Das ist kein Zufall, weil die Personifikationen als Höhepunkte metaphorischer Sprachformung und Sprachaussage ihre Domäne in der Lyrik haben. Hier schwingen sie oft weit aus, nicht nur über einige Verse oder Zeilen, sondern in beständig sich fortsetzenden Bildakten oft über mehrere Strophen oder vom Beginn bis zum Ende eines Textes; so in Goethes *Ganymed* und *Mahomets Gesang*, Mörikes *Um Mitternacht*, Hölderlins *Hyperions Schicksalslied* oder am Anfang von Rilkes 2. und 3. *Duineser Elegie*, in Heyms Vision des *Krieges* und in G. Eichs *Abend im März*. Der Exkurs gelte als Folie für die Personifikationen der Soraya-Presse.

Zunächst: Die personifizierende Metapher benennt Personen in andere Personen um, z. B. Roy Black, der »Minnesänger« (*Neue Welt*, S. 36), oder aber sie benennt nichtpersonale Erscheinungen, menschliche Eigenschaften und Gefühle sowie Begriffe und numinose Wesen um in menschliche Gestalten, d. h. in wollende, handelnde und denkende Wesen.

In einer Reihe von Personifikationen decodiert sich die Sprache der Soraya-Presse als affektiert und sentimental. Zum Teil setzen die Schreiber bewußt die Sprachbilder mit dieser Absicht ein. Die Prominentenserie im *Goldenen Blatt* »Wie Traumpaare unserer Zeit zueinanderfanden und wie sie heute leben ... Mirja Larsson und Gunter Sachs« bietet S. 8 f.:
»Seit dem 28. November 1969 ist Gunters *blondes Traumkind aus dem Märchenbuch* Frau Sachs.«

Die Bezugsperson wird poetisch aufgewertet zur Märchenfigur, sogar wörtlich, denn weiterhin heißt es:
»Galant hebt Gunter *seine Traumfee* über die Schwelle seines Landsitzes.«

Die Traumfee wird noch einmal bemüht. Dann erfolgt die Kehre des Schreibers aus dem überirdischen Bereich zur feudalhierarchischen Spitze menschlicher Gesellschaftsordnung:
»Sie ist *eine Schneekönigin aus einem nordischen Märchen*.«

Und als kitschige Coda:
»Die Tatsache, daß *seine Königin* ihm bald *einen Prinzen* oder *eine Prinzessin* schenken wird, macht ihn ›verrückt vor Freude‹.«

Doch diese Handhabe der Metaphern herrscht nicht vor. Zur weiteren Veranschaulichung nun andersartige Personifikationen:
Die ganze Welt wird Trauzeuge sein (bei der Heirat Tricia Nixons), *7 Tage,* S. 4,
Ganz München hatte sich gefreut (über den Besuch Prinz Philips von England), ebd. S. 11,
Hitlers Überfall hatte dem polnischen Land entsetzliche Wunden geschlagen, *Woche aktuell,* S. 21,
Der Mann, vor dem später ganz Rußland zitterte (Stalin), ebd. S. 16,
Wie immer auch die Geschichte Brandts Unterschrift beurteilen wird (zum deutsch-polnischen Vertrag), ebd. S. 21.

Auch für eine weitere Gruppe einige Beispiele:
Die Fußball-Mönche aus Gladbach, *Woche aktuell,* S. 50,
Gerd Müller, der Bomber der Nation, ebd. S. 50,
Jackie, die Witwe der Nation, *7 Tage,* S. 23,
Bank-Lady, Pistolen-Lady, ebd. S. 18,
Leinwandheld, Rockerkönig.

Die vier ersten Metaphern personifizieren Territorien in der Sprachgebung der traditionellen Dramatik des 18. und 19. Jahrhunderts. In der Geschichts-Metapher wird die Geschichte anthropomorphisiert. Diese in einem Satz sich ausformenden Sprachbilder an inhaltlich bedeutsamen Punkten der Texte stellen knappgefaßte Aussagen dar über mehr oder weniger komplexe Sachverhalte, die eine politische Prominenz betreffen. Die folgenden Drei-, Zwei- bzw. Einwort-Personifikationen und gleichfalls die zuerst genannten Märchenfigur-Metaphern charakterisieren als statische Nomen ohne die Verhaltenseindeutung durch Verben schlagwortartig die Person, indem eine spezielle Funktion oder Rolle von ihr hervorgehoben wird. Eine Ausnahme ist die sinnlose Wortspielerei in der Nennung »Fußball-Mönche«. Nur die Sprachbilder aus *Woche aktuell* sind nicht hyperbolisch ausgesagt.

Insgesamt werden in der Soraya-Presse die Personifikationen z. T. für eine kitschige Kennzeichnung mißbraucht, jedoch ebenso zur gerafften, wenn auch häufig überzogenen Charakterisierung. Personifikationen von Eigenschaften und Gefühlen, Begriffen und selbstredend von numinosen Wesen fehlen fast völlig.

Die Personifikation ist in den Zeitschriften ein Ausdrucksmittel ihrer emotionell aufgeladenen Sprache und andererseits ein veranschaulichendes Merkmal ihres Unterhaltungsstils, der sich in der Doppelrelation von Schreiber und geschriebener Sprache sowie Publikum und gelesener Sprache nicht zu strapaziöser Abstraktion und Reflexion erheben kann und will.

Das Gesagte gilt auch für die letzte vorzuführende Sprachbildklasse, die sensorische Metapher[10]. Sie ist dem verkörpernden Sprachbild verwandt und überträgt Sinnesreize, also subjektiv wahrnehmbare Merkmale, von Dingen auf andere Gegenstände sowie Personen und Begriffe. Zu unterscheiden wären Tast- und Temperaturmetaphern, Geschmacks-, Helligkeits- und Farbmetaphern. Sie sind gebunden an Adjektive und Partizipien.

[10] Vgl. zu dem Terminus: Reger: A. a. O., S. 178.

Analog dem Bestreben der Soraya-Presse, abseits vom Lebensraum der Leserschaft für sie eine moderne Märchenwelt mit dem Prominenten-Inventar aufzubauen und weiterhin mit *crime* und entschärftem *sex* im Sinne der *human interest story* zu unterhalten, bieten sich stereotype und übertreibend-vereinfachende Kennzeichnungen der in den Artikeln vorgestellten Personen an.

Das Partizip »strahlend« als trivialliterarische Helligkeitsmetapher ist attributivisch verwendetes Markenzeichen einer naiv und emphatisch dargestellten *high society*. Auf S. 6 der *7 Tage* war Kronprinz Carl-Gustav von Schweden auf der Hochzeit seiner früheren Freundin Pia Degermark *»bei strahlender Laune«*, und »die frischgebackene Gräfin ... sagte *mit strahlendem Lächeln* ...« dieses und jenes. Auf der gleichen Seite »ist das *strahlende Lächeln* auf Fabiolas Gesicht erloschen«. Durch die Aussage »erloschen« wird die sensorische zur verkörpernden Metapher ausgeweitet.

Die Geschmacksmetapher »bitter«, gleichfalls ein Sprachindiz der Trivialliteratur, wird meistens auf Alltagsmenschen bezogen.
Ein *»verbitterter Zug zeichnete das* ... Gesicht der Frau«, *Neue Welt*, S. 20,
»Bitterste Not« leidet eine Familie, ebd. S. 42,
die *»bitterste Enttäuschung«* erfährt eine Jungdame durch ihren boyfriend, *Neue Post*, S. 9, eine Dame mittleren Alters ist *»verbittert«* durch Einsamkeit, ebd. S. 12,
ein DM-erleichterter früherer Lottokönig lächelt *»bitter«*, ebd. S. 17.

Abschließend sei das Adjektiv »schwer« genannt, das man als umgangssprachliche Tastmetapher bezeichnen kann.

Die Adels- und Geldprominenz hat es »schwer«.
Der Athener Gesellschaftscreme bereitet Onassis *»schwere Sorge«*, der eine *»schwere Herzattacke«* hatte, so daß »die Frau des *schwerkranken Griechen«* zu benachrichtigen war; so in *7 Tage*, S. 23.
König Olav von Norwegen hat — wie die *Neue Post*, S. 3, weiß — den *»schweren Verlust* ... seiner geliebten Frau ... nicht überwunden«. Zur Zeit quält ihn ein *»schweres Bronchialleiden«*. Schwiegertochter Sonja jedoch bereitet sich *»auf ihre schwere Stunde«* vor.

Die Helligkeits- und Tastmetaphern »strahlend« und »schwer« sind Epitheta ornantia und somit überflüssige attributive Nennungen zum sinntragenden Nomen. Sie stellen aber ein Charakteristikum dar für den emotionell aufgeblähten Stil der Zeitschriften. Nur die Geschmacksmetapher »bitter« besitzt eine sinnsteigernde Funktion, obwohl hier wiederum die Superlative stören.

Untersucht man nur eine Nummer verschiedener Zeitschriften, so ist nicht festzustellen, ob das einzelne Blatt bestimmte sprachliche Ausdrucksmittel, hier speziell diese oder jene Metaphernklasse oder sogar einzelne Sprachbilder durchgängig aufweist. Der konstante Stab der jeweiligen Zeitschriftenredakteure ließe das vermuten. Folgendes jedoch ist auffällig:
die zahlreichen Verkörperungen »Herz« und »Star«
in sämtlichen Blättern,
die wiederholte Tastmetapher »schwer«
im *Neuen Blatt*, in der *Grünen Post*, in *7 Tage* und *Woche aktuell*.

Eine weitere metaphorische Eigenheit des *Neuen Blattes* und der *Grünen Post* sind zwei mehrfach benutzte, geringfügig variable Stereotype: »der (engste) Freundeskreis«, z. B. *Neue Post*, S. 3, und »eine dem Hof (oder dem XY) nahestehende Persönlichkeit«, so ebd. S. 19. Hierdurch wird einerseits die Glaubwürdigkeit der Information unterstrichen, andererseits in die Anonymität verflüchtigt. Letztlich entlarven diese metaphorischen Sprachgesten die Unverbindlichkeit des Berichteten.

Die dynamisierenden und verkörpernden Metaphern in den untersuchten Zeitschriften stammen vorherrschend aus der Umgangssprache, die Personifikationen und sensorischen Übertragungen überwiegend aus dem Sprachbereich der Trivialliteratur. Mit Ausnahme der sensorischen akzentuieren die Sprachbilder der anderen Klassen durchgehend die affektiv gefärbten Stellen oder emotionellen oder informatorischen Sinnspitzen der Texte.

Analog zum Umfang der einzelnen Metaphorkategorien ist die Bildlichkeit in der Soraya-Presse vornehmlich umgangssprachlich geprägt. Qualitativ kann der Metapherbestand insgesamt als Schwundstufe des Bildgebrauchs in der Dichtung klassifiziert werden: weil die Übertragungen fast nur für eine Thematik bemüht sind, die Charakterisierung von Personen, und im Hinblick auf die differenzierte Aussagemöglichkeit jeder Metaphernart, weil sie keineswegs ausgeschöpft ist.

Die gesamte Bildlichkeit wird verwandt — ob den Schreibern bewußt oder nicht — als Ausdrucksmittel einer anschaulichen, plastischen, aber anspruchslos unterhaltenden Sprache und als Ausdrucksmittel einer gefühlvoll, z. T. rührselig überhöhten Sprache[11]. Diese Sprache, so paradox es zunächst erscheint, bleibt als eine Sparte des »Jargons der Eigentlichkeit« ihren Inhalten angemessen[12]; denn sie erfordert weder die literarische noch die lediglich informative und kritisch reflektierende Aussageform und Aussageweise.

Metapherbestand

	7 Tage	Das Neue Blatt	Neue Post	Neue Welt	Das Goldene Blatt	Freizeit-Revue	Woche aktuell		
	(48 S.)	(40 S.)	(40 S.)	(48 S.)	(40 S.)	(48 S.)	(56 S.)		
Dynam. Met.	24	25	24	54	7	31	47	=	217
Verkörp. Met.	109	71	54	154	51	85	116	=	640
Personif.	16	6	7	23	13	11	26	=	102
Sensor. Met.	36	15	20	16	5	10	24	=	126
	185	117	105	247	76	137	213	=	1080

---

[11] Eine ähnliche Handhabe kennzeichnet die Sprache der Boulevardzeitungen, vgl. hierzu: Ekkehart Mittelberg: *Sprache in der Boulevardpresse;* Stuttgart: Klett 1970, S. 12 bis 14, vor allem S. 13.
[12] Vgl. in diesem Zusammenhang: Theodor W. Adorno: *Jargon der Eigentlichkeit. Zur deutschen Ideologie;* 5. Aufl., Frankfurt a. M.: Suhrkamp 1970 (= edition suhrkamp, 91), vor allem S. 15, 18 und 20.

Zur Idiomatik der Boulevardpresse

Von HARALD REGER

Der Typ der Boulevardzeitung als Straßenverkaufsblatt entwickelte sich in Großstädten der USA und Europas. Ursachen waren das Aufkommen der Massenpresse seit der Mitte des vorigen Jahrhunderts und hiermit gekoppelt das Bestreben der Verlage, alle Gesellschaftsschichten für die Tagespresse zu interessieren. Das erste deutsche Boulevardblatt war die von 1904 an in Berlin erscheinende *B. Z.* aus dem Verlag Ullstein. Seit dem Ende des Krieges gibt es hierzulande die ausschließliche Straßenverkaufszeitung nicht mehr. Heute meint der Begriff *Boulevardpresse* »jene Periodika, die vorwiegend auf der Straße zum Verkauf angeboten werden, eine betont populär-sensationelle Aufmachung (Balkenüberschriften, großflächige Fotos etc.) haben, den Leser durch schockierende Stories ansprechen wollen (sex, crime, war) und sich häufig bewußt einer sehr direkten Ausdrucksweise bedienen, die nicht selten die Vulgärsprache zu übertreffen sucht, um Neugier, Sensationshunger und Nervenkitzel einer bei der Lektüre kaum verharrenden Leserschaft permanent zu wecken und zu befriedigen.«[1] Zu ergänzen wäre noch, daß die Boulevardzeitungen nicht die strenge Aufteilung in traditionelle Sparten aufweisen, wie sie die konventionelle Tagespresse durchführt. Auf den einzelnen Seiten, vornehmlich auf der ersten und letzten, stehen Texte der verschiedenen Ressorts nebeneinander. Sensationelle Ereignisse haben stets ihren Platz auf dem Titelblatt. Die Sparte aktuelles Zeitgeschehen umfaßt in den Boulevardzeitungen nicht nur *crime* und *sex*, sondern wie auch in der Soraya- und Sonntagspresse die *human interest story* mit dem Spektrum vom Leben des kleinen Mannes bis zum Privatleben der politischen Prominenz und der Massenmedienstars.

Der Stil der Boulevardpresse wird in dem angeführten Artikel sowie generell von Sprachkritikern und Sprachdidaktikern negativ beurteilt. Fixiert man als Stilschichten z. B. die gehobene, die normalsprachliche, die salopp-umgangssprachliche und die vulgäre, so wären unter kritischem Aspekt für die Ausdrucksweise der Boulevardblätter überwiegend die beiden letzten bezeichnend.[2]

Eine umfassende Untersuchung zur Sprache der Boulevardpresse liegt nur von Ekkehart Mittelberg vor: *Wortschatz und Syntax der Bild-Zeitung.* – Marburg: Elwert 1967 (= Marburger Beiträge zur Germanistik, 19). Bei den Analysen bleiben die übrigen Boulevardblätter unberücksichtigt. Weiterhin werden die für die gesamte Pressesprache bedeutsamen sprachlichen Einheiten nicht in den Blick gefaßt, die in der Linguistik synonym als idiomatisch oder phraseologisch, gebunden, fest oder stehend bezeichnet werden.[3]

---

[1] *Wörterbuch der Publizistik.* Hrsg. von Kurt Koszyk und Karl Hugo Pruys. München: Deutscher Taschenbuch Verlag ²1970. S. 61, 1. Sp., Stichwort: *Boulevardpresse.*

[2] Vgl. zu den genannten Stilschichten: *Einführung in die Methode der Stiluntersuchung.* Verfaßt von einem Autorenkollektiv unter Leitung von Georg Michel. Berlin: Volk und Wissen 1968. S. 47.

[3] Vgl. hierzu auch: *Lexikon der Germanistischen Linguistik.* 3 Bde. Hrsg. von Hans Dieter Althaus, Helmut Henne. Herbert Ernst Wiegand. Tübingen: Niemeyer 1973. 1. Bd., S. 176, 1. Sp. Stichwort: *Idiomatik;* und
Harald Burger: *Idiomatik des Deutschen.* Tübingen: Niemeyer 1973 (= Germanistische Arbeitshefte, 16). S. 1.

Die folgenden Ausführungen zielen deshalb drei für die Boulevardblätter bedeutsame Idiomgruppen an:
die allgemeinen Redensarten,
die sprichwörtlichen Redensarten,
die Sprichwörter.

Hierbei werden die Idiomarten als Ausdrucksmittel auf ihre Funktionen befragt: was sie hinsichtlich der Sprache der Boulevardzeitungen bewirken, wie und warum die Journalisten sie verwenden, wie sie auf die Leser wirken bzw. wirken können. Zudem ist festzustellen, welcher Stilschicht die Ausdrucksmittel jeweils überwiegend zuzurechnen sind.

Für die Untersuchungen wurden herangezogen die Samstags- oder die Wochenendnummern der Blätter vom 31.3. oder vom 31.3./1.4.1973.

Die Idiome, Phraseologismen oder stehenden Redewendungen bilden einen komplexen Bereich der Sprache. Es sind Verbindungen von zwei oder mehr bedeutungtragenden sprachlichen Elementen, deren Wortfolge beim Sprechen oder Schreiben nicht »aus den einzelnen Wörtern mit Hilfe der Kombinationsregeln hergestellt, sondern als ganze reproduziert« wird.[4]

Für die zu untersuchenden Idiomgruppen ist weiterhin kennzeichnend, daß ihre Gesamtbedeutung nicht aus der lexikalischen Bedeutung ihrer Elemente erklärt werden kann. Das gilt ebenfalls für die Zitate aus literarischen und philosophischen Werken, wenn sie metaphorisch gestaltet sind, und für die Zwillingsformeln, z. B. *Kind und Kegel*. Hierdurch unterscheiden sie sich von den anderen Phraseologismen. Hinsichtlich der Typologie, welche die *Duden-Grammatik* und die *Idiomatik des Deutschen* von Harald Burger aufweist, wären zu nennen:

die Gemeinplätze (Topoi), z. B.: *Es ist mir eine besondere Ehre*,
die stereotypen Vergleiche, z. B.: *schwarz wie die Nacht*,
die festen Verbindungen, z. B.: *Erfolg haben*
oder als Streckformen einfacher Verben, z. B.: *Anordnung treffen*.[5]

Die allgemeinen und die sprichwörtlichen Redensarten bilden mit Ausnahme festgefügter Sätze – wie: *Es ist die höchste Eisenbahn* – ein Glied oder den Kern eines Satzes, wobei die Reihenfolge ihrer Wörter variabel ist; etwa: Wir wollen das *im Auge behalten/Behalte* das *im Auge*. Die Redensarten sind meist metaphorisch geprägt. Ihren Sinn verstehen die Sprachteilnehmer unmittelbar, weil er durch beständigen situationsgebundenen Sprachgebrauch tradiert und dadurch gelernt wird. Der Unterschied zwischen den allgemeinen und sprichwörtlichen Redewendungen besteht darin, daß bei den ersteren ihre eigentliche Bedeutung und ihre Herkunft spontan einsehbar sind, während zu den sprichwörtlichen Wendungen

---

[4] Burger: A.a.O. S. 2.
[5] Vgl.: *Duden. Grammatik der deutschen Gegenwartssprache*. Bearb. von Paul Grebe. Mannheim: Dudenverlag ³1973 (=Der Große Duden, 4). S. 436ff.; und Burger: A.a.O., S. 2, 4f.
Burger gibt als weitere Gruppe die Bezeichnungen für Anstalten und Institutionen an, z. B. *Höhere Technische Lehranstalt, Deutsche Demokratische Republik*.
Noch nicht geklärt sei, ob auch die sogenannten pragmatischen Idiome – u.a. die Gruß- und Höflichkeitsformeln – der Idiomatik zuzurechnen seien. Vgl.: A.a.O., S. 6 und 58f.

jene zählen, deren ursprüngliche eigentliche Bedeutung nicht unmittelbar offenkundig wird.[6] Bezogen auf das sprachliche Wissen der einzelnen, ist somit der Übergang von der einen zur anderen Gruppe fließend.

Auch die Sprichwörter werden von denen, die sie benutzen und rezipieren, häufig nicht in ihrer ursprünglichen Bedeutung erfaßt. Sie unterscheiden sich von den sprichwörtlichen Wendungen durch ihre lehrhafte Absicht, die kontinuierliche Abfolge ihrer Wörter und vor allem durch ihre geschlossene und meist gehobene sprachliche Gestalt.[7] (Die Sprichwörter sind durchweg eine Aussage in Satzform. Selten wird ein Glied ausgespart – z. B.: *Ohne Fleiß kein Preis*. Oft sind sie rhythmisch akzentuiert, parallel gebaut – *Mitgefangen, mitgehangen* – oder antithetisch – *Heute rot, morgen tot* – sowie durch den Reim einprägsam fixiert.)

In den untersuchten Zeitungen sind die allgemeinen Redensarten am häufigsten aufzufinden (rd. 140), die sprichwörtlichen weit weniger (rd. 30) und die Sprichwörter noch seltener (rd. 12). In der Relation zu ihren Textseiten (d. h. abzüglich aller Anzeigen und Tabellen) weist die *Münchener tz* die meisten Redensarten auf, mehr als 3 je Seite. Es folgen *Express* mit rd. 2,5, *Hamburger Morgenpost* und *Bild-Zeitung* mit je 2; in der *Frankfurter Abendpost* und der *Münchener Abendzeitung* finden sich weniger und in der *B. Z.* kaum mehr als eine[8].

Ein Sprichwort oder eine Sprichwortvariation steht in den Blättern durchschnittlich nur auf jeder zehnten Seite.

Vorherrschend haben die Redensarten ihren Ursprung in der bildkräftigen Ausdrucksweise der volkstümlichen Sprache. Viele sprichwörtliche hingegen stammen aus den Sondersprachen.[9] Diesen allgemeinen Befund bestätigen die Bezugsbereiche, aus denen sich überwiegend die ursprünglichen Bedeutungen der beiden Idiomtypen in den untersuchten Zeitungen ableiten.

Ein Komplex von Wendungen ist gekennzeichnet durch metaphorisch verwendete Organe und Teile des menschlichen Körpers (rd. 30); Herz und Hand besitzen Vorrang, z. B.:
sich ein Herz fassen (B 9),
jemand die Hände binden (Az 21).

Weitere Gruppen bilden Redensarten, die durch das Schach- und Kartenspiel bestimmt sind oder aus den Handwerken stammen (je rd. 15), u. a.:
zum Zug kommen (Ap 27 und 34),
alles auf eine Karte setzen (Ebd. 28 und 29),
in die gleiche Kerbe schlagen (hauen) (B 6),
unter Dach und Fach bringen (Ap 21).

Noch zu erwähnen sind die aus dem Bezugsbereich des Militärs und des Theaters (je knapp 10). Als Beispiele:
die Feuertaufe bestehen (E 18),
in der Versenkung verschwinden (B. Z. 13).

---

[6] Vgl. hierzu auch: *Die deutsche Sprache*. Kleine Enzyklopädie in 2 Bänden. Hrsg. von Erhard Agricola, Wolfgang Fleischer, Hellmut Protze. 1. Bd. Leipzig: VEB Bibliographisches Institut 1969. S. 592; und
Duden. *Grammatik der deutschen Gegenwartssprache*. A.a.O., S. 438.

[7] Vgl. hierzu auch: Wilhelm Schmidt: *Deutsche Sprachkunde*. Berlin: Volk und Wissen [6]1968. S. 245.

[8] Unter folgenden Abkürzungen sind die genannten Blätter angegeben: *tz, E, HM, B, Ap, Az, B. Z.*

[9] Vgl. hierzu: Schmidt: *A.a.O.*, S. 233.

Die Redensarten wurden insgesamt an Hand folgender Sammelwerke überprüft: Wolf Friederich: *Moderne deutsche Idiomatik*. München: Hueber 1966; Hans Dittrich: *Redensarten auf der Goldwaage*. Bonn: Dümmler 1970; Lutz Röhrich: *Lexikon der sprichwörtlichen Redensarten*. 2 Bde. Freiburg i. Br.: Herder 1973. Die Idiome sind überwiegend als normalsprachlich – so die zitierten Beispiele – und weit geringer als umgangssprachlich zu bezeichnen. Die wenigen salopp-umgangssprachlichen könnten als »Sonderfälle« in dem Buch *Sprache in der verwalteten Welt* von Karl Korn das Kapitel »Aus dem Wörterbuch des Angebers« bereichern.[10] Die Wendungen lauten:

platt sein (*Az* 8; vgl. Dittrich, S. 175),

nicht drin sein (*B. Z.* 25; vgl. Friederich, S. 551),

klarer Fall (*Ap* 28; vgl. Friederich, S. 566),

jemand schneiden (*Az* 19; vgl. Dittrich, S. 210, Röhrich, 2. Bd., S. 873, 2. Sp.),

jemand die Show stehlen (*B. Z.* 30; vgl. Friederich, S. 270),

in die Luft gehen (*tz* 19; vgl. Friederich, S. 39),

(schwer) auf Draht sein (*B. Z.* 30; vgl. Dittrich, S. 50, Röhrich, 1. Bd., S. 210, 2. Sp.),

halblang machen (*E* 5; vgl. Friederich, S. 495, Röhrich, 1. Bd., S. 373, 2 Sp.).

jemand kalt machen (*HM* 20; vgl. Friederich, S. 623).

Die letztgenannte ist eine vulgäre Redensart, aber sie ist die einzige und findet sich zudem in der notierten Äußerung eines Kriminellen.

Als neue Wendungen, von den Anthologien noch nicht erfaßt, sind anzuführen die aus dem Boxsport stammende Bezeichnung

das Handtuch werfen bzw. *nicht werfen* (*tz* 18)

und der Phraseologismus

das ist nicht mein Bier bzw. auch ohne Negation (*Az* 8).[11]

Die Redensart

unter den Teppich kehren bzw. ebenso mit Verneinung (*Ap* 2)

wird nur von Röhrich (*A.a.O.*, 2. Bd., S. 1062, 2. Sp.) angeführt.

Unter dem soeben angezielten Aspekt muß hinsichtlich der Redensarten – und gleichfalls hinsichtlich der Sprichwörter – der Vorwurf gegenüber der Boulevardpresse zurückgewiesen werden, daß sie sich z.T. der vulgären Sprache bediene. Die Handhabe einer nachlässigen Sprachverwendung trifft lediglich für die angeführten »Sonderfälle« zu.

Weitaus bedeutsamer als die vorherigen sind die nun folgenden Untersuchungen. Sie fragen nach den Funktionen der Redensarten und Sprichwörter als Stilmittel in der Sprache der Boulevardpresse.

Auf der ersten Seite des umfangreichen Sportteils der *tz* steht die Reportage *Schalke darf doch nicht untergehen* (S. 11). Die einleitenden Absätze weisen sieben allgemeine Redensarten auf:

Der Bundesligaskandal hat Schalke *an den Rand des Abgrundes geführt* –

ein Sportgericht *setzte* die Schalker *schachmatt* durch die Sperre von Spielern –

der Präsident des Vereins *goß Öl in das Feuer*, als er die Urteile kritisierte –

---

[10] 2. Aufl. Olten und Freiburg i. Br.: Walter 1969. S. 56–77.

[11] Diese Redensart geht offenbar nicht zurück auf die englische »that's (not) my bag«, wie mehrfach angenommen wurde, sondern auf ähnlich klingende Wendungen in deutschen Mundarten. So: Christian Todenhagen: »*Das ist (nicht) mein Bier*.« In: *Muttersprache* LXXXII (1972), S. 334–336. Vgl. dazu: Wilhelm Martin Esser: *Nochmals: »Das ist (nicht) mein Bier«*. In: *Muttersprache* LXXXIII (1973), S. 150–151.

bei vielen Kumpels *lief die Galle über* –
sie *gingen auf die Barrikaden* –
machten ihrem Herzen Luft –
der DFB sollte das Sportgericht *in die Wüste schicken.*[12]
Was bewirken diese Redewendungen? Sie lockern den sachlich informierenden Berichtstil auf. Sie fügen ihm Metaphern ein und füllen die Sprache mit Anschaulichkeit. Aber in der Textpassage geschieht des Guten zuviel. Die erste Redensart, *an den Rand des Abgrundes führen,* ist im Zusammenhang mit der Situation überzogen, das barock-pathetische Sprachbild paßt nicht in einen Bericht oder eine Reportage. Gleichfalls hyperbolisch ist die Aussage *sie gingen auf die Barrikaden,* die wirklichkeitsentsprechend zurückgenommen wird in der folgenden Wendung: *sie machten ihrem Herzen Luft.* Insgesamt wird der Passus durch die Redensarten emotionalisiert, durch die beiden zuletzt angeführten in einem übersteigerten Maße.[13] Der Reporter setzt die geläufigen, vorgefertigten Spracheinheiten bewußt und akzentuiert ein, wie ihre Häufung indirekt beweist. Indem der Journalist die Gründe für die Sperre der Spieler ausspart, also die Gegenpartei nicht zu Wort kommen läßt oder wenigstens ihre Argumente aufführt, spricht sich in seinen Worten und den Aussagen der Schalke-Anhänger emotionell aufgebläht nur *eine* Partei aus. So wird der Leser zumindest zu einer emotionellen Identifikation mit der vorgestellten Partei überredet; eine Auseinandersetzung mit den Skandal-Sachverhalten unterbleibt. Und hier beginnt die publizistische Manipulation, »bei der mit ereignisunabhängigen oder -verzerrenden Reizgebungen, vorsichtigen Richtungskorrekturen und vorurteilig eingehenden Formulierungshilfen auf der Ebene der gelernten Reizstereotypen unterschwellig an der psychischen Disposition des reflexionsgehemmten Lesers angeknüpft wird«[14].

Die Phraseologismen wirken in dem Text als »ereignisunabhängige und -verzerrende Reizgebungen und ebenso als »Formulierungshilfen auf der Ebene der gelernten Reizstereotypen«. Denn – so kann man im Hinblick auf die Redensarten sagen – sie entstanden und entstehen als sprachlicher Reflex auf sich beständig in ähnlicher Weise wiederholende Situationen und erhalten damit im Bezug auf den Hörer oder Leser den Charakter von Reizstereotypen.

Aber in nur wenigen Artikeln werden allgemeine Redensarten mehrfach verwendet, wodurch sie erst eine starke affektive oder sogar manipulierende Wirkung erzielen. Überwiegend bezeugen sich die Wendungen als ein Ausdrucksmittel, das die Sprache der Boulevardblätter belebt, mit Bildlichkeit füllt und nicht übersteigert emotionell einfärbt.

Die genannten Merkmale treffen auch auf die sprichwörtlichen Redensarten zu. Doch können beide Idiomarten noch eine weitere Funktion übernehmen. Die Schlußseite der *tz* (20) bringt einen Sportbericht unter der Überschrift: *Bayern erlebten* wieder *ihr blaues Wunder* in Duisburg!:

Alle Jahre wieder ist es das gleiche: *Der FC Bayern erlebt* in Duisburg *ein blaues Wunder,* für das heuer letztlich ein Mann namens Klaus Wunder verantwortlich zeichnete (...).

---

[12] Vgl. zu den Redensarten: Friederich: *A.a.O.,* S. 693, 408, 41, 179, 366, 206, 57.

[13] In diesem Zusammenhang sei verwiesen auf Harald Dankert: *Sportsprache und Kommunikation.* Tübingen: Tübinger Vereinigung für Volkskunde 1969 (=*Volksleben,* 25), S. 50. Auf Grund der Untersuchungen ist die Sportsprache durchgängig hyperbolisch und superlativisch akzentuiert.

[14] Karlpeter Arens: *Manipulation. Kommunikationspsychologische Untersuchung mit Beispielen aus Zeitungen des Springer-Konzerns.* Berlin: Spieß 1970 (=*Schriftenreihe für Publizistikwissenschaft*), S. 15, vgl. ebd. S. 21.

Bei der Schilderung des Spielverlaufs heißt es u. a.:
Dann kam auf der anderen Seite (gemeint ist die Duisburger Mannschaft) das »Geschenk« zum 1:0, wobei Torwart Sepp Maier *ein gravierender Schnitzer unterlief* (...). Damit war das Rennen endgültig gelaufen. Die Duisburger *bekamen immer mehr Oberwasser* (...).

Die sprichwörtliche Redensart *sein blaues Wunder erleben*, zumal durch die Wiederholung und das Wortspiel mit dem Wort *Wunder* und dem Namen des Fußballers, signalisiert eine scherzhaft satirische Haltung des Schreibers, die vielleicht aus verletztem Lokalpatriotismus oder aus der Beobachtung des schwachen Spiels der Münchener Mannen resultiert. Die beiden anderen Redensarten, *einen Schnitzer machen* und *Oberwasser bekommen*, verstärken diesen Eindruck.

Zweifelsfrei satirisch ist eine sprichwörtliche Wendung aus der *Express* (S. 3):
Eine Frau glaubte ein glänzendes Geschäft zu machen und wurde saftig *übers Ohr gehauen*, als sie 150000 DM angeblich für ein Päckchen Diamanten zahlte und sich statt dessen ein Stück Seife einhandelte. Der satirische Zugriff durch Redensarten kann auch ironisch artikuliert sein, so z. B. gleichfalls in der *Express* (S. 3). Um die drohende Pleite seines Betriebes abzuwenden, schloß ihm ein Allgäuer Handwerksmeister diskret ein Minibordell an. Das wurde publik und:
Jetzt *legte* die Polizei *S. das Handwerk*.

Vielen Lesern der Boulevardblätter wird dieser mehr oder weniger kräftige satirische und ironische Unterton nicht entgehen. Schmunzelnd oder schadenfroh stimmen sie den Ausführungen zu oder lassen sich zu Gegenpositionen anregen.

Die metaphorische Bedeutung der sprichwörtlichen Wendungen wird beim Sprechen oder Schreiben und im Rezeptionsvollzug nicht empfunden, und ihre ursprüngliche Bedeutung ist meist weder ihren Benutzern noch den Aufnehmenden bekannt. Die Wendung *seine blauen Wunder erleben* oder als Variante im Singular – wie im zitierten Text – sagt aus: etwas Unangenehmes erleben, erfahren und ist entstanden – so Hans Dittrich: *Redensarten auf der Goldwaage*, S. 51 (272) – durch eine Gepflogenheit auf Jahrmärkten in vergangenen Jahrhunderten. Zauberkünstler und Scharlatane, Hexenmeister und Wahrsager hüllten ihr Publikum oft in narkotische Dämpfe. Hierdurch fühlte es sich entweder belästigt oder aber es wurde unter ihrer Einwirkung geneppt und geprellt.

Die Redewendung *Oberwasser haben* oder, rückgreifend auf den Text, *Oberwasser bekommen* in der Bedeutung ›mehr Handlungsfreiheit besitzen‹ bzw. ›obenauf sein‹ stammt aus der Sprache des Müllerhandwerks. »Müller mit oberschlächtigen Mühlen, denen das Gebirgswasser von oben aufs Mühlrad ›schlägt‹, mahlen schneller, also vorteilhafter als unterschlächtige Mühlen am Strom, denen das langsam fließende Wasser von unten her das Rad drehen muß.«[15]

In den Boulevardblättern finden sich mehrfach Redensarten in abgeänderter Form; die zuletzt genannten können als Beleg gelten.[16] Weiterhin scheint es die Schreiber zu reizen, mit den vorgeprägten Spracheinheiten zu spielen. Einige Beispiele:

---

[15] Dittrich: *A.a.O.*, S. 160.

[16] In der Idiomdefinition, die im *Lexikon der Germanistischen Linguistik* vorgelegt wird, heißt es, daß bei einem Idiom die »Kommutation seiner Teile (...) nicht möglich« sei (*A.a.O.*, S. 176, 2. Sp.). Zumindest im Hinblick auf die Austauschbarkeit von Verben in zahlreichen Redensarten, durch die ihre Gesamtbedeutung unverändert bleibt, ist dieser apodiktische Satz einzuschränken.

»Niemand wird sich also die Hände in solchem Luxus waschen« statt: seine Hände in *Unschuld* waschen, eine Redensart, die auf die Pilatusszene Matth. 27, 24 zurückgeht (*Ap* 24; vgl. Dittrich, S. 92, Röhrich, 1. Bd., S. 382/383);
»Die Modeschöpfer sind auf die Indianer gekommen«, d. h. auf den Indianer-Look, statt: auf den *Hund* kommen (*Az* 34; vgl. Dittrich, S. 108, Röhrich, 1. Bd., S. 446, 1. Sp.);
»Dem Trainer blieben schier die Wiener Würsteln im Hals stecken« statt: das *Wort* blieb im Hals stecken (*tz* 20; vgl. Dittrich, S. 90);
»ein Ohr riskieren« statt: ein *Auge* ... (*B. Z.* 29; vgl. Dittrich, S. 50).

Allgemeine und sprichwörtliche Redensarten haben über die bereits aufgezeigten Funktionen hinaus noch weitere. Für die schnellschreibenden Journalisten sind die vorgeprägten Wendungen, die ja nicht einzelne Begriffe, sondern Beobachtungen und Erkenntnisse bildhaft ausdrücken[17], stets verfügbare Spracheinheiten, um äußerst bündig statt mehr oder weniger weitschweifig erklärend Meinungen, Stellungnahmen und Kritik – auch in satirischer oder ironischer Brechung – herauszuheben. Die Leser verstehen mühelos die in allen Darbietungsformen der Boulevardblätter benutzten Redensarten und auch die durch sie akzentuierten Aussagen. Andererseits können die Wendungen negativ gehandhabt werden, indem sie an die Stelle gedanklicher Durchgliederung und Differenzierung treten. Auf diese Weise werden Informationen, Kommentare und Kritiken seicht, informieren die Leser nur ungenügend und verführen sie zu einer oberflächlichen Meinungsbildung.

Einige Beispiele hierfür:

Im Parlament von Den Haag müssen sich 150 Abgeordnete aus 14 Parteien zusammenraufen – und *das geht* (...) *nicht immer reibungslos über die Bühne* (*HM* 2).
Warum das nicht reibungslos vonstatten geht, bleibt ausgespart.

Wehner beschwört dabei die Kunst des Möglichen (...). Das heißt, sie [die SPD] habe *auf dem Boden der Tatsachen zu stehen* (...) (E 2).
Keine »Tatsache« wird in dem Kommentar genannt.

In den *Verlautbarungen* des erzbischöflichen Ordinariats von München-Freising ist davon die Rede, daß die Regierung *am Ende ihres bevölkerungspolitischen Lateins angelangt sei* (...) (*Az* 3).
Die Wendung *mit seinem Latein am Ende sein* bezieht sich auf die Funktion dieser Sprache im mittelalterlichen Bildungsbetrieb und bedeutet: ›zu Problemen oder Sachverhalten nichts weiteres mehr sagen können‹ (vgl. Röhrich: *A.a.O.*, 1. Bd., S. 574, 2. Sp.). Die Redensart ist in dem Zitat metaphorisch benutzt und meint: ›die Regierung weiß über die ergriffenen, aber unzureichenden bevölkerungspolitischen Maßnahmen hinaus keine weiteren zu treffen‹. Nicht geäußert wird jedoch in dem Kommentar, warum und in welchem Grade das der Fall ist.

Mehr noch als die Redensarten entstanden die meisten deutschen Sprichwörter während des Mittelalters im Volke; viele allerdings stammen aus der Dichtung und durch Lehnübersetzungen aus den Werken antiker Autoren.[18] Die in den Zeitungen gefundenen Beispiele sind der normalsprachlichen Stilschicht zuzurechnen. Sie ließen sich überprüfen an dem Standardwerk *Deutsches Sprichwörter-Lexikon* von Karl Friedrich Wilhelm Wander, in fünf

---

[17] Vgl. hierzu auch: *Die deutsche Sprache.* 1. Bd., S. 592.
[18] Vgl. hierzu auch: Schmidt: *A.a.O.*, S. 245–247; und *Die deutsche Sprache.* 1. Bd., S. 599 und 595.

Bänden bis 1880 herausgegeben und 1964 von der Wissenschaftlichen Buchgesellschaft unverändert nachgedruckt.

In der Reportage über den italienischen Schriftsteller Alfredo Bonazzi, der vor einem Jahrzehnt wegen Räubereien und Mord zu über 30 Jahren Freiheitsentzug verurteilt wurde, erst im Gefängnis zu schreiben begann, später Literaturpreise erhielt und 1973 begnadigt wurde, schreibt der Journalist der *Münchener Abendzeitung* (S. 8) als Einleitungssatz über dessen Jugendzeit:

Der Mensch ist des Menschen Wolf – auch Bonazzi hatte diese Erfahrung gemacht.

Der Schreiber nimmt hier eindeutig anklagend Stellung zu der Umwelt des Kindes und Jugendlichen. Ihre Inhumanität war der Grund für die Fehlentwicklung des Heranwachsenden.

Der als Sprichwort zu wertende Satz *Der Mensch ist des Menschen Wolf* geht auf den lateinischen Ausspruch *Homo homini lupus* zurück, der bei dem römischen Komödiendichter Plautus belegt ist.[19]

In der Überschrift eines Kurzberichtes über die Generalversammlung des *Verbandes der Köche Deutschlands* in der *tz* (S. 3) wird der Aussage eines bekannten Sprichwortes widersprochen:

Viele Köche: Kein »verdorbener Brei«.

Diese gegensätzliche Behautpung wiederholt variierend der erste Satz des Textes:

Es stimmt halt doch nicht, daß viele Köche den Brei verderben!

Dann folgen Argumente. Die humorvolle Umkehrung des Sprichwortes und der Nachdruck der Behauptung reizt zum Lesen an. Das volkstümliche Sprichwort selbst wurde in viele Sammlungen aufgenommen. In ähnlicher Form ist es auch lateinisch überliefert und weiterhin als eigenständiges Sprichwort der Italiener und Spanier, der Franzosen und Ungarn zu bezeichnen.[20]

Mehrfach wird in den untersuchten Zeitungen ein variiertes Sprichwort bejahend an den Anfang eines Textes als Informationsvorspann gestellt, um dann den aktuellen Bezug und Beleg zu erbringen:

Was dem Großen recht ist, ist den Kleinen billig (*HM* 5).

Gemeint sind der »große« Passagierdampfer *Wappen von Hamburg* und die »kleinen« Ausflugsschiffe auf der Elbe. Die Normalfassung des Sprichwortes lautet:

Was dem einen recht ist, ist dem anderen billig.[21]

Weiterhin:

Einen Bären soll man nun einmal nicht reizen (*tz* 16).

Diese Aussage über die russische Eishockey-Nationalmannschaft ist bildlich fixiert und verwendet das bekannte Emblem Rußland als Bär zur analogen Benennung der Spieler als singuläre Erscheinung. Die Aussage kann als variiertes Sprichwort gelten.[22]

---

[19] Vgl.: Wander: *A.a.O.*, 3. Bd. Darmstadt: Wissenschaftliche Buchgesellschaft 1964. Sp. 607, Nr. 384.
[20] Vgl. Wander: *A.a.O.*, 2. Bd. Sp. 1447f., Nr. 73.
[21] Vgl. Wander: *A.a.O.*, 1. Bd. Sp. 784, Nr. 67.
[22] Vgl. Wander: *A.a.O.*, 1. Bd. Sp. 231 und f., Nr. 34 und 59. Diese Sprichwörter sind dem Zitat sinnadäquat.

Das auch in Holland, Dänemark und Schweden bekannte Sprichwort
Morgenstund hat Gold im Mund
wird entgegen seiner metaphorischen Bedeutung mehr im Sinne seines ursprünglich mythologischen Aussagegehaltes zur Charakterisierung einer Person sprachspielerisch und satzintegriert benutzt:
Wer [X Y] einen bisher unbekannten Friesenwitz erzählt, hat zu dieser Morgenstunde Gold im Munde (HM 7).
Das volkstümliche Sprichwort leitet sich wahrscheinlich ab aus dem in Humanistenschulen gängigen Merksatz *Aurora habet aurum in ore.* Hier ist noch im Gegensatz zum Sprichwort der etymologische Bezug vorhanden: die Darstellung der personifizierten Aurora (Morgenröte) mit Gold in den Haaren und im Mund.[23]

In den Boulevardblättern und gleichfalls in den anderen Zeitungsarten findet man Sätze, vor allem in Kommentaren, Kritiken und Interviews, die sich auf den ersten Blick als Sprichwörter ausweisen, z. B.:
Die Macht ist ein zweischneidiges Schwert (E 2).
Für die Annahme spricht die knappe Fügung und die Waffenmetapher in der Bedeutungsrelation »traditionelles Machtinstrument: traditionelles Sinnbild der Macht«. Aber unter den zahlreichen Sprichwörtern zum Begriff Macht befindet sich keins mit der Nennung *Schwert* in der Anthologie von Wander. Solche sprichwörtlich anmutenden metaphorisch geprägten Sätze werden von den Journalisten – und ebenso von Politikern – benutzt, um entweder mit oder ohne Absicht Selbstverständliches und Banales phrasenhaft aufzubauschen, oder um Aussagen sprachlich zu akzentuieren und sie – vorwegnehmend oder abschließend – auf eine gängige, bildhafte und somit allgemeinverständliche Formel zu bringen.

Das letztere ist auch die generelle positive Funktion des Sprichwortes oder seiner Variation in den Boulevardblättern. Hinzu kommt, daß durch die Verwendung der Sprichwörter sowohl in der hier untersuchten Sparte als auch in der konventionellen Tages- sowie der Sonntagspresse der Sprichwortschatz seine »Lebens- und Regenerationskraft« beweist und nicht nur »erratisches Weisheitsgut (...) vergangener Zeiten« konserviert.[24]

Welche Folgerungen lassen sich aus den Darlegungen ableiten?
Positiv zu beurteilen ist der häufige Gebrauch der Redensarten prinzipiell insofern, weil sie die Sprache der Boulevardzeitungen dynamisieren und bildkräftig tönen. Das gleiche gilt für die Sprichwörter. Hierdurch erweisen sich die untersuchten vorgeprägten Spracheinheiten als Ausdrucksmittel, die der zunehmenden Abstraktion der Öffentlichkeitssprache als einem »Verlust an Lebensunmittelbarkeit« entgegenwirken.[25] Außerdem sind zu bejahen die bündige und präzise Formung von Aussagen durch die unmittelbar verständlichen Redewendungen und Sprichwörter sowie ihr sprachspielerischer und humorvoller, ihr satiri-

---

[23] Vgl. Röhrich: *A.a.O.*, 2. Bd. S. 656, 2. Sp.
Wander: *A.a.O.*, 3. Bd., Sp. 733, Nr. 4 führt das Sprichwort – was unglaubhaft ist – auf den Brauch zurück, Geldstücke im Munde aufzubewahren.
[24] Wolfgang Mieder: *Verwendungsmöglichkeiten und Funktionswerte des Sprichwortes in der Wochenzeitung* (Untersuchung der ZEIT für das Jahr 1971). In: *Muttersprache* LXXXIII (1973). S. 94 und 99.
Vgl. auch Burger: *A.a.O.*, S. 57.
[25] Karlheinz Daniels: *Moderne Sprachentwicklung als didaktisches Problem.* In: *Sprachpädagogik – Literaturpädagogik.* Festschrift für Hans Schorer. Hrsg. von Wilhelm L. Höffe. Frankfurt: Diesterweg 1969. S. 55, vgl. ebd. die vorherigen und folgenden Seiten.

scher und ironischer Einsatz zur scharfen Konturierung von Sachverhalten und Personen. Die Schreiber verwenden die volksläufigen idiomatischen Ausdrucksmittel mehr oder weniger bewußt im Hinblick auf die speziell angezielten Konsumentengruppen: die Arbeiter, Angestellten und Beamten im unteren Dienst.[26]

Im Gegensatz hierzu jedoch sind die beiden Typen der Redensarten auch als absichtlich verwendete Stilmittel zu erkennen, die die Sprache der Boulevardblätter – wenn auch in einem geringen Umfang – sachinadäquat massiv emotionalisieren. Das betrifft vornehmlich die Ressorts »aktuelles Zeitgeschehen«, »modernes Leben« und vor allem die Sportberichte und -reportagen. Weiterhin werden die Redewendungen besonders in Texten mit politischer und gesellschaftspolitischer Thematik häufig als Leerformeln benutzt. Sie verkürzen, verallgemeinern und vereinfachen die Sachverhalte, so daß sich die Leser nicht ausreichend informieren können. Eine fundierte Meinungsbildung, die zu Urteilen befähigen sollte, wird ausgeschaltet. Diese negative Handhabe der Redensarten ist hinsichtlich ihrer Wirkweise auf die Leser als generelle Manipulation zu entlarven und als Widerspruch zur öffentlichen Aufgabe der Presse.[27] Die Redensarten erweisen sich in dieser Verwendung nicht als Ausdrucksmittel eines Nachrichten- oder Meinungsstils, sondern als Merkmal einer Sprache, die primär oberflächliche Information und Unterhaltung bezweckt.

●

---

[26] Vgl. hierzu Mittelberg: *Wortschatz und Syntax der Bild-Zeitung.* S. 14f., 130, 147.
[27] Vgl. hierzu auch: *Wörterbuch der Publizistik.* S. 263, Stichwort: *Öffentliche Aufgabe.*

Die Metaphorik in der Boulevardpresse

Von HARALD REGER

Boulevardblätter erscheinen seit rund achtzig Jahren. Bis zum Ende des Krieges waren sie Straßenverkaufszeitungen in Großstädten, besonders der USA und einiger europäischer Länder. Heutzutage bezeichnet der Begriff *Boulevardpresse* Tageszeitungen, die vorwiegend auf den Straßen verkauft werden und durch sensationelle Aufmachung und Stories zum Lesen anreizen wollen. Ihre Sprache erregt und befriedigt das Informations- und Sensationsbedürfnis reflexionsgehemmter Leserschichten.[1]

Die Sprache der Boulevardpresse wurde bislang noch nicht eingehend analysiert; die umfassende Untersuchung von Ekkehart Mittelberg bezieht sich, wie der Titel seines Buches ausweist, auf ein Boulevardblatt: *Wortschatz und Syntax der Bild-Zeitung*[2]. Die in ihm vorgelegten Analysen zur Metaphorik rücken die »Bildgegenstände« bzw. »Bildbereiche« der Übertragungen in den Blick sowie deren hierdurch ableitbare Funktionen. Nicht ermittelt werden die Funktionen der für die gesamte Pressesprache bedeutsamen Metaphernklassen. Die folgenden Untersuchungen zielen deshalb die dynamisierenden und verkörpernden sowie die personifizierenden und sensorischen Übertragungen an. Als Ausdrucksmittel werden sie dreifach auf ihre Funktionen befragt:

was sie hinsichtlich der Sprache der Boulevardpresse bewirken,
wie und warum die Journalisten sie verwenden,
wie sie auf die Leser wirken können.

Zudem ist festzustellen, welcher Stilschicht die Metaphernarten jeweils überwiegend zuzurechnen sind.

Benutzt wurden die Samstagsnummern vom 31.3.1973 der

Bild-Zeitung, Ausgabe Hamburg, Axel Springer Verlag, Hamburg, (*B*),[3]
Hamburger Morgenpost, Allgemeine Druck- und Presse-Verlags-GmbH, Hamburg, (*HM*),
B.Z., Ullstein, Berlin, (*B.Z.*), und des
Express, DuMont Schauberg, Köln (*E*),
die Sonntagsausgabe vom 1.4.1973 der
Abendpost/Nachtausgabe, Frankfurter Societäts-Druckerei, (*Ap*),
die Wochenendausgabe vom 31.3./1.4.1973 der
Abendzeitung, Verlag Die Abendzeitung, München, (*Az*),
und die schon am Sonntagabend erschienene Montagsausgabe der
tz, Münchener Zeitungs-Verlag, (*tz*).

Die metaphorische Verwendung von Wörtern und Sätzen beinhaltet ihren indirekten, uneigentlichen und mehr als einsinnigen Gebrauch und bezeugt eine ästhetische Grundleistung und Funktion der Sprache. Diese Leistung und Aufgabe sind begründet in der menschlichen Fähigkeit des »analogischen Sehens«, die eine »archaische Erkenntniskraft« darstellt.[4*] Die

---

[1] Vgl. hierzu: *Wörterbuch der Publizistik*. Hrsg. von Kurt Koszyk und Karl Hugo Pruys. – München: Deutscher Taschenbuch-Verlag ²1970. S. 61, 1. Sp., Stichwort: *Boulevardpresse*.

[2] Marburg: Elwert 1967 (= *Marburger Beiträge zur Germanistik*, 19).

[3] Diese und die folgenden Abkürzungen werden für die kommenden Textbelege verwendet.

[4] Michael Landmann: *Gnoseologische und ästhetische Valenz der Metapher*. In: Landmann: *Die absolute Dichtung. Essays zur philosophischen Poetik*. Stuttgart: Klett 1963. S. 129.

Vgl. eb. in dem grundlegenden Werk von Hermann Pongs: *Das Bild in der Dichtung. Versuch einer Morphologie der metaphorischen Formen*. Marburg: Elwert ²1960. S. 2–5, 7, 21.

metaphorische Ausdrucksweise ist ein spezifisches Stilmittel poetischer Literatur und hinsichtlich der außerpoetischen Literatur gleichfalls ein Gestaltungsmerkmal der Pressesprache. Durch die Bestimmung der Übertragungsmodi in den bildhaften Aussagen lassen sich Metaphernklassen ermitteln. Die Arten der Übertragung sind erkennbar, wenn die Relation zwischen einem Bezugsobjekt (z. B. als Gegenstand, Person, Begriff oder Sachverhalt) und dem übertragenen bildhaften Phänomen (gleichfalls z. B. als Gegenstand, Person oder Sachverhalt) bestimmt wird.

Die dynamisierende Metapher

Eine fundamentale Übertragungsart ist die Dynamisierung.[5] In ihrem metaphorischen Prozeß wird die mögliche Bewegung einer ding- oder leibhaften Erscheinung gesteigert bzw. umgedeutet, oder aber dem Bezugsobjekt wird eine Bewegung eingedeutet, zu der es nicht fähig ist. Zudem kann die Sprache menschliches Fühlen, Denken und Tun dynamisieren. Hierbei ist der Bezugsgegenstand stets der Mensch als leibhafte Erscheinung; das Bildphänomen ist entweder ebenfalls der Mensch oder ein ding- bzw. körperhaftes Phänomen. Grammatisch sind die dynamisierenden Metaphern an Verben, sporadisch auch an Partizipien gebunden.

Hinsichtlich der Sparten in den Boulevardblättern haben die Dynamisierungen ihre Domäne im Ressort Sport (rd. 40 von rd. 130) und hier wieder speziell in Berichten und Reportagen über Fußballspiele. Bewegungssteigernd oder -umdeutend wird mitgeteilt: die Spieler
    steigen hart ein,
    sie bremsen die anderen (*Ap* 30, 27),
    sie bugsieren das Leder (*Ap* 29),
    jagen, schmettern und feuern den Ball,
    dreschen ihn unter die Latte (*Ap* 30, 31).
Wenn das Match so »läuft«, geschieht bewegungseindeutend allerhand:
    das Spiel wird aus dem Mittelmaß herausgerissen (*Ap* 30),
    es rollt Angriff auf Angriff (*Ap* 31),
es gelingt,
    den Gegner in der eigenen Hälfte einzuschnüren (*Ap* 28),
    ihm einzuheizen und die Deckung auseinanderzunehmen (*Ap* 31).
Wie der Einsatz der Sportler, so reizt auch die Tätigkeit der Polizisten in den Berichten zum aktuellen Zeitgeschehen zu dynamisierten Aussagen an:
    sie durchkämmen ein Gebiet und greifen einen Irren, der aus einer Anstalt ausgerissen war (*Az* 1, 3),
    sie stöbern einen Dieb auf und riegeln ein Gebäude ab (*B. Z.* 4).
In Texten zu Sportereignissen sind teilweise mehrere Dynamisierungen aufzufinden, in den Artikeln der übrigen Sparten nur selten. Auch in den letzteren überwiegen bewegungssteigernde, -umdeutende und -eindeutende Nennungen im Vergleich mit dynamisiert ausgesagtem menschlichem Fühlen, Denken und Tun. Für diese Gruppe folgende Beispiele:

---

[5] Der Begriff findet sich u. a. bei Karl Ludwig Schneider: *Der bildhafte Ausdruck in den Dichtungen Heyms, Trakls und Stadlers.* Heidelberg: Winter 1954. S. 71, und Werner Ingendahl: *Der metaphorische Prozeß. Methodologie zu seiner Erforschung und Systematik.* Düsseldorf: Schwann 1971. (=*Sprache der Gegenwart.* Schriften des Instituts für deutsche Sprache in Mannheim, 14.) S. 238, 244.

Der Kummer soll heruntergespült werden (*Az 36*).
Die Männer toben ihre uralten Vorurteile aus (hinsichtlich des problematischen §218, *B.Z.* 46),
Die Anwohner des Hamburger Flughafens fühlen sich verschaukelt (wegen der zu kleinen Lärmschutzzonen, *HM* 3),
[Die polnische Opernsängerin] Donat entflammte Publikum und Kritik (*tz* 7).

Die dynamisierenden Metaphern sind überwiegend als normalsprachlich zu bezeichnen, wenn man als Stilschichten die gehobene, die normalsprachliche, die salopp-umgangssprachliche und die vulgäre fixiert.[6] Die übrigen erweisen sich als salopp-umgangssprachlich geprägt. Ihnen wiederum müssen mit wenigen Ausnahmen auch die drastischen und übertriebenen Dynamisierungen zugezählt werden (rd. 30).[7] Für die beiden letztgenannten Gruppen einige Belege über die schon in den vorhergehenden Aufführungen enthaltenen hinaus:

Im Parlament von Den Haag müssen sich 150 Abgeordnete aus 14 Parteien zusammenraufen (*HM* 2),
Münchens Polizeipräsident [...] schießt gegen den Stadtrat (*Az* 34),
Jetzt packen die US-Gefangenen aus (*E* 1),
auf einem [...] herumhacken (*B.Z.* 45).

Alle dynamisierenden Metaphern lockern die Sprache der Boulevardzeitungen auf und akzentuieren sie punktuell bildhaft. Zugleich emotionalisieren sie die Texte. Die Übertragungen werden wohl meist beabsichtigt eingesetzt, wenn sie in Überschriften oder Informationsvorspannen der Artikel aufzufinden sind. Sie reizen zum Lesen an, fassen einen Sachverhalt anschaulich und affektiv getönt summarisch zusammen, worauf dann Fakten und Argumente folgen. Innerhalb von Texten pointieren sie in gleicher Weise sinnzentrierende Aussagen.

Ein Trend zur bewußten affektiven Überspitzung durch mehrfache und zugleich hyperbolische Verwendung ist zu erkennen in Berichten und Reportagen über Sportereignisse, besonders über Fußballspiele.[8] Hierdurch, weit mehr aber noch generell durch die salopp-umgangssprachlich sowie drastisch und übersteigert gehandhabten Dynamisierungen und durch gleichartige Metaphern der anderen Klassen erwachsen für die Sprache der Konsumenten nicht abzuschätzende Gefahren. Die Leserschichten, welche die Boulevardblätter speziell anzielen: die Arbeiter, Angestellten und Beamten im unteren Dienst[9], finden ihre eigene stark emotional gefärbte Sprachverwendung positiv bestätigt und werden hierzu somit indirekt beständig stimuliert und aufgefordert.

---

[6] Vgl. zu den genannten Stilschichten: *Einführung in die Methode der Stiluntersuchung.* Verfaßt von einem Autorenkollektiv unter Leitung von Georg Michel. Berlin: Volk und Wissen 1968. S. 47.

[7] Weder im Hinblick auf diese Metaphernklasse noch die anderen kann Mittelberg zugestimmt werden, daß die meisten Übertragungen – in seinen Untersuchungen allerdings eingeschränkt auf die *Bild-Zeitung* – drastisch und übersteigert wirkten und ins Vulgäre abglitten (*a.a.O.*, S. 145).

[8] In diesem Zusammenhang sei verwiesen auf: Harald Dankert: *Sprachspiele und Kommunikation.* Tübingen: Tübinger Vereinigung für Volkskunde 1969. (=*Volksleben*, 25.) S. 50. Hier wird die Sportsprache durchgängig als hyperbolisch und superlativisch charakterisiert.

[9] Vgl. hierzu: Mittelberg: *A.a.O.*, S. 14f., 130, 147.

Die verkörpernde Metapher

Die am häufigsten sowohl im mündlichen als auch im schriftlichen Sprachgebrauch benutzten Metaphern sind die verkörpernden.[10] Sie benennen vorherrschend Begriffe und abstrakte Aussagen in optisch wahrnehmbare Gegenstände um, gleichfalls benennen sie schaubare Bezugsobjekte in andersartige Bildphänomene um. Die verkörpernden Metaphern lassen sich in zwei Bereiche scheiden: Entweder wird der Bezugssachverhalt oder -gegenstand in einen Gegenstand menschlichen Schaffens bzw. einen andersartigen Sachverhalt menschlicher Tätigkeit transformiert oder in eine Erscheinung der Natur.

In der *Express* und in der *Abendzeitung* (jeweils S. 2) ist der Text des bekannten Fernsehkommentators Dieter Gütt unter der Überschrift *Onkel Herberts Testament* abgedruckt. Hier einige Sätze daraus:

> Kurz vor der Zustandsschilderung der Sozialdemokratischen Partei Deutschlands [...] *hat ihr Vulkan Laut gegeben, den manche bereits für erloschen hielten:* Herbert Wehner.
> In Sorge um ihren Zustand, der *von Zersplitterung* [...] *bedroht* ist, hat Onkel Herbert Grundsätze verkündet [...].
> Wehner beschwört dabei die Kunst des Möglichen [...], die SPD [...] habe *auf dem Boden der Tatsachen zu stehen* [...].
> In der Politik geht es immer um die Macht. *Allein, die Macht ist ein zweischneidiges Schwert. Macht geht öfter von Hand zu Hand als von Kopf zu Kopf.*

Der Fraktionsvorsitzende der SPD wird als »Vulkan« bezeichnet, der »Laut gibt«, d.h. tätig wird, »den manche schon für erloschen hielten«. Die metaphorische Ineinssetzung Wehner gleich ›Vulkan in Aktion‹ meint das dynamische Denken und Handeln des Politikers für seine Partei. Diese Kennzeichnung zeugt von bewußter Effekthascherei, wirkt aufgesetzt, übertrieben und hierdurch letztlich nichtssagend, emotional aufgebläht. Sie ist als trivialliterarisch zu klassifizieren. Besäße die Charakterisierung den Akzent der Ironie – denn Vulkane und ihre Ausbrüche sind weder menschen- noch umweltfreundlich –, hätte sie die gegenteilige Wirkung.

Der Zustand der SPD wird von »Zersplitterung (...) bedroht«. Die durch verschiedene Materialien bekannte Erscheinung ist metaphorisch stereotyp. Weil keine Gründe für eine mögliche »Zersplitterung« genannt werden, steht die Angabe als summative Leerformel im Text, die jeder Leser nach eigenem Gutdünken inhaltlich füllen – oder aber leer lassen kann. Auch die folgende allgemeine Redensart »auf dem Boden der Tatsachen stehen« ist wie die meisten Redewendungen eine verkörpernde Übertragung und wiederum eine Leerformel; denn weder »Tatsachen«, die Wehner geäußert hat, werden angeführt, noch gibt Gütt selbst einige an.

Die Macht wird als »zweischneidiges Schwert«, als traditionelles Herrschaftsinstrument metaphorisiert. Den kritischen Ansatz durch die Waffenmetapher führt der Kommentator dann weiter aus durch verkörpernde Übertragungen: »Macht geht öfter von Hand zu Hand als von Kopf zu Kopf«. Was heißt das? Liegt die politische Macht weitgehend in den Händen von Politikern, die ihr Geschäft pragmatisch, fleißig und geduldig ausüben und die Macht in Erbfolge gepachtet haben, wohingegen die kritischen Analytiker und Reformisten nicht oder kaum zum Zuge kommen? Statt dieser metaphorischen Allgemeinplätze hätte der Kommentator einige problematische Äußerungen Wehners kritisch untersuchen sollen.

---

[10] Der Terminus wurde fixiert in: Harald Reger: *Das Sprachbild in Grillparzers Dramen*. Bonn: Bouvier ²1970. (= *Xerogrammata. Hochschulschriften*, 2.) S. 104ff.

Unter der reißerischen Überschrift *Godesberg ist tot* – gemeint ist das Godesberger Programm der SPD – wird in der *Bild-Zeitung* (S. 2) ein Kurzinterview mit einem aus der SPD in die CDU übergewechselten Politiker wiedergegeben. Die zugleich emotionalen und informatorischen Sinnspitzen der Antworten sind durch verkörpernde Übertragungen formuliert, so u. a.:

[...] das Godesberger Programm ist [...] *für alle Flügel der SPD* doch nur noch *ein toter Buchstabe. Helmut Schmidt hat die Plattform, auf der er einmal gestanden hat, verlassen. Er hat sich der linken Strömung angepaßt* [...].

Er (Georg Leber) *ist einer* der ganz wenigen SPD-Leute, *denen das linke Gift noch nicht bis unters Herz gegangen ist.*[11]

Sowohl in den Kommentaren und Interviews als auch in den Reportagen und Berichten zum politischen und gesellschaftspolitischen Zeitgeschehen werden die Sinnzentren – ob emotional aufgeladen oder nicht – meistens durch die Bildgegenstände verkörpernder Metaphern ausgesagt. Sie stellen Informationen und Meinungen über Sachverhalte jeder Art knapp dar. Wie die Beispiele jedoch belegen, sind sie vornehmlich als Leerformeln benutzt. Sie verkürzen, verallgemeinern und vereinfachen die Sachverhalte, so daß die Leser unzulänglich quantitativ und qualitativ präzisierte Informationen und Meinungen vermittelt bekommen.

In den übrigen Sparten der Boulevardblätter hingegen – aktuelles Zeitgeschehen, modernes Leben und Sport – werden die verkörpernden Sprachbilder überwiegend bündig und aussagestark zur scharfen Konturierung von Sachverhalten und Personen benutzt. Das ist aber zugleich verbunden, die nachfolgenden Beispiele mögen es belegen, mit einer mehr oder weniger massiven Emotionalisierung der Texte. Hierdurch erweist sich die verkörpernde Übertragung als ein spezifisches Ausdrucksmittel einer bewußt affektiv akzentuierten Sprache. Die generelle positive Funktion dieser Metaphernkategorie wie auch der anderen, daß sie die Sprache der Boulevardzeitungen auflockern und mit Anschaulichkeit füllen[12], wird durch die negativen Aspekte sehr vermindert.

Vorstehend wurde gesagt, daß die verkörpernden Metaphern die Bezugssachverhalte oder -gegenstände umbenennen in andersartige Sachverhalte menschlicher Tätigkeit bzw. in Gegenstände menschlichen Schaffens oder in Erscheinungen der Natur. Unter diesem Aspekt ist es lohnenswert, zu untersuchen, welche Bildphänomene und -bezirke in der Sprache der Boulevardpresse im Vordergrund stehen und welche Funktionen sie hinsichtlich der Sprache, der Schreiber und Leser aufweisen.

Bei den naturverkörpernden Metaphern überwiegen die mit dem Bildgegenstand *Berg* oder *Gipfel* und die sich aus dieser Gegenständlichkeit bildenden Übertragungen (insgesamt rd. 30). Die Formung der verkörpernden Metapher ist grammatisch auf Subjekt und Prädikat, die Objekte und das Genitivattribut verwiesen und kann so einen ganzen Satz umspannen oder in der Ausweitung des Bildprozesses sogar mehrere Sätze. Übertragungen, die einen Satz umfassen, sind selten formuliert, z. B.:

Der Vulkan riß von den Stühlen (gemeint ist die Sängerin Shirley Bassy, *Az* 7),

[...] noch ein Schritt und die »Königsblauen« (die Schalker Fußballspieler) stürzen in die Tiefe (*tz* 11).

---

[11] Als weitere ähnlich und stark metaphorisierte Texte wären u. a. anzuführen: »Pleite-Bank trieb 80 Pfennig ein« (*E* 4); »Die einzige Alternative« (*Ap* 2); »So können auch Sie Ihre Ehe retten«, »Kirchenkampf gegen §218«, »Die Schafe grasten bei den Mainzelmännchen« (*Az* 4, 3, 6); »Selbstmord«, »Brandt: Kein Platz für Kommunisten« (beide *tz* 2).

[12] Vgl. hierzu auch: Mittelberg: *A.a.O.*, S. 123, 127 f.

Häufig werden zweigliedrige Nennungen benutzt: die Verbindung eines metaphorischen Substantivs mit dem nichtmetaphorischen Genitivattribut, z. B.:
 der Gipfel der Unverschämtheit (*E* 4),
 Höhe des Eiweißverzehrs (*B. Z.* 14),
 die Spitze der Pariser Prominenz (*tz* 7).

Mehr noch finden sich eingliedrige Angaben: die Fügung eines nichtmetaphorischen Nomens mit einem metaphorischen Genitivattribut zu einem zusammengesetzten Substantiv:
 Spitzenbeamter (*B* 1), Spitzenmarke (*HM* 2),
 Spitzenreiter (*E* 19), Spitzenklubs (*HM* 11).

Zur Metaphorik mit dem Bildgegenstand *Berg* zählen auch die für die Sportsprache typischen Einwortbilder *Abstieg* und *Aufstieg*.

Die Tiermetaphern folgen zahlenmäßig an zweiter Stelle (rd. 25). Auch hier überwiegen nicht die sich über einen Satz spannenden Übertragungen, sondern ebenfalls die zwei- und eingliedrigen:
 Hamburger sollen dem Dreckspatz zu Leibe rücken (*B* 5 und ähnlich *HM* 3),
 Er wurde zum Papiertiger (*tz* 8),
 die singende Wildkatze (Shirley Bassy, *tz* 21),
 Brutstätte der politischen Kriminalität (*Ap* 2).

Metaphern, die menschliche Organe und Körperteile als Bildphänomene aufweisen, formen sich meist in einem Satz aus (knapp 20):
 [...] von seinen Verbündeten [...] die Übernahme weiterer Lasten von den Schultern der Schutzmacht [...] verlangen (*HM* 2),
 Bademeister verdienen sich eine goldene Nase [...] (*Ap* 13),
 die [...] Freiburger Elf ließ sich den [...] Sieg nicht mehr aus der Hand nehmen (*Ap* 31).

Das Metaphernwort *Star*, aus dem Amerikanischen entlehnt, wird im Singular und Plural sowie in Wortzusammensetzungen für Sportler und die Prominenz der Bühne und Massenmedien reichlich bemüht (knapp 20). Es ragen heraus:
 Weltstar (*tz* 7), Superstar (*Az* 21), PS-Stars (*E* 19).

Bei den Sprachbildern, die Bezugsphänomene und -sachverhalte in Gegenstände menschlichen Schaffens und andersartige Sachverhalte menschlichen Handelns umbenennen, sind die Übertragungen aus dem militärischen Bereich am zahlreichsten (rd. 40).

In dem Kommentar *Kirchenkampf gegen § 218* (*Az* 3) heißt es an einer zentralen Stelle: Die Kirchen, zumal die katholische, rufen zum Kampf. *Die Schlachtordnung für den Kreuzzug steht schon.*

In dem Kurzbericht *Mal wieder in Ruhe arbeiten ...!* (*Ap* 32) wird über die jungen Professoren, die sich an die Bundeswehr-Universitäten drängen, gesagt:
 Immerhin mag man bei den jungen Burschen politische Beweggründe, *einen getarnten Marsch durch die Institution Bundeswehr*, nicht ganz ausschließen.

Selbst wenn diese Sprachbilder satirisch oder ironisch nuanciert sind, bleiben sie Leerformeln, weil sie nicht mit Inhalt gefüllt werden. Dasselbe ist der Fall bei den wenigen gleichartigen Metaphern in weiteren gesellschaftspolitischen oder politischen Artikeln. Aussagekräftig hingegen, zugleich aber auch meist hyperbolisch sind die Militärmetaphern zahlreich in den Texten über Sportereignisse verwendet:
 Die Münchener gingen in die Offensive (*Ap* 27),
 »Der Bomber« mit dem »Killer-Instinkt«, der keinen Zweikampf fürchtet (=Gerd Müller, *HM* 10, ähnlich *Az* 10 und *tz* 20),

Overaths »Bombe« [...] ging nur flach daneben (*Ap* 27),
Materialschlacht = Boxkampf (*tz* 15),
Turnier = Fußball- und Eishockeyspiel (*HM* 11 und 19).

In diesem Zusammenhang ist der Ansicht von Mittelberg zu widersprechen, daß in der *Bild-Zeitung* »die Entmilitarisierung bis heute noch nicht stattgefunden« habe; der häufige Gebrauch der Militärmetaphern lasse auf ihren bewußten Einsatz schließen.[13] Hinsichtlich der untersuchten Zeitungen bringen andere Blätter weitaus mehr gleichartige Übertragungen. Der Grund ihrer Verwendung resultiert jedoch nicht aus einer politisch-militanten Einstellung. Für die Darstellung politischer und gesellschaftspolitischer Sachverhalte, bei denen es sich meist um die Auseinandersetzung von Gruppen mit ihrem Durchsetzenwollen handelt, bietet sich geradezu archetypisch die Militärmetaphorik als Analogieebene an. Das gleiche gilt für den Sport. Zu dessen Berichterstattung bedient sich die Sportsprache u. a. der Militärsprache, mit deren Hilfe sie vor allem die Mannschaftsspiele als »Kampfspiele« – jetzt aber metaphorisch – darstellen kann.

Eine ähnliche Anleihe nimmt die Sportsprache hinsichtlich der Kampfspiele vor bei dem Sprachgebrauch, der für das Karten- und Schachspiel kennzeichnend ist. Diese – man kann sie Spielmetaphern nennen, wenn sie sich auf andersartige Sachverhalte beziehen – bilden die umfangreichste Gruppe nach den Militärmetaphern (rd. 20):

Doch schon im Gegenzug zogen die Münchener gleich (*Ap* 28),
die Kasseler schienen alle Trümpfe in der Hand zu haben (*Ap* 31).

Häufig wird das Wort *Partie* mit oder ohne attributives Adjektiv als Übertragung für verschiedene Spielarten benutzt.

Die sogenannten Bau- oder Gebäudemetaphern akzentuieren distanziert, jedoch gespreizt die durch sie dargestellten Sachverhalte (rd. 15), während die Überzahl der Sprachbilder der vorher genannten Gruppen die Aussagen massiv emotionalisieren:

Als die Bayerische Wirtschaftsbank vor 14 Tagen ihre Pforten schloß [...] (*E* 4),
Mit dem [...] Erfolg stieß der (Verein) die Tür zur Bundesligaaufstiegsrunde schon ein kleines Stück auf (*Ap* 31).

Im Gegensatz zu den bisher vorgeführten Bildbezirken sind die Speisemetaphern meist humorvoll oder ironisch nuanciert (rd. 15).

In einem Bericht über ein Fußballspiel und in einem anderen aus Anlaß des zehnjährigen Bestehens des ZDF heißt es:

Der Sieger hatte sich nicht mit Ruhm bekleckert (*tz* 17),
die Männer vom ZDF [...] polierten auch nüchterne Informationen zu leicht verdaulicher TV-Ware auf (*E* 6).

Fast ausnahmslos sind die Sprachbilder aus den vorgeführten Gruppen als traditionell zu bezeichnen. Eigenartige und z. T. neuartige finden sich nur bei denen, die im technischen Bereich ihren Ursprung haben, z. B.:

Das Miß-Karussell dreht sich auf vollen Touren (*E* 7),
Polizeipräsident Müller ist auf die Abschußrampe gesetzt (*Az* 2),
[...] wenn Ihnen Betriebsamkeit nichts ausmacht – dann sind Sie goldrichtig an der italienischen Adria, auch »Teutonen-Grill« genannt (*B. Z.* 24).

Die durchmusterten Zeitungen weisen sehr zahlreich verkörpernde Metaphern auf (rd. 340); zudem müßte man ihnen die meisten (der insgesamt rd. 170) »stehenden Redewendungen« zurechnen.

---

[13] *A.a.O.*, S. 132.

Gewiß, die Übertragungen sind mit Ausnahme der aus der Technik stammenden durchgängig konventionell. Aber das kann weder den Boulevardblättern noch anderen Zeitungen angekreidet werden.[14] Denn für die schnellschreibenden Journalisten sind die gleichsam gängigen Bildbezirke mit ihren z. T. archetypischen Bildgegenständen für die Aussage bestimmter und sich beständig wiederholender Sachverhalte oder gleicher Problemlagen das Bezugsfeld ihrer metaphorisch geprägten Darstellungen. Sogenannte poetische Bilder sich einfallen zu lassen ist nicht ihr Metier hinsichtlich der Pressesprache.

Drastisch und hyperbolisch geprägt sind rd. zwei Dutzend Übertragungen, so u. a. die zuletzt genannten Beispiele. Vulgär ist keine verkörpernde Metapher. Auch die assoziative Ausfaltung von Übertragungen zu einer Bildfolge kann der Pressesprache nicht abverlangt werden.[15] Negativ hingegen ist anzumerken die oft unangemessene Verbindung heterogener Bildgegenstände innerhalb einer Metapher oder die disparate Kopplung von Übertragungen. Für manche schon gebrachte Beispiele traf das zu, hier noch eines für die letztere Gruppe: *Das Fieber um die Bundesliga-Existenz der* ruhmreichen, *durch den Skandal an den Rand des Abgrunds gerateten »Knappen« grassiert im Kohlenpott* (B. Z. 44).

Die verkörpernden Metaphern sind vorherrschend als normalsprachlich zu bezeichnen und nur wenige als salopp-umgangssprachlich. Über ein Drittel der Metaphern entfallen auf die Texte des Ressorts Sport.

Die personifizierende Metapher

Eine gleichfalls für die Pressesprache bedeutsame Metaphernklasse stellt die Personifikation dar. Diese Übertragungen sind verglichen mit den verkörpernden in den Boulevardzeitungen weitaus weniger anzutreffen (rd. 120).

Die Personifizierungen benennen Personen in andere Personen um oder anthropomorphisieren menschliche Eigenschaften und Gefühle, auch nichtpersonale Erscheinungen sowie Begriffe und numinose Wesen.

In den untersuchten Blättern können mehrere Gruppen herausgelöst werden. Die Zwei- und Einwortmetaphern (rd. 40) kennzeichnen als Nomen meist ohne Verhaltenseindeutungen durch Verben schlagwortartig eine Person, indem eine spezielle Funktion oder Rolle von ihr hervorgehoben wird, z. B.:

die Bezeichnung »*Kärrner*« für die untergeordneten, aber wichtigen »*Bauleute*« am Gebäude der politischen Macht einer Partei (*E* 2),

»*Kapitalistenbüttel*« als Bezeichnung für Willy Brandt im Text zu einer Karikatur (*tz* 2),

»*Mainzer Brotherren*« gleich Programmdirektoren des ZDF (*Az* 6).

Die Musik- und Fußballszene stimuliert zu wertenden Personifikationen:

Der Vater der vier fröhlichen Wellen (von Radio Luxemburg, *E* 21),

»*Pop-Boys*«, »*Pop-Könige*« als Kollektiva für die Namen von Mitgliedern bestimmter Pop-Gruppen (*B. Z.* 29 und *E* 20),

König der Hammondorgel Franz Lambert (*Ap* 21),

Jodlerkönig Franzl Lang (*Az* 35),

»*Torjäger*« wird stereotyp für erfolgreiche Fußballer mehrfach verwendet (*B* 10, *Ap* 27, *Az* 45, *tz* 16),

als »*Kaiser*« der Kicker ist Franz Beckenbauer apostrophiert (*tz* 20).

---

[14] So Mittelberg hinsichtlich der *Bild-Zeitung: A.a.O.*, S. 125.
[15] Das vermißt Mittelberg: *A.a.O.*, S. 146.

Vom »Kärrner« bis zum »Kaiser«, quer durch eine antiquierte Hierarchie, werden Personifikationen als wertende und – sobald Adelsränge fixiert sind – als zudem affektvolle Klischees bemüht.

Über einen Satz spannen sich die Bilder, wenn sie öffentliche oder politische Institutionen sowie Territorien anthropomorphisieren.

Zuerst Beispiele für die Personifizierung öffentlicher Institutionen (rd. 35):

Doch ohne konkreten Krebs-Verdacht weigern sich die Krankenkassen bisher, die Untersuchungskosten zu zahlen (*B* 3),

Der Verlag Droemer Knaur [...] schaltete schnell und kündigte eine [...] Ganghofer-Serie an (*E* 20),

Der HSV kann wieder leichter durchatmen (*tz* 17).

Die an zentralen Stellen der Texte eingeblendeten Personifikationen informieren bündig über mehr oder weniger komplexe Sachverhalte. Sie werden nicht in abstrakter Sprechweise ausführlich dargelegt, sondern so, daß Aktionen und Reaktionen öffentlicher Institutionen dargestellt werden, indem ihren Bezeichnungen menschliche Verhaltensweisen eingedeutet sind. Die Personifikation dient hier der sprachlichen Raffung. Dieselbe Funktion hat die Anthropomorphisierung politischer Institutionen und Territorien (jeweils rd. 15):

Die SPD marschiert nach links! (*B* 2),

Dieses Gesetz (über den Nebenverdienst von Rentnern) ist [...] unterzeichnet worden, obwohl der Bundesrat es abgelehnt hatte (*B* 1),

Die Bundesregierung ist entschlossen, Außenminister Walter Scheel vorerst nicht auf eine Griechenland-Reise zu schicken (*HM* 2).

Die Personifikationen von Territorien bezeichnen nur in Sportartikeln geographische Gebiete, in allen anderen Texten sind damit entweder Maßnahmen von Regierungen oder nachgeordneten Institutionen gemeint:

Die DDR wird (bei der Eishockey-Weltmeisterschaft) voraussichtlich den Platz einnehmen, der [usw.] (*E* 19),

Nixon warnte vor einem amerikanischen Gegenschlag, falls Nordvietnam auch in Zukunft gegen das Pariser Waffenstillstandsabkommen verstoße (*HM* 2),

Bonn hilft verhaftetem Griechen (*Az* 2),

Die Stadt hilft (dem vor der Pleite stehenden Fußballklub Mannheim, *B.Z.* 44).

Gegenstände, Begriffe und numinose Wesen werden in den untersuchten Blättern nur selten anthropomorphisiert (rd. 15). Ein Viertel der Übertragungen entfällt auf das Ressort Sport (rd. 30).

Fast ausnahmslos gehören die Metaphern der normalsprachlichen Stilebene an. Die Einund Zweiwortpersonifikationen sind ein weiteres Indiz für die bewußt emotional eingefärbte Sprache der Zeitungen. Die Anthropomorphisierung von öffentlichen Institutionen und Territorien enthalten entweder selbst genügend Informationen, oder aber sie sind vorhergeschickt bzw. angefügt. Die Personifikationen politischer Institutionen hingegen bringen meist zuwenig Information; hinzu kommt noch, daß die Argumente für die in den Metaphern ausgesagten Sachverhalte nur summarisch voran- bzw. nachgeschickt sind oder aber völlig ausgespart bleiben. Zwar weitaus geringfügiger als die verkörpernden Sprachbilder, bewirken sie jedoch vor allem in den Nachrichten, Berichten und Kommentaren mit politischer und gesellschaftspolitischer Thematik eine Verkürzung der Information und Meinungsäußerung und damit eine Simplifizierung der Sachverhalte. Eine generelle Gefahr der sprachlichen Raffung durch die Personifikationen besteht bei der Anthropomorphisierung von Institutionen und Territorien, soweit diese ebenfalls Institutionen betreffen, auch darin, daß deren faktische

Komplexität sowohl auf eine Summationsformel reduziert wird – z. B.: die SPD überlegt –, und weiterhin darin, daß die für den betreffenden Sachverhalt verantwortliche Teilinstitution summarisch die Gesamtinstitution repräsentiert – z. B.: Bonn hilft verhaftetem Griechen. In dieser Hinsicht ist die Personifikation ein bequemes Mittel unzulänglicher Präzisierung für die Schreiber und im Bezug auf die Leser ein Ausdrucksmittel nicht genügender sachadäquater Informationsaufnahme und -nutzung.

Die sensorische Metapher

Sie wird in den Boulevardblättern am wenigsten verwendet (insgesamt rd. 80)[16]. Sie ist dem verkörpernden Sprachbild verwandt und überträgt Sinnesreize – d. h. subjektiv wahrnehmbare Merkmale – von Dingen menschlichen Schaffens und von Naturphänomenen auf andere Gegenstände sowie auf Personen und Sachverhalte. Zu unterscheiden sind Tast- und Temperaturmetaphern, Geschmacks-, Helligkeits- und Farbübertragungen. Sie sind gebunden an Adjektive, adjektivisch verwandte Nomen und Partizipien.

Die Helligkeitsangabe *glänzend* und der aussagegleiche nominale Gebrauch *Glanz-* ist eine »glanzlose« Spezialität in den Sportberichten der *Abendpost* (7 von rd. einem Dutzend). Die Fußballer bieten eine

glänzende Leistung (27), sie sind in Glanzform und sammeln Glanzpunkte (30). Glanzparade (27, 31) und Glanzschuß (29) sind hierfür Voraussetzung. Möglich ist auch: Ein Sieg ohne Glanz (28).

Die Metapher bewertet emotional und stereotyp zugleich. Ebenfalls als abgedroschen erweist sich die Temperaturnennung *heiß* (knapp 10):

heiß ist die Konkurrenz (*HM* 10, *E* 18),
ein Thema (*B. Z.* 46) und ein Nachmittag wegen der Straßenschlacht zwischen Schlägerkolonnen und der Polizei (*tz* 2).

Die Tastmetaphern haben ihre Zentren in den Adjektiven *schwer* und *hart* (je über 10 von rd. 40). In zwei Kurzberichten über den »schwerkranken« TV-Schwaben Willy Reichert (*E* 6 und *B. Z.* 29) wird das jeweils im Informationsvorspann einmal und dann im folgenden Text jeweils zweimal pleonastisch affektiv hervorgehoben. Neben der »harten« Arbeit (*Az* 4, 12) offerieren die Zeitungen:

harte Getränke und Kontroversen (*B. Z.* 43, *Ap* 28),
sowie superlativisch nichtssagend:
härteste Verbote (*B. Z.* 46) und
knochenharte Widersacher (*tz* 20).

Die Geschmacks- und Farbmetaphern sind nicht nennenswert. Ein Drittel der sensorischen Übertragungen ist im Ressort Sport zu finden. Alle angeführten und nicht genannten Metaphern wirken stereotyp und sind verblaßt. Sie besitzen die Funktion – ob von den Schreibern bewußt eingesetzt oder nicht –, das Substantiv, dem sie beigeordnet sind, in seiner Aussage zu steigern, um hierdurch hinsichtlich der Leser die Bedeutung des Mitgeteilten emotional und zugleich bewertend herauszustreichen. Somit sind die sensorischen Übertragungen ein Indiz für den affektiv akzentuierten Stil der Boulevardzeitungen. Überwiegend können die eingliedrigen Nennungen als normalsprachlich klassifiziert werden (so: *hart, heiß, bitter, glänzend* im Gegensatz zum umgangssprachlichen: *schwer, weich, kalt, süß*).

---

[16] Der Terminus wurde fixiert in: H. Reger: *A. a. O.*, S. 178.

Tabelle zum Metaphernbestand

und Schlußbemerkungen zur Metaphorik in der Boulevardpresse

	B	E	HM	Ap	Az	B.Z.	tz	
Text	6	9	11,5	20	15	19	13	= 93,5
Dyn. Met.	19	10	21	26	17	19	18	=130
je Seite	3,2	1,1	1,8	1,3	1,1	1	1,4=	1,5
Verk. Met.	39	25	47	70	54	28	73	=336
je Seite	6,5	2,8	4	3,5	3,6	1,5	5,6=	3,7
Pers. Met.	23	13	26	24	12	9	12	=119
je Seite	3,8	1,4	2,3	1,2	0,8	0,5	0,9=	1,4
Sens. Met.	3	11	3	18	9	15	20	= 79
je Seite	0,5	1,2	0,3	0,9	0,6	0,7	1,5=	0,8
Anzahl der Metaphern	84	59	97	138	92	71	123	=664
je Seite	14	6,5	8,4	6,9	6,1	3,8	9,4=	7

Der Tabelle ist zu entnehmen, daß in Relation zu ihren Textseiten – d. h. abzüglich der in den Boulevardblättern gedruckten Werbung, der Kleinanzeigen und Tabellen – die *Bild-Zeitung* am meisten Metaphern aufweist, und zwar die Hälfte mehr als die Münchener *tz* und *Hamburger Morgenpost* und doppelt soviel wie die *Express*, die *Frankfurter Abendpost* und die Münchener *Abendzeitung* sowie fast viermal soviel wie die Berliner *B.Z.* Mit Ausnahme der sensorischen Übertragungen sind in der *Bild-Zeitung* die Metaphern der anderen Klassen am häufigsten aufzufinden.

Die durchschnittliche Anzahl der Übertragungen in den untersuchten Blättern beträgt sieben je Seite bei einem Gesamtbestand von 664 (die Summe ist etwas höher anzusetzen; bei der Durchmusterung der Kolumnen wurden bestimmt Metaphern übersehen). Nicht eingeschlossen sind in die Gesamtzahl die weitaus überwiegend metaphorisch geprägten »stehenden Redewendungen« und Sprichwörter (insgesamt rd. 180). Die Durchschnittsangabe von sieben Übertragungen müßte ungefähr verdoppelt werden, gleichfalls die durchschnittliche Summe der Metaphern jeder Klasse in allen Zeitungen, weil bei der Ermittlung der jeweiligen Textmenge auf den Textseiten die Fotos, die großformatigen Überschriften und Informationsvorgaben nicht berücksichtigt wurden. Sie füllen etwa die Hälfte der Textseiten aus.

Wie die Untersuchungen ergeben, sind die Metaphern in den Blättern überwiegend der normalsprachlichen Stilschicht zuzurechnen.

Ihr reiches Vorkommen erweist die Metapher als das hervorstechendste Ausdrucksmittel der Boulevardzeitungen.[17] Bemerkenswert ist, daß ein Drittel der Übertragungen in Artikeln über Sportler und Sportereignisse verwendet ist. Hier liegt eindeutig der Schwerpunkt der Metaphorisierung.

---

[17] Vgl. hierzu auch bezogen auf die *Bild-Zeitung*: Mittelberg: *A.a.O.*, S. 123.

Die Übertragungen mobilisieren die Sprache der Zeitungen und füllen sie bildkräftig auf. Damit kennzeichnen sie sich als ein Stilmerkmal, das der zunehmenden Abstraktion der Öffentlichkeitssprache entgegenwirkt und seine publizistische Wirkung als Leseanreiz auf die angezielten Konsumentengruppen nicht verfehlt.

Positiv hervorzuheben ist die Pointierung sinnzentrierender Aussagen durch Dynamisierungen und Personifikationen. Hinsichtlich der verkörpernden Metaphern kann die bündige und aussageakzentuierende Kennzeichnung von Sachverhalten und Personen auf die Sparten »aktuelles Zeitgeschehen«, »modernes Leben« und »Sport« fixiert werden.

Durch die intensive Metaphorisierung wird die Sprache der Boulevardpresse von den Journalisten jedoch weitgehend bewußt, z. T. sachunangemessen massiv emotionalisiert im Hinblick auf die angesprochenen Leserschichten. Diese Sprachverwendung zielt »prärationale Verhaltensweisen« der Konsumenten an und läuft deren »eigenen objektiven Interessen und Bedürfnisse[n]«[18] zuwider. Damit widerspricht sie der öffentlichen Aufgabe der Presse.[19]

Ein weiteres negatives Kennzeichen der metaphorischen Sprachhandhabe in den Boulevardblättern ist noch weniger mit der Aufgabe der Presse vereinbar. In den Texten, die politische und gesellschaftspolitische Themen aufgreifen, werden Metaphern der aussagezentralen Sprachbildklassen – der verkörpernden und personifizierenden – meist als Leerformeln eingesetzt. Es bleibe dahingestellt, ob das mehr aus sprachlicher Bequemlichkeit geschieht, aus der Anpassung an reflexionsgehemmte Leser oder mehr durch die »großbetriebliche Organisation« der Zeitungen, die »zur vereinheitlichten, unscharfen Ausdrucksweise« tendiert.[20] Entscheidend ist: Durch die leerformelartige Verwendung der Metaphern an den Sinnspitzen der Artikel werden die besonders bedeutsamen Sachverhalte in den Blättern verkürzt, verallgemeinert und vereinfacht dargestellt. Der Leser erhält zuwenig präzise Informationen und präzisierte Meinungen übermittelt; eine begründete Meinungsbildung, die zu Urteilen befähigen sollte, wird unterbunden.[21]

Durch die negativ herausgestellten Verwendungsweisen der Metaphern bezeugen diese sich in den Boulevardzeitungen nicht als ein Ausdrucksmittel eines Nachrichten- und Meinungsstils, sondern als ein Ausdrucksmittel einer Sprache, die vorherrschend undifferenzierte Informationen und Unterhaltung vermittelt.[22]

---

[18] Karlpeter Arens: *Manipulation. Kommunikationspsychologische Untersuchung mit Beispielen aus Zeitungen des Springer-Konzerns.* Berlin: Spiess 1971. (=*Schriftenreihe zur Publizistikwissenschaft*, 3.) S. 12, vgl. eb. 15.

[19] Vgl. hierzu auch: *Wörterbuch der Publizistik.* A.a.O., S. 263, Stichwort: *Öffentliche Aufgabe.*

[20] Harry Pross: *Moral der Massenmedien. Prolegomena zu einer Theorie der Publizistik.* Köln und Berlin: Kiepenheuer und Witsch 1967. S. 199.

[21] Diese mögliche negative Wirkung ist um so höher zu veranschlagen, als die Boulevardzeitungen täglich von Millionen Lesern gekauft und zumindest von einem Drittel ausschließlich gelesen werden. Zur Auflage und verkauften Auflage der *Bild-Zeitung* und der *B.Z.* im 2. Quartal 1970 vgl. z.B.: Arens: *A.a.O.*, S. 90, und zur Leseranalyse hinsichtlich der *Bild-Zeitung* – allerdings bezogen auf einzelne Monate im Jahre 1962 und 1963: Mittelberg: *A.a.O.*, S. 14f.

[22] Eine ähnliche Verwendung kennzeichnet die meist metaphorisch geprägte Idiomatik der Boulevardpresse und die Metaphorik in der Sprache der Regenbogenpresse; vgl. hierzu H. Reger: *Zur Idiomatik der Boulevardpresse.* In: *Muttersprache*, LXXXIV (1974), S. 230–239, und ders.: *Die Bildlichkeit in der Soraya-Presse.* In: *Muttersprache*, LXXXII (1972), S. 149–156.

Die Metaphorik der Anzeigenwerbung in Zeitschriften

Von HARALD REGER

Die Anzeigenwerbung in Zeitschriften ist ein besonders bedeutsamer Teil der Wirtschaftswerbung, weil Millionen Leser beständig eine Vielzahl von Anzeigen sehen und beachten. Diese werden meist durch selbständige Werbeagenturen im Auftrag von Unternehmen gestaltet, und zwar nach Maßstäben, die erst in den letzten dreißig Jahren in den USA entwickelt worden sind.

Die bewertende Analyse der Wirtschaftswerbung fand in den fünfziger Jahren ihre extremsten und schon seit einem Jahrzehnt überholten Positionen. Eine vernichtende Kritik gegen die Auswüchse der Werbung schrieb der Amerikaner Vance Packard in dem zum Bestseller gewordenen Buch *The hidden Persuaders*, und die psychologistische Glorifizierung der gesamten Werbung proklamierte sein Landsmann Ernest Dichter in *The Strategy of Desire*.[1]

Die Wirtschaftswerbung ist einerseits eine notwendige Erscheinung innerhalb der kapitalistischen Gesellschaft, denn in ihr korrelieren Produktion, Werbung und Konsum.[2] Andererseits gilt das gleiche ebenso – wenn auch eingeschränkter – für wirtschaftlich andersartig strukturierte Industriegesellschaften.

Diese wirtschaftliche und soziale Bedingung der Werbung impliziert eine anthropologische Voraussetzung: Indem der Mensch Bedürfnisse hat, »wahre« und »falsche«, wird er ambivalent für Werbung ansprechbar und durch sie beeinflußbar.[3]

Die mögliche und nur pauschal meßbare Wirkung der gesamten Absatzwerbung wird auf rund 10% des Verkaufserfolgs geschätzt.[4] Wirtschaftsunternehmen richten in den Massenmedien und damit auch in den Zeitschriften ihre Werbung aber nicht nur zur Ad-hoc-Absatzmaximierung an die Käuferschichten. Die Firmen werben gleichfalls – abgesehen von Konkurrenzgründen –, um ihre sich ändernden Angebote den potentiellen Konsumenten beständig vorzuführen, damit die Produkte und vor allem der Firmenname kontinuierlich dem Bewußtsein der Abnehmer eingeprägt werden als Anreize für zukünftige Bedürfnisse und Käufe.

Die Sprache der Anzeigenwerbung von Ruth Römer, die erste und bislang einzige umfassende Untersuchung dieses Sprachbereichs, gilt auch heute noch als Standardwerk.[5]

Aber sowohl in ihrer Analyse als auch in anderen linguistischen und sprachdidaktischen Publikationen, die sich mit der Sprache der Anzeigen befassen, werden die Metaphorik

---

[1] Deutsche Übersetzungen: Vance Packard, *Die geheimen Verführer.* (= *Ullstein Taschenbücher*, 402.) Frankfurt/Berlin: Ullstein 1969 (vorher Düsseldorf: Econ 1958). – Ernest Dichter, *Strategie im Reich der Wünsche.* (= *dtv*, 229/230.) München: Deutscher Taschenbuch Verlag 1964.
[2] Vgl. hierzu auch: Paul Oßwald u. Egon Gramer, *Die Sprache der Werbung;* in: *Der Deutschunterricht*, 20 (1968), H. 5, S. 92. – Zur Kritik der Werbung in der kapitalistischen Gesellschaft sei auch auf folgende *Romane* verwiesen: Martin Walser, *Halbzeit* (1960), *Das Einhorn* (1966); Günter Grass, *örtlich betäubt* (1969).
[3] Zu den Begriffen ›falsche‹ und ›wahre‹ Bedürfnisse‹ vgl. Herbert Marcuse, *Der eindimensionale Mensch. Studien zur Ideologie der fortgeschrittenen Industriegesellschaft.* (= *Sammlung Luchterhand. Soziologische Texte*, 40.) Neuwied: Luchterhand 1970, S. 25, 29.
[4] Vgl. hierzu: Willi Bongard, *Männer machen Märkte. Mythos und Wirklichkeit der Werbung.* (= *Ullstein Taschenbücher*, 567.) Frankfurt/Berlin: Ullstein 1963, S. 23.
[5] Ruth Römer, *Die Sprache der Anzeigenwerbung.* (= *Sprache der Gegenwart*, 4.) Düsseldorf: Schwann ²1971.

der Texte und ihre Funktionen entweder ausgespart oder verkürzt in den Blick gefaßt. Deshalb zielen die folgenden Untersuchungen die für die Werbesprache bedeutsamen Metaphernklassen an. Als Ausdrucksmittel werden sie dreifach auf ihre Funktionen befragt:
- was sie hinsichtlich der Sprache der Anzeigenwerbung bewirken,
- wie und warum die Texter sie verwenden,
- wie sie auf die Leser wirken können.

Zudem ist festzustellen, welcher Stilebene die Metaphernarten jeweils überwiegend zuzurechnen sind.

Herangezogen wurden:

Bunte, Offenburg: Burda [Bu][6].
Neue Revue, Hamburg: Heinrich Bauer; Nr. 9, Februar 1975 [NR].
stern, Hamburg: Gruner+Jahr; Nr. 9, Februar 1975 [St].
TV Hören und Sehen, Hamburg: Heinrich Bauer; Nr. 8, Februar 1975 [TV].
Bild und Funk, München: Burda; Nr. 8, Februar 1975 [B+F].
Der Spiegel, Hamburg: Spiegel Verlag Rudolf Augstein; 29. Jg., Ausgabe v. 12.2.1975 [Sp].
Neue Post, Hamburg: Heinrich Bauer; Nr. 9, Februar 1975 [NP].
Frau mit Herz, Speyer: Sonnenverlag Klambt; Nr. 9, Februar 1975 [FmH].
Westermanns Monatshefte, Braunschweig; H. 2, Februar 1975 [WM].
Brigitte mit Constanze, Hamburg: Gruner + Jahr; H. 4, Februar 1975 [BmC].
Madame, München: Heilmaier; H. 8, August 1975 [Ma]
burda moden, Offenburg: Aenne Burda; H. 8, August 1975 [bm].
ADAC motorwelt, München: ADAC Verlag; H. 2, Februar 1975 [AD].
kicker-sportmagazin, Nürnberg: Olympia-Verlag; Nr. 66, Ausgabe v. 18.8.1975 [ki].
Bravo, München: Heinrich Bauer Fachzeitschriften-Verlag; Nr. 9, Februar 1975 [Br].
Eltern, München: Gruner + Jahr; H. 8, August 1975 [El].

Unter den logischen Grundleistungen der Sprache steht die semantische Funktion oder die Bezeichnung an der Spitze. Die Wörter als Lautfolge und Schriftbild bezeichnen etwas. Die Wörter sind Sprachzeichen und werden einzeln bzw. in Sätzen im normalen, unreflektierten Sprachgebrauch einsinnig und direkt für Aussagen benutzt.

Die gegensätzliche Sprachverwendung der Wörter und Sätze, ihr indirekter und mehr als einsinniger Gebrauch bedeutet eine ästhetische Grundleistung der Sprache und legt ihre metaphorische Funktion offen.[7] Diese Grundleistung und ihre Funktion sind begründet in der menschlichen Fähigkeit des analogen Schauens. In der Verbalisierung des analogen Sehens realisiert sich eine dem Menschen seit jeher eigene Erkenntniskraft.

Unter diesem Blickwinkel ist die Metapher zu bestimmen als ein sprachlicher Ausdruck, der mehr als einsinnig und eindeutig ist. Die Metapher ist als Einzelwort oder Wortfolge in einem Kontext so determiniert, daß sie etwas anderes meint, als das Wort bzw. die Wortsequenz lexikalisch bedeutet.[8] Die Metapher ist also ein sprachlicher Ausdruck, der

---

[6] Die hier *kursiv* gesetzten *Abkürzungen* werden für die kommenden Textbelege verwendet.

[7] Vgl. hierzu auch: Gerhard Priesemann, *Bild;* in: *Das Fischer Lexikon*, Bd. 2: *Literatur;* hrsg. von Wolf-Hartmut Friedrich und Walther Killy; 1. Teil; Frankfurt: Fischer 1965, S. 84. – Warren Shibles, *Die metaphorische Methode;* in: *Deutsche Vierteljahrsschrift für Literaturwissenschaft und Geistesgeschichte* (DVjs.), 48 (1974), H. 1, S. 2.

[8] Vgl. hierzu: Harald Weinrich, *Semantik der kühnen Metapher;* in: *DVjs*, 37 (1963), H. 3, S. 340. – Ders., *Linguistik der Lüge;* Heidelberg: Schneider 1966, S. 43f. – Ders. in: Harweg, Heckhausen, Suerbaum, Weinrich u.a., *Die Metapher.* (= *Bochumer Disk.*) In: *Poetica*, 2 (1968), H. 2, S. 100.

durch den Kontext aus einem semantischen Phänomen zu einem metasemantischen Gebilde wird, das entschlüsselt werden muß.[9]

Die metaphorische Ausdrucksweise ist ein spezifisches Stilmittel literarischer Texte und gleichfalls ein bedeutsames Gestaltungsmerkmal expositorischer Texte und damit ebenso der Werbetexte als einer wichtigen publizistischen Sparte.

Aber sowohl psychisch bestimmte Metaphernkategorien (d. h., wie sie aus dem psychischen Habitus der Sprecher/Schreiber entstehen) als auch inhaltlich fixierte Kategorien sowie linguistische Beschreibungen der Übertragungen sind für die Untersuchung der Metaphorik in Texten unzureichend.[10] Erst durch die Bestimmung der Übertragungsmodi in den Metaphern lassen sich Metaphernklassen ermitteln, die eine den Texten angemessene Untersuchung gewährleisten. Die Arten der Übertragung sind erkennbar, wenn die Relation zwischen einem Bezugsobjekt (z. B. die unterste Zone eines Berges) und dem übertragenen Phänomen (= menschlicher Fuß) bestimmt wird (Metapher: *Fuß des Berges* = konkretisierende/verkörpernde Übertragung).

1. *Die dynamisierende Metapher*

Eine grundlegende Übertragungsweise ist die Dynamisierung.[11] In ihrem metaphorischen Prozeß wird die mögliche Bewegung einer ding- oder körperhaften Erscheinung gesteigert bzw. umgedeutet, oder aber dem Bezugsobjekt wird eine Bewegung eingedeutet, zu der es nicht fähig ist. Zudem kann die Sprache menschliches Fühlen, Denken und Handeln dynamisieren. Hierbei ist der Bezugsgegenstand stets der Mensch als leibhafte Erscheinung; das übertragene Phänomen ist entweder ebenfalls der Mensch oder eine ding- bzw. körperhafte Erscheinung. Grammatisch sind die dynamisierenden Metaphern an Verben, sporadisch auch an substantivierte Verben und Partizipien gebunden.

Die bildhaft geprägten Übertragungen werden vor allem für die Werbung von »Jedermann«-Arzneimitteln und Kosmetika verwendet (in rd. 20 von insgesamt über 40 Anzeigen) und akzentuieren überwiegend die Schlagzeilen. Bewegungssteigernd und -eindeutend wird von Medikamenten behauptet, sie

schwemmen überflüssiges Wasser aus dem Gewebe (Silberne Boxberger) [*bm* 62],
Ce-ca-bion wehrt Erkältung ab, baut neue Kräfte auf [*St* 81, *BmC* 79],
[Klosterfrau Melissengeist] *schirmt* [...] *das Nervensystem gegen Reizüberflutungen ab* [*TV* 74].

[9] Vgl. hierzu: Suerbaum, *a. a. O.* (Anm. 8), S. 100.

[10] In bezug auf psychisch fixierte Metaphernkategorien sei hingewiesen auf das Standardwerk von Hermann Pongs, *Das Bild in der Dichtung. Versuch einer Morphologie der metaphorischen Formen;* Marburg: Elwert ²1960.

Hinsichtlich inhaltlich bestimmter Metaphernarten sei u. a. verwiesen auf: Michael Landmann, *Gnoseologische und ästhetische Valenz der Metapher;* in: Michael Landmann, *Die absolute Dichtung. Essais zur philosophischen Poetik;* Stuttgart: Klett 1963. Warren Shibles, *a. a. O.* (Anm. 7), S. 1–9.

Hinsichtlich linguistischer Beschreibungen seien u. a. angeführt: Harald Weinrich, *Semantik der kühnen Metapher, a.a.O.* (Anm. 8), S. 325–344. – Harweg u. a., *a.a.O.* (Anm. 8), S. 100–130. – Werner Ingendahl, *Der metaphorische Prozeß. Methodologie zu seiner Erforschung und Systematisierung.* (= *Sprache der Gegenwart,* 14.) Düsseldorf: Schwann 1971.

[11] Der Terminus findet sich u. a. bei Karl Ludwig Schneider, *Der bildhafte Ausdruck in den Dichtungen Heyms, Trakls und Stadlers;* Heidelberg: Winter 1954, S. 71, und Werner Ingendahl, *a.a.O.* (Anm. 10), S. 238, 244.

57

Die Dynamisierungen »abwehren«, »abschirmen« können auch als personifizierende Verben im Bezug auf die Medikamente gesehen werden, wenn in der Bedeutung der Wörter menschliche Tätigkeiten erkannt werden und nicht z. B. Verhaltensweisen von Tieren oder Pflanzen, die auf die Wirkweise der Produkte übertragen wurden.

Die angepriesene Effektivität einer Reihe von Medikamenten besteht darin, daß sie die gleichsam auf dem Vormarsch oder in der Ausbreitung gedachten Krankheiten bzw. mißlichen körperlichen Zustände »stoppt«, d. h., die Arzneien bringen Beschwerden usw. zum Stillstand und liquidieren sie. »Gestoppt« werden

> rheumatische Schmerzen (Togal) [Bu 50],
> Atembeschwerden (Colomba) [Bu 88, TV 34],
> Erkältung (Siguran) [Bu 50],
> Neubildung von Gefäßablagerungen (Antisklerosin) [Bu 88],
> Haarausfall (haar-intern) [St 48, NP 9, FmH 31].

Bewegungssteigernd oder -eindeutend versichern Anzeigen für Kosmetika:

> Clearasil Gesichtswasser löst überschüssiges Fett [Br 38],
> Sulfoderm – Intensiv – Shampoo schäumt Fett und Schuppen aus dem Haar. Und [...] Vitamine [...] bauen das Haar auf [NP 5].

Öfters rücken Anzeigen der beiden genannten Branchen in einem meist knappen Aufhänger (= situative Einleitung) Negatives dynamisiert zuerst in den Blick, um auf dieser Folie dann um so positiver die Artikel anzubieten:

> Junge Haut ist oft unrein [...] Pickel, Pusteln und Mitesser sprießen (Stepin Hautreinigungsmittel) [Br 19],
> Plötzlich bricht ein Nagel ab – auf einmal splittern sie alle (Merz Spezial Dragees) [TV 75].

In den Arzneitexten werden auch menschliches Fühlen, Denken und Tun dynamisiert:

> Wenn es im Hals kratzt und beißt (Siogeno Halspastillen) [Bu 9],
> Wenn Ihnen der Alltag zu Kopf steigt [...] Druck und Schmerz mahnen zum Abschalten. Aber [...] Ärgernisse lassen sich so schnell nicht abschalten (vivimed N. Schmerz- u. Beruhigungstabletten) [bm 37].

Man kann noch so »eingespannt sein«, man sollte sich »nicht unter Druck setzen lassen«, deshalb: Multibionta forte, Vitaminkapseln [TV 5, B+F 23].

Viele Metaphern sind hinsichtlich der Typologie der Idiomatik zugleich als allgemeine Redensarten zu bestimmen.[12] Sie bieten sich als geläufige vorgefertigte Spracheinheiten für die Werbesprache an. Sie sind allgemein verständlich und stellen (auch oft komplexe) Sachverhalte äußerst bündig vor. Beide Funktionen hat gleichfalls die Werbesprache, so daß die stehenden Wendungen für die Texter ein willkommenes Ausdrucksmittel sind.

Werbesprache wird appellativ benutzt, eines ihrer speziellen stilistischen Indizien ist die imperativische Aussage. In dynamisierter Form erscheint sie aber nur geringfügig:

> Schalt mal ab – lies NEUE REVUE [TV 95],
> Vergessen Sie [...] – Das Gelaufe von Geschäft zu Geschäft (Arzbérger Möbel) [NR 23].

---

[12] Duden. Grammatik der deutschen Gegenwartssprache. (= Der Große Duden, 4.) Hrsg. von Paul Grebe; Mannheim: Bibliographisches Institut [3]1973, S. 436ff. – Harald Burger, Idiomatik des Deutschen. (= Germanistische Arbeitshefte, 16.) Tübingen: Niemeyer 1973, S. 2, 4f. – Die angeführten Redensarten und ebenso die im folgenden zitierten wurden überprüft anhand von: Wolf Friederich, Moderne deutsche Idiomatik; München: Hueber 1966.

Die dynamisierenden Metaphern sind ganz überwiegend als normalsprachlich zu bezeichnen, wenn als Stilschichten die gehobene und normalsprachliche, die salopp-umgangssprachliche und die vulgäre fixiert werden.[13] Salopp-umgangssprachlich bietet sich allenfalls das Verb »abschalten« dar. Jedoch hinsichtlich der Tendenz der »semantischen Aufwertung«, wie sie der Werbesprache im Anpreisen von Produkten häufig eigen ist, entlarven sich einige Dynamisierungen als hyperbolisch und pretiös.[14] Sie sind der gehobenen Sprachebene zuzusprechen, die prinzipiell unangemessen ist für die gesteuerten Informationen sowie für die auf Kauf abzielenden Schlagzeilen und Slogans. Die folgenden Beispiele können als trivialliterarisch etikettiert werden:

Mit Europas größter Gartenzeitschrift erblühen Ihnen die schönsten Ideen (mein schöner Garten grün) [*Bu* 80],
Wenn Ihre wahre Natur zu Schönheit erblühen soll (dann Sans Soucis Kosmetika) [*BmC* 72],
Dem Duft von Nonchalance verfallen (Kosmetika) [*bm* 92].

Die Dynamisierungen lockern insgesamt die Werbetexte auf und profilieren sie bildhaft. Daß sie für die genannten Branchen typisch sind, hat Gründe. Sie veranschaulichen in durchgängig übertreibender Weise nicht-schaubare chemische Prozesse, so bei den Arzneimittelanzeigen. Oder sie bilden das Zentrum für die sprachlich und inhaltlich gleichgeartete Aussage einer behaupteten positiven und zugleich sehr raschen Veränderung der Konsumenten, so in den Kosmetiktexten.

Weil die Dynamisierungen vorherrschend hyperbolisch geprägt sind, emotionalisieren sie die meisten Aussagen und erzeugen weitgehend ihre Unglaubwürdigkeit. Ob von den Textern bewußt oder nicht beabsichtigt eingesetzt, die Übertragungen können als zentrale bedeutungtragende Verben auf die von den Wirtschaftswerbern erhoffte affektive und konsumorientierte Einstellung der Käufer einwirken. Diese für die gesamte Werbung vorteilhafte Einstellung ist jeweils durch menschliche Grundtriebe bedingt oder zumindest mitgesteuert. In bezug auf die beiden genannten Branchen zielen und sprechen die metaphorisierten Aussagen den Selbsterhaltungs- und Selbstentfaltungstrieb an sowie auch den Geltungs- und Geschlechtstrieb[15].

Daß die Dynamisierungen für die Texter ein Ausdrucksmittel sind, um komplexe chemische Prozesse sprachökonomisch zu raffen und leichtverständlich auszusagen – wenn auch übertrieben und verkürzt –, liegt auf der Hand. Die beiden genannten Funktionen gelten für alle dynamisierenden Metaphern in den untersuchten Texten. In welchem Grade auch die Übertragungen bewußt oder nicht bewußt verwendet werden, sie erregen durch ihre plastische, unmittelbar eingängige und emotionalisierte Aussage die Aufmerksamkeit und das Interesse der Leser (ganz abgesehen von dem oft raffinierten Layout der überwiegend halb- und ganzseitigen Anzeigen). Damit ist dann eine Voraussetzung gegeben für die Stimulie-

---

[13] Vgl. zu den genannten Stilschichten: Klappenbach/Steinitz, *Wörterbuch der deutschen Gegenwartssprache*; Berlin: Deutsche Akademie der Wissenschaften ³1967ff., Bd. 1, S. 012f., und *Einführung in die Methodik der Stiluntersuchung*. Verfaßt von einem Autorenkollektiv unter Leitung von Georg Michel; Berlin: Volk und Wissen 1968, S. 47.
[14] Zu der Bezeichnung »semantische Aufwertung« vgl. Römer, *a.a.O.* (Anm. 5), S. 85.
[15] Vgl. in diesem Zusammenhang auch: Packard, *a.a.O.* (Anm. 1), S. 20, 30. – Römer, *a.a.O.* (Anm. 5), S. 227. – Jochen Möckelmann u. Sönke Zander, *Form und Funktion der Werbeslogans*. (= *Göppinger Arbeiten für Germanistik*, 26.) Göppingen: Kümmerle 1970, S. 42f. – Peter Teigeler, *Verständlichkeit und Wirksamkeit von Sprache und Text*. (= *Effektive Werbung*, 1.) Stuttgart: Nadolski 1968, S. 82f.

rung, die Produkte zu erwerben und den Kauf zu tätigen.[16] Im Hinblick auf die Typen der Argumentation in der Werbung erweisen sich die Dynamisierungen als Ausdrucksmittel einer taktischen und nicht einer rationalen Begründung.[17]

2. Die konkretisierende Metapher

Die am häufigsten sowohl mündlich als auch schriftlich verwendeten Übertragungen sind die konkretisierenden oder verkörpernden.[18] In den durchmusterten Zeitschriften fanden sich rund 110 Anzeigen, die zum Teil mehrere Konkretisierungen aufweisen. Diese Übertragungen verdinglichen Begriffe und Sachverhalte in optisch wahrnehmbare Gegenstände, oder aber sie benennen sichtbare Bezugsobjekte in andersartige wahrnehmbare Phänomene um, wobei jedoch der Mensch als körperhafte Erscheinung ausgeschlossen bleibt. Die Konkretisierungen lassen sich in zwei Gruppen teilen: Entweder wird das Bezugsobjekt in einen Gegenstand menschlichen Schaffens bzw. einen Sachverhalt menschlicher Tätigkeit transformiert oder in eine Erscheinung der Natur.

Die Übertragungen pointieren überwiegend informative Angaben in den Texten, dann folgt ihre Verwendung in den Schlagzeilen und an dritter Stelle in den Slogans.

Schwerpunkte der Metaphernkategorie sind Anzeigen für Arzneimittel und kosmetische Präparate (je rd. 20) sowie für die Automobil- und Genußmittelwerbung (je rd. 10).

Auffallend oft sind bei den Übertragungen die Bildphänomene *Berg/Gipfel* zu finden, genauer gesagt: die sich aus dieser Gegenständlichkeit ausbildende Konkretisierung *Spitze* bzw. die Zusammensetzung eines metaphorischen oder nichtmetaphorischen Nomens mit dem metaphorischen Genitivattribut *Spitze* zu einem Substantiv. Aus den genannten Bildphänomenen leitet sich gleichfalls das metaphorische Adjektiv *hoch* ab, das vor allem in seinen Steigerungsformen und in Zusammensetzungen verwendet wird. Beide Arten der Konkretisierung sind typisch für die Werbesprache, um die Bedeutung und die Qualität von Artikeln für den Kaufanreiz möglichst »hoch« zu bewerten und damit aber zugleich die Erzeugnisse der Konkurrenz »tiefer« einzustufen, also abzuwerten.

Vier neue BMW-Modelle werden in einer sloganartigen Summationsformel als *Das wegweisende Automobilkonzept an der Spitze der Mittelklasse* apostrophiert [ki 54 f.].

Spitzenklasse sind: Zephyr Boote [AD 66], Braun Rundfunk- und Steuergeräte [WM 91], Canada Majestic Mink (Nerzfelle) [Ma 41], das Potenzstimulans Glücksan [TV 39].

Als *Spitzenmodelle* werden Möbel angezeigt [B+F 13], als *Spitzenreiter* – dreimal! – Okal-Fertighäuser [AD 8] und bieten damit *Spitzenleistung*.

Die englische Bezeichnung für *Spitze* ist selbstverständlich für die Werbung besonders »in«: Schallplatten mit *US-Top-Hits* werden angeboten [Br 38], und *top-fit* macht Schlankomed [Bu 88, NR 81].

Das letzte Beispiel gehört in die Reihe des metaphorischen Adjektivs *hoch* und seiner Ausformungen.

---

[16] In diesem Zusammenhang sei an die für die Werbung bedeutsame AIDA-Formel erinnert. AIDA = Initialkürzung für die vier wichtigsten Teilziele der Werbung: attention, interest, desire, action. Vgl. dazu: Römer, *a.a.O.* (Anm. 5), S. 27.

[17] Vgl. hierzu auch: Teigeler, *a.a.O.* (Anm. 15), S. 102–104.

[18] Zu der Bezeichnung »verkörpernde Metapher« vgl. Harald Reger, *Das Sprachbild in Grillparzers Dramen.* (= *Xerogrammata. Hochschulschriften,* 2.) Bonn: Bouvier 1970, S. 104 ff. Zum Sprachgebrauch vgl. Reger, *ebenda,* S. 104. Ferner: Harald Reger, *Die Bildlichkeit in der Soraya-Presse;* in: Muttersprache, LXXXII (1972), S. 152, 156. – Ders., *Die Metaphorik in der Boulevardpresse;* in: Muttersprache, LXXXIV (1974), S. 324.

Jeder Dual-Plattenspieler hat *das hohe technische Niveau*, ist ein *Hochwertiger HiFi-Automatikspieler* und besitzt *Höchste Qualität* [*NR* 20f.].
Durch die Steigerung ist die Aussage überladen. Mehr noch geschieht dies in einer BMW-Anzeige mit fünf »hoch«-Qualifikationen [*ki* 88 f.].
Von *hoher* Güte oder *hochwirksam* sind auch: deutsche Wurstwaren [*St* 56], kanadische Nerzfelle [*Ma* 43], und singularisch ein Sexualpräparat [*TV* 39], ein Abführmittel [*NR* 80], eine Hautcreme [*Ma* 33].
Die metaphorischen Klischees *Spitze* und *hoch* sowie ihre Komposita bzw. auch die Steigerungsformen des Adjektivs sind stereotype Schlüsselwörter der Werbesprache. Durch sie werden Produkte superlativisch in suggestiver Weise und apodiktischer Schärfe angepriesen.

Ein weiteres konkretisierendes und noch gesteigert superlativisches Etikett für Unternehmen und Waren ist das fast ausschließlich attributiv verwendete Wort *Welt* (in rd. 10 Anzeigen). In ihm spiegelt sich sowohl das Prestigedenken und Imponiergehabe von Firmen wider als auch der Wille, gleichsam von »höchster« Ebene den potentiellen Konsumenten zu beeindrucken.

Casio elektron Taschenrechner kommen *vom größten Hersteller der Welt* und *aus dem größten Rechenprogramm der Welt* [*WM* 10], die Sportartikelfirma adidas hypostasiert sich als *größten Fußball-Club der Welt* [*ki* 27].
Eine Schlagzeile lautet:

Tragen Sie Berger, und Sie tragen die schönsten Pelze der Welt [*Ma* 45],

und ein Slogan:

Vernell – mit den drei schönsten Düften dieser Welt [*El* 160].

Die letzten Aussagen zumindest sind glattweg Lügen.
Fast ist man versucht zu sagen: *Darauf einen* ... – nein, dann besser – einen *Brandy Stock 84 aus dem Welthaus Stock* [*WM* 2].
Die Konkretisierungen *Spitze* und *hoch* und ihre Zusammensetzungen sind späte Sproßformen der archetypischen konventionellen Übertragungen *Gipfel, Höhe* und *hoch.* In der traditionellen Lyrik und Dramatik bedeuten sie in ihrem Kontext fast stets Macht, Herrschaft und exklusive Lebensweise.

Auch das Wort *Weg* wird in der Literatur als archetypische Metapher verwendet. Die Werbesprache benutzt die Konkretisierung ebenfalls, und zwar speziell für meist unwahre Versprechungen (in rd. 10 Anzeigen).

Auf 84 Seiten zeigt Ihnen der Katalog den Weg zum vollkommenen Glück! Millionen Menschen gehen bereits diesen Weg [...] *Beate Uhse*
Ergreifen Sie Ihr Glück mit beiden Händen [*B+F* 72].

Das Glück wie auch das Tragische und Komische sind existentielle Qualitäten; in literarischen Werken gewinnen sie vielfach ausgeformt fiktive Gestalt. Glück kann der Mensch unter bestimmten Bedingungen für sich und andere realisieren. Auch durch aus einem Katalog ausgesuchte, bestellte und in Gebrauch genommene Sex-Artikel?

Helena Rubinstein tut mehr für Ihre Haut [...] *Ihre Kosmetik-Beraterin gibt Ihnen die besten Ratschläge mit auf den neuen Weg direkt zur Schönheit.*

Auf der in die Zeitschrift eingeklebten Broschüre und am unteren Rande der Anzeige steht dann noch jeweils der Slogan

Der neue Weg direkt zur Schönheit [*BmC* 82f.].

In den beiden Anzeigen kommt, wie seit dem Buch von Packard populär geworden, die werbepsychologische »Spitzen«-Leistung zum Ausdruck: Nicht Waren werden zum Kauf angepriesen, sondern die ihnen zugeschriebenen Wirkungen, nämlich angenehme Empfindungen und Befindlichkeiten als etwas Werthaftes.[19] Die noch zu untersuchende mentalisierende Übertragung »leistet« diese Verkehrung und Täuschung weitaus häufiger. Deshalb soll an späterer Stelle ausführlicher darauf eingegangen werden.

Wie schon angeführt wurde, haben die Konkretisierungen ihre Schwerpunkte in den Anzeigen für Genußmittel, Automobile und besonders für Kosmetika und Arzneimittel. Das ist vordergründig bedingt, insofern diese Branchen sehr werberührig sind. Der Sachverhalt läßt aber auch werbepsychologische Gründe erkennen.

Ein Aspekt für die Kosmetikanzeigen, der in geringerem Grade auch für die Arzneimittelwerbung gilt, ist soeben fixiert worden: Versprechungen werden durch die Übertragungen sinnzentral emotional aufgewertet vorgetragen. Als stilistisch bemerkenswertes Beispiel noch:

Lysminat schafft faltenfreie Pfirsichhaut [*TV* 94, *NR* 24].[20]

Ein weiterer Grund für die Verwendung der Metaphern in den Anzeigen der beiden Branchen wurde schon bei den Funktionen der Dynamisierungen angeführt. Durch die Konkretisierungen können ebenfalls die behaupteten schnellen Effekte der Präparate und deren komplizierte chemische Prozesse leichtverständlich und gerafft formuliert werden. Die Prozesse zu beschreiben, u. U. auf Grund der in den Produkten prozentual enthaltenen Bestandteile, überfordert die meisten Käufer und würde sie langweilen. In bezug auf die Kosmetikbranche wäre das zudem wegen der Konkurrenz untragbar. Deshalb ist vor allem dieser Wirtschaftszweig geradezu genötigt, in seiner Werbung »unthematische Informationen« zu vermitteln.[21] Und für sie eignen sich die Metaphern jeder Kategorie, speziell aber die verdinglichende, veranschaulichende konkretisierende Übertragung.

Sie ist grammatisch nicht wie die Dynamisierung an Verben, substantivierte Verben und Partizipien gebunden, sondern kann sich auf sämtliche Wortarten und damit auf alle Satzglieder beziehen und so einen ganzen Satz oder in der Ausweitung des metaphorischen Prozesses auch mehrere Sätze umfassen.

Die Wirkung der konkretisierenden Metapher in den Kosmetik- und Arzneimittelanzeigen und die Gründe, weshalb die Texter sie absichtlich oder unbewußt einsetzen, gelten in ähnlicher Weise für die Texte der Genußmittelwerbung.

In einer Anzeige für *Asbach Uralt* heißt es:

[...] *dessen sanftes Feuer, dessen volle Blume* [...] *Anerkennung finden* [*Bu* 55].

---

[19] Vgl. hierzu: Packard, *a.a.O.* (Anm. 1), S. 9.

[20] Vor allem in Slogans, aber auch in Schlagzeilen, bemühen sich die Texter bewußt (wie in diesem Beispiel) die Alliteration und die alternierende Abfolge der Wörter. Beide Ausdrucksmittel bewirken eine einschmeichelnde und einprägsame Aussage, die sprachlich Aufmerksamkeit erregt und damit Interesse für das Inhaltliche erzeugt. In diesem Zusammenhang sei hingewiesen auf Volker Klotz, *Slogans;* in: *Sprache im technischen Zeitalter*, H. 7/1963, S. 540, 544.

[21] Der Terminus wurde entnommen aus: *Wörterbuch der Publizistik;* hrsg. von Kurt Koszyk u. Karl Hugo Pruys; München: Deutscher Taschenbuch Verlag 1970, S. 383 (Stichwort: *Werbepsychologie*).

Eine Kaffeewerbung lautet im Auszug:

Jacobs.
Eine Krone der Kaffee-Welt.
Monarch: würziger Spitzenkaffee
Krönung: feiner Spitzenkaffee [B+F 14].

Wodurch das angebliche »sanfte Feuer« und die »volle Blume« des Weinbrands erzeugt werden – wieso die Firma Jacobs »eine Krone ...« ist (eine katachretische Metaphernvermengung), wodurch sich die »Top«-Marke »Monarch« von der minderen Sorte »Krönung« unterscheidet und wieso beide »Spitzenkaffees« sind, alles bleibt ungesagt; blanke Behauptungen stehen auf dem Papier.

Die verkörpernden Metaphern in der Automobilwerbung werden in den Schlagzeilen oder werbezentralen Sätzen suggestiv und z. T. sprachspielerisch gehandhabt, um die betreffenden Autotypen summarisch-bewertend für die Leser herauszustreichen und um Aufmerksamkeit und Interesse für die gesamte Anzeige zu bewirken.

Der neue Ford Escort. Kein nacktes Auto [NR 44f., TV 18f.],
Golf entspannt (ein VW-Typ) [ki 9],
Ein Russen-Auto wird zum Senkrechtstarter (Lada 1200) [ki 50],
Finden Sie nicht, daß Sie diesen Autoleckerbissen einmal probefahren sollten? (DAF) [Bu 95].

Sowohl die meisten Automobilanzeigen als auch die Texte für Elektrogeräte und speziell für Mediengeräte informieren mehr oder weniger detailliert. Ein großer Käuferkreis versteht die angegebenen Daten und kann sie z. T. überprüfen. Die »unthematischen Informationen« sind in diesen Anzeigen knapper, weniger affektiert und somit weniger metaphorisch gestaltet als in den Texten der vorstehend untersuchten Branchen.

Nicht nur Poeten plagte und plagt die Not um die Metapher. Auch die Werbetexter bezeugen sie, vor allem durch kitschige und komisch-hyperbolische Metaphern-Delikatessen.[22] Sie können als ein Indiz der z. T. emotional übersteigerten und um jeden Preis wirken wollenden Werbesprache gelten.

Lesen Sie hier vom Jungbrunnen in den Aktiv-Kapseln (Klosterfrau) [TV 16],
Ihr Schlafzimmer wird zu einer Insel der Entspannung (mit Otto Bettwäsche) [TV 23],
Die Hacksteaks im Schinkenmäntelchen (Pfanni) [BmC 123],
Dieser Camembert trägt ein Hemd mit Monogramm: R für Reife. R für Rahm. R für Ramee [BmC 135],
Der einzig sichere Weg zur schlanken Linie: Weniger essen! Deshalb: Auf die Ess-Bremse treten! (schlank schlank E. B. 2000; im Text geschieht es noch viermal!) [Bu 78, TV 36, NP 25, BmC 152, bm 49].

Wie bei den dynamisierenden Übertragungen sind auch bei den konkretisierenden einige zugleich als allgemeine Redensarten oder Variationen von Wendungen zu bestimmen, z. B.:

auf der Höhe sein (mit einem Vitaminpräparat) [TV 5, B+F 23],
[Scharnows Reiseangebote] *nach Strich und Faden durchtesten* [St 78f.],
Ein Herz haben [die Gerber Nahrungsmittel] *für Babys* [El 149].

---

[22] Vgl. hierzu in genereller Aussage bezüglich der Werbesprache: Johann Dietrich Bödeker, *Sprache der Anzeigenwerbung.* (= Sprachhorizonte, 2.) Karlsruhe: Braun o. J., S. 9. – Lutz Mackensen: *Verführung durch Sprache;* München: List 1973, S. 174.

Zur Metaphorisierung der industriellen Produkte bzw. auch ihrer Eigenschaften und Wirkungen verwenden die Texter meist Phänomene der Natur und nicht Gegenstände oder Sachverhalte menschlicher Tätigkeit. Der Grund hierfür liegt in der Polarität wirtschaftliche Erzeugnisse/Naturphänomene, durch die sich metaphorische Aussagen über Produkte leichter und analogisch intensiver ableiten lassen als aus dem gleichartigen und z. T. identischen Nebeneinander von Industrieerzeugnissen und Gegenständen oder Sachverhalten menschlicher Tätigkeit.

Die Konkretisierungen präsentieren sich ganz überwiegend normalsprachlich. Als salopp-umgangssprachlich wären zu bezeichnen:

auf die Ess-Bremse treten [Bu 78 usw.],
den Kreislauf auf Touren bringen (durch Kneipp Naturprodukte) [TV 72],
auf dem Handtuch liegen (Reisewerbung) [WM 11],
Superstars u. US-Top-Hits [Br 23, 38].

Der gehobenen Sprachebene – aber in trivialer Ausformung – sind einige schon zitierte Übertragungen zuzurechnen, so u. a.: *Schlafzimmer = Insel der Entspannung* [TV 23] sowie die Beate-Uhse- und Helena-Rubinstein-Werbung [B+F 72, BmC 82f.].

In weit stärkerem Maß als die Dynamisierungen lockern die konkretisierenden Metaphern die Werbetexte bildhaft auf und fixieren sowohl in Informationssätzen als auch in Schlagzeilen und Slogans die Sinnspitzen der Aussagen. Die mit den Übertragungen *Spitze* und *hoch* gefügten Komposita und Steigerungsformen sind stereotype Schlüsselwörter der Werbesprache und die Bildphänomene *Weg* und *Welt* zwei ihrer Zentralmetaphern. In ihnen werden die Intentionen der Sondersprache in besonderer Schärfe transparent. Die Konkretisierungen insgesamt, gleich in welchen Branchentexten sie stehen, emotionalisieren die Aussagen – wenn auch in verschiedenen Graden – und bewirken z. T. hierdurch ihre Unglaubwürdigkeit. Zudem benutzen die Texter sie als ein bequemes Ausdrucksmittel, um statt konkreter Informationen suggestive Behauptungen mit Nachdruck vorzubringen. Sie verwenden sie weiterhin mehr oder weniger bewußt aus Gründen, die schon am Schluß der Untersuchung über die Dynamisierungen genannt wurden. Die mögliche Wirkung auf die Leser ist für beide Metaphernkategorien gleichartig. Jedoch ist sie hinsichtlich der verkörpernden Übertragungen höher anzuschlagen: wegen ihrer generell weitaus größeren Anzahl in Texten und ihrer komplexeren Aussagebreite. Die metaphorischen Aussagen zielen und sprechen über die bei den Dynamisierungen genannten menschlichen Grundtriebe hinaus z. T. auch den Herdentrieb im Konsumenten an. Die konkretisierende Metapher wird vorherrschend zur taktischen Begründung und – anders als bei den Dynamisierungen – auch zur Plausibilitätsargumentation benutzt.

3. *Die personifizierende Metapher*

Personifikationen benennen Personen in andere Personen um, oder sie anthropomorphisieren menschliche Eigenschaften, Gefühle und Befindlichkeiten. Weiterhin vermenschlichen sie Gegenständliches – also auch Waren, Produkte – sowie Begriffe und numinose Wesen.[23]

In den untersuchten Zeitschriften wurden rund 100 Anzeigen mit Übertragungen dieser Kategorie gefunden. Überwiegend sind Informationsaussagen metaphorisiert, dann folgen Schlagzeilen und mit weitem Abstand die Slogans.

---

[23] Der Terminus »Personifikation« bzw. »personifizierende Metapher« hat wissenschaftliche Tradition und bedarf somit keiner weiteren Erläuterung.

An der Spitze der Anzeigen mit Personifikationen stehen die für Arzneimittel (über 20), es folgen fast gleich stark die Anzeigen für Kosmetika und Genußmittel (jeweils rd. 15). Die auffallend häufige Arzneiwerbung ist über die schon angeführten Gründe hinaus darauf zurückzuführen, daß die Medikamente oder Mittel für Beschwerden, unter denen sehr viele Menschen leiden, in Massenmedien bekannt gemacht und angepriesen werden müssen, um sie – die ja überall erhältlich sind – in großen Mengen abzusetzen. Zudem bringen sie erheblichen Profit ein.

Typisch für die Werbesprache sind Zwei- und Einwortpersonifikationen. Die Eindeutung von menschlichen Verhaltensweisen durch Verben unterbleibt.

Abführmittel werden genannt:

Gesund-Schlankmacher [*Bu* 88, *NR* 81, *FmH* 30],
Schlankfigurformer-Bauchkiller [*TV* 94, *B+F* 77].

Kaffeesorten preisen sich mit Attribut an als:

Der magenmilde Muntermacher (Onko) [*Bu* 54, *B+F* 67],

und ohne genüßliche Alliteration und Alternierung:

Der berühmte Magenfreundliche (Idee) [*Bu* 73, *NP* 17, *FmH* 9].

Als Exempel aus anderen Branchen seien noch festgehalten:

Kleenex-Küchenhelfer (noch dreimal steht die Bezeichnung in der Anzeige) [*BmC* 139].
Ratgeber für Muttis (Katalog von baby walz) [*El* 147].

Diese saloppen Nennungen – die beiden letzten zählen nicht hierzu – sind metaphorische Konstrukte. Ihre Funktion besteht darin, die Wirkweise und die Leistung von Präparaten und Waren suggestiv anzudeuten.

Eine weitere Art der Personifizierung liegt vor, wenn Artikel identisch gesetzt werden mit Rollen, die der Mensch übernehmen kann:

Sangrita. Der gute Freund zum Alkohol [*Bu* 33, *B+F* 36f.],
Ihr guter Freund unter den Klaren (Uerdinger) [*St* 87],
Knaus-Wohnwagen. Ihr zuverlässiger Freizeitpartner [*AD* 45].

Die Übertragungen suggerieren die Qualität und das Angenehme oder das Nützliche der Erzeugnisse. Schon sie sind als metaphorische »Hochwertwörter« zu etikettieren und nicht erst die Ineinssetzung von Produkten mit Repräsentanten hoher und höchster gesellschaftlicher Ränge.[24] Ein Beispiel hierfür wäre der »Spitzenkaffee« »Monarch« von Jacobs [*TV* 14].

Spezifisch für die Werbung in Zeitschriften ist auch die aufwertende und unlogische Anpreisung von Waren, indem ihnen durch Adjektive menschliche Eigenschaften eingedeutet werden. Vor allem fällt in mehreren Texten die Verwendung von *jung* auf, die den Trend der Werbung signalisieren, sich besonders an junge Menschen zu wenden, weil sie werbungsanfälliger sind und ihr Geld locker sitzen haben, zumal für Sachen, die ihrem Alter scheinbar entsprechen. Weiterhin kann das Adjektiv *jung* auch implizieren, daß die Ware relativ »brandneu« im Handel ist.

---

[24] So Römer, a.a.O. (Anm. 5), S. 96.

Die junge Rama (als Schlagzeile; im folgenden Text und auf der Produktabbildung erscheint die Nennung noch sechsmal!) [*NR* 52],
Schokoladentyp von heute [...] *jung, aktiv, unkompliziert* (Ritter-Sport) [*NR* 37f., *St* 131f., *Br* 45],
Heitere Naschereien [als Schlagzeile; dann als Information:] *Heitere Naschereien gehören zu einer neuen Generation von Pralinés: Fröhlich, kapriziös, vielfältig* [...] (Lindt u. Sprüngli) [*Ma* 13].

Das derzeit in der Werbung als Modewort erscheinende *Generation* muß mit dem Attribut *jung* sogar für Sauna-Einrichtungen herhalten [*AD* 44]!

In den Genußmitteltexten wird der werbepsychologische Trick, Eigenschaften und Wirkungen anzubieten statt Waren, potenziert; denn menschliche Verhaltensmöglichkeiten sind der Ware selbst zugesprochen. Werbewirksam können diese und ähnliche Aussagen sein, weil in ihnen Eigenschaften genannt werden, die viele Konsumenten als eigene ansehen oder haben möchten. Unter diesem Aspekt ist auch die sexuell akzentuierte Werbung für Triumph-Büstenhalter zu sehen, die »*temperamentvoll, aufregend*« sind [*BmC* 26f.].[25]

Ausgeformte Personifikationen umspannen wie die analog ausgefalteten Konkretisierungen einen ganzen Satz. Für die Werbesprache kennzeichnend sind Aussagen, in denen statt der jeweiligen Produkte der Firmenname anthropomorphisiert wird, und zwar als Sammelmetapher für die Erzeugnisse, die ein Unternehmen herstellt, z. B.:

Lucia tut alles für Sie (Damenoberbekleidung) [*bm* 4],
Helena Rubinstein schützt Ihre Haut vor Umweltschäden (Kosmetika) [*bm* 56].

Neben der emotionalen und hyperbolischen überredenden Hinwendung an die Leserinnen erfolgt hier massive Imagepflege. In einer Reihe von Texten ist die Wirkweise von Arzneimitteln und Kosmetika personifiziert:

Bei juckenden Ekzemen [...] *stoppt DDD* [...] *Juckreiz sofort, tötet Krankheitserreger und pflanzt ein* [...] *Wirk-Depot in die Haut* [*Bu* 94, *B+F* 79, *St* 86, *NP* 20, *FmH* 27, *BmC* 101, *Br* 59],
Giluvasin läßt Sie nicht auf Ihren Hämorrhoiden sitzen! [...] *behandelt* [...] *und bekämpft* [...] [*TV* 26],
Lysmina stiehlt der Haut die Falten [*TV* 94, *NR* 24],
Wella for men besiegt den Strubbel [*ki* 16].

Die Arzneimittelanzeigen tragen die Behauptungen – wie in den angeführten Beispielen – den Sachverhalten relativ angemessen vor; die Kosmetikanzeigen hingegen sind meist gleichsam poetisiert und wirken affektiert und übertrieben.

Eine weitere Eigenart der Texte beider Branchen ist, daß in einigen die Perspektive sich nicht auf die Präparate richtet, sondern auf die potentiellen Konsumenten. Hierdurch sprechen die Angaben unmittelbar an. Zudem kann diese Aussageform Befürchtungen der Leser anzielen oder sogar erzeugen und zugleich Hoffnung auf Verschwinden von Beschwerden oder mißlichen Zuständen erwecken.[26]

---

[25] Diese sexuell eingefärbte Werbung für Damenunterbekleidung ist verbreitet, findet sich aber in den untersuchten Zeitschriften nur sporadisch. Vgl. hierzu auch: Johann Dietrich Bödeker, *Die Sprache der Anzeigenwerbung*. Begleitheft; Dortmund: Crüwell-Koncordia 1970, S. 32.

[26] Vgl. in diesem Zusammenhang auch: Römer, *a. a. O.* (Anm. 5), S. 230, und Karl Jürgen Heller, *Die Sprache der Parteienreklame – Die Sprache der Artikelwerbung*; in: *Projekt Deutschunterricht*, 2; hrsg. von Heinz Ide; Stuttgart: Metzler u. Poeschel 1972, S. 79.

Unser Magen kapituliert [...] *vor Belastungen* (deshalb Roha-Magen-Tabletten) [*St* 32],
Bevor der Kopfschmerz Sie abspannt und unfreundlich machen kann, sind Sie wieder Herr der Lage (mit Aspirin plus C, Bayer) [*El* 157],
Damit Ihre Hände sofort das Gefühl haben, als hätten sie gar nichts getan (deshalb atrix Handcreme) [*WM* 29].

Redensarten in personifizierender Formung waren in den Anzeigen nicht zu finden. Mit wenigen Ausnahmen sind die Übertragungen der normalsprachlichen Ebene zuzurechnen. Als salopp-umgangssprachlich erweisen sich nur:

Bauchkiller (für ein Abführmittel) [*TV* 94, *B + F* 74],
Sweet Killers (für Slips) [*Br* 15],
Lassen Sie mal Mutter Natur ran, wenn der Darm streikt (Schneekoppe Sauerkrautsaft) [*St* 40].

Der Ausdruck »Mutter Natur« bezeugt sich in diesem Zusammenhang als völlig sachunangemessen und geradezu blasphemischer Rückgriff auf traditionelle Literatur.

Der gehobenen Sprachschicht sind die zuletzt zitierte Schlagzeile einer Kosmetikanzeige [*WM* 29] und die Slogans von zwei weiteren zuzuordnen:

Ein echtes Bad Natur, das Lebensgeister weckt (Kräuter Ölbäder) [*TV* 72].
Lysmina stiehlt der Haut die Falten [*TV* 94].

Personifiziert werden in den Texten der untersuchten Zeitschriften überwiegend einzelne Produkte und weiterhin häufig hypothetische Wirkungen von Artikeln und geringfügig auch Firmennamen. Einige Personifizierungen menschlicher Körperteile, Organe und auch die von psychischen Befindlichkeiten erfolgen stets im Hinblick auf nachfolgende Artikelanpreisungen und Wirkungsversprechungen.

Abschließende generelle Aussagen zu den Funktionen der personifizierenden Metapher in Werbetexten hinsichtlich der Sprache, in bezug auf ihre Verwendung durch die Texter und ihre mögliche Wirkung auf die Leser erübrigen sich, weil hier in fast gleicher Weise die Aussagen vom Schluß des vorigen Kapitels über die konkretisierende Übertragung zu wiederholen wären.

4. Die sensorische Metapher

Sie überträgt Sinnesreize – also subjektiv wahrnehmbare Merkmale von Dingen – auf andere Gegenstände sowie Begriffe und Personen.[27] Zu unterscheiden sind Tast- und Temperaturmetaphern, Geschmacks-, Helligkeits- und Farbübertragungen. Sie sind gebunden an Adjektive und ihre Substantivierungen, selten an Partizipien und Substantive.

Nur rd. 40 Anzeigen in den Zeitschriften weisen Sensorierungen auf, hier jedoch z. T. mehrfach oder sogar gehäuft. Überwiegend sind sie in Slogans und informatorischen Sätzen vertreten (je rd. fünfzehnmal).

Mehr als dreiviertel der Texte weisen Tastmetaphern auf. Das als Tastübertragung zu bezeichnende Adjektiv »leicht« beherrscht ein Dutzend Zigarettenanzeigen. Die R 6-Werbung beginnt mit der Schlagzeile:

ERLEBNIS LEICHT R 6,

---

[27] Der Terminus wurde fixiert in: Reger, *Das Sprachbild in Grillparzers Dramen*, a.a.O. (Anm. 18), S. 178.

informierend heißt es dann:

Aus würzigen Tabaken gewonnenes Aroma wird auf leichte Tabake übertragen,

und der Slogan lautet:

R 6 – eine Extra-Leichte, die schmeckt [*TV* 21].

Die alternierend gekoppelten Wörter in der Schlagzeile ergeben keinen Sinn, es sei denn, man faßt sie als elliptische Setzung auf. Die vollständige Aussage könnte lauten: Es ist ein Erlebnis, leicht zu rauchen, wenn es R 6 ist.

Im Informationstext und im Slogan entpuppen sich das attributive Adjektiv »leichte« und das substantivierte Adjektiv »Leichte« als Tabu-Metaphern. Die tabellarischen Übersichten über den Nikotin- und Teergehalt der Zigarettenmarken, die im Herbst 1974 in Zeitungen und Zeitschriften erschienen, ließen viele Firmen nicht ruhen, ihre Marken als »leicht« anzupreisen. Es wird in der vorgelegten Anzeige nicht gesagt, die Zigarette enthalte wenig Nikotin und Teer – damit wären ja trotzdem noch unangenehme Sachverhalte genannt –, sondern es wird behauptet, sie sei »leicht«, d. h. in Werbesprache positiv übersetzt: gesundheitsfreundlich im Verhältnis zu anderen Marken. Werbungsungünstige Assoziationen sollen hiermit bei den potentiellen Konsumenten ausgeschaltet werden, um sie durch die tabuisierte und zudem emotional akzentuierte Aussage zum Kauf zu veranlassen.[28]

Um die Qualität »leicht« den Lesern einzuhämmern, wird sie wiederholt, im vorliegenden Text dreimal. Die Repetition als Stilmittel der Werbesprache zeigen ebenso die Texte für andere Zigarettenmarken, in der »Höchstform« die Mercedes-Anzeige: insgesamt mit den »leicht«-Versprechungen auf den abgebildeten Packungen zwölfmal [*Ma* 98]; die anderen Marken sind: Krone [*Bu* 4, *TV* 3, *NR* 42]; Lord [*Sp* 96, *BmC* 25]; Atika [*Ma* 71]; Marlboro, Stuyvesant, Peer und Kent [*St* 36, 63, 75, 135].

Jedoch auch sachlich informativ wird die Übertragung »leicht« verwendet: Der VW-Golf ist »mit leichter Hand« zu lenken, Selbsttanken an Shell-Stationen wird »leichtgemacht« [*ki* 9, 11].

Die tastmetaphorischen Gegensätze »hart« und »weich« bzw. synonym »zart« benutzen die Texter, um Eigenschaften oder Wirkungen von Artikeln herauszustreichen, so z. B. von Damenunterbekleidung [*Br* 15, *Bu* 79], Heimtrainern [*Br* 18], Spirituosen [*NR* 40], Schokolade [*B+F* 84, *FmH* 15] und Trinkgläsern [*Ma* 100].

Die anderen Unterarten der sensorischen Metapher sind hinsichtlich der untersuchten Werbetexte nicht erwähnenswert. Nur eine Anzeige sei angeführt, in der Tast-, Geschmacks-, und Temperaturübertragungen eine Häufung der Sensorierungen bewirken:

Freier leben
Sweet Killers
Päng! [...] *Päng!* [...]
So macht man harte Männer butterweich.
Die soften Sweeties sind die
Senkrechtstarter dieses heißen
Modesommers 1975.
Die Slips sind bunt wie Lollipops und auch genau so süß (Schiesser) [*Br* 15].

In kitschiger, grotesker und emotionaler Übertreibung werden weniger bunte Slips angepriesen, als vielmehr schlankweg behauptete sexuelle Reize und Wirkungen und zugleich ein

---

[28] Hinsichtlich der Zigarettenwerbung vgl. in diesem Zusammenhang auch: Packard, *a. a. O.* (Anm. 1), S. 44.

Prestige-»Symbol« der Modesaison, das »man« besitzen muß, um »in« zu sein. Außerdem sind – für die Werbesprache z. T. kennzeichnend – englische Wörter bzw. englisch anmutende Wortkonstrukte eingesetzt. Die Anzeige zielt mit Nachdruck den Geschlechts- und Geltungstrieb sowie den Spiel- und Herdentrieb einer bestimmten Konsumentenschicht an, der weiblichen »Teens«.

Als allgemeine Redensarten oder Variationen von Wendungen, die durch eine sensorische Metapher mitgeprägt sind, lassen sich anführen: »jemand butterweich machen« und »mit leichter Hand« [*Br* 15, *ki* 9]. Die erste Redensart gehört der salopp-umgangssprachlichen Schicht an; hierzu zählen auch die durch eine Temperaturmetapher affektiv aufgewerteten Nennungen »heiße Hits« und »heiße Singles« [*Br* 38]. Zwei Anzeigen, die verbal nur aus einem Slogan bestehen, sind bewußt »gehoben« formuliert, und zwar durch eine adjektivische bzw. eine substantivische Helligkeitsübertragung:

Eye shadow von Revlon: schenkt [...] *Ihren Augen strahlende Schönheit* [*St* 100],
HENKELL TROCKEN [...] *gibt einem schönen Abend Glanz* [*Ma* 11].

Die anderen Metaphern erweisen sich mit ihrem Kontext als normalsprachlich.

Die sensorischen Übertragungen haben ihren Schwerpunkt in den Anzeigen für Genußmittel. Überwiegend nennen sie punktuell konzentriert die behaupteten Eigenschaften der Artikel und z. T. ihre hypothetischen Wirkungen. Besonders in den Texten der letzteren Art erzeugen die für eine affektierte Aussage geradezu prädestinierten sensorischen Metaphern eine emotionale Einfärbung. Die Übertragungen sind als sinnzentrierende und werbewirksam erscheinende Wörter von den Textern eingesetzt. Sie dienen vorherrschend der taktischen Argumentation und erregen zumindest durch ihre pointenhaft knappe Aussage im jeweiligen Kontext Aufmerksamkeit und Interesse für das durchweg auch visuell präsentierte Produkt.

5. Die mentalisierende Metapher

Die in den vorherigen Passagen vorgeführten Metaphernkategorien können als Sprach-»Bilder« bezeichnet werden, weil die einzelnen Übertragungen durch die Vorstellungskraft anschaulich produzierbar sind oder weil zumindest – so bei einigen Unterarten der sensorischen Metapher – Anschauliches assoziiert werden kann. Diese Bildhaftigkeit entfällt bei den mentalisierenden, vergeistigenden Übertragungen.[29] Sie entsinnlichen, entdinglichen Erzeugnisse menschlicher Tätigkeit und Erscheinungen der Natur zu Begriffen; d. h. aus der konträren Perspektive gesagt: Sie vergeistigen ihre Bezugsobjekte.

Die mentalisierenden Metaphern in der poetischen Literatur zeichnen sich durch formelhafte, oft sentenzenhafte Kürze aus, weil das Auszusagende scharf in einen Begriff gefaßt wird, der inhaltlich häufig noch eine Einschränkung erfährt. Grammatisch sind die Übertragungen an Substantive verwiesen – meist als Gleichsetzungsnominative fixierbar –, deren Bedeutung wiederum durch Substantive oder Adjektive präziser abgegrenzt werden kann.

Durch ihre Eigenart und Funktion ist die mentalisierende Metapher speziell geeignet für die Formulierung von Werbesprüchen. Denn sie wirken durch ihre Kürze und weiterhin

---

[29] Der letzte Terminus wurde fixiert in: Reger, *Das Sprachbild in Grillparzers Dramen*, a. a. O. (Anm. 18), S. 169.

auch durch ihre oft elliptische Prägung und die beabsichtigte klangliche und rhythmische Gestalt. Dadurch können sie sich dem Leser unmittelbar und fest einprägen.[30]
In den untersuchten Zeitschriften fanden sich rd. 50 Anzeigen mit mentalisierenden Übertragungen. Zwei Drittel von ihnen konturieren Slogans. Die übrigen sind fast alle in informatorischen Aussagen plaziert.

Häufig stehen die Übertragungen in Anzeigen für Genußmittel, speziell für Spirituosen und Sekt (siebenmal), und ebensooft in der Werbung der Automobil- und Elektrobranche sowie (je viermal) der Kosmetik- und Arzneimittelwerbung.

Der Firmenname als Formel der Erzeugnisse, die das Unternehmen produziert und anpreist, wird hyperbolisch ineinsgesetzt mit einem Begriff aus dem Vorstellungsbereich des Märchens oder der Mythologie bzw. des Alten Testaments:

Sprengel.
Ein Stück Schlaraffenland [*Bu* 52f.],
XOX – das Knusper-Paradies [*Bu* 48, *BmC* 121].

Die zweite Sloganformulierung ist im voranstehenden Informationstext antizipiert, wobei aber der Firmenname hinter die »Verheißung« rückt. Weiterhin sind hier die Gebäcksorten als »Gebäck-Ideen« mentalisiert. Der ursprünglich vor allem religionsgeschichtlich und theologisch bestimmte Begriff »Paradies« wird in landläufiger entleerter Verwendung als Güteprädikat in der Bedeutung eines Elativs für kurzfristige Gaumengenüsse beschlagnahmt.

Und noch ein Dorado:

LINDENBERG
Das Paradies für Musikfreunde
(Werbung für Hohner Akkordeons) [*Br* 23].

Als die bündigste Formulierung eines Slogans – ohne Punkt oder Gedankenstrich hinter dem Firmennamen sowie ohne Anordnung in zwei Zeilen – erweist sich der einer bekannten Sektfirma:

Deinhard LILA Das Fest [*WM* 2].

Der Werbespruch ist elliptisch konzipiert wie viele Slogans. Die gleiche Fixierung trifft aber auch häufig auf Schlagzeilen und informierende Aussagen zu und präsentiert ein Merkmal und Ausdrucksmittel der Werbesprache.

Gewiß, die syntaktische Verkürzung der Slogans – auf sie beziehen sich die folgenden Darlegungen – resultiert vordergründig aus dem Wissen der Texter, daß bündige Aussagen ansprechen, im Gegensatz zu langatmigen. Die knappe Formulierung wird ebenfalls bedingt durch den Willen oder auch Zwang zur sprachlichen Ökonomie.

Weiterhin: Bei dieser unverbundenen Fügung konzentriert sich die Aufmerksamkeit des Lesers auf die Zentren des Werbespruchs, wodurch er sich dem Gedächtnis fest einprägen kann.[31]

---

[30] Zur sprachlichen Eigenart der Slogans sei verwiesen auf Klotz, *a.a.O.* (Anm. 20), S. 540, 544. – Die Erkenntnis, daß in der Werbesprache oft ein Konkretes durch ein Abstraktes ersetzt wird, zielt indirekt die vergeistigende Metapher an; so Möckelmann u. Zander, *a.a.O.* (Anm. 15), S. 61, und Bödeker, *a.a.O.* (Anm. 25), S. 8.

[31] Vgl. zu den einzelnen Argumenten: Bödeker, *a.a.O.* (Anm. 25), S. 23f. – Möckelmann u. Zander, *a.a.O.* (Anm. 15), S. 51. – Siegfried Grosse, *Reklamedeutsch;* in: *Wirkendes Wort,* 16 (1966), S. 101. – Hans Dieter Heistrüvers, *Die sprachliche Untersuchung von Werbetexten;* in: *Der Deutschunterricht,* 20 (1968), H. 5, S. 108.

Ausschlaggebend jedoch ist, daß die sprachlich nicht gekoppelten Sloganteile eine Unschärfe der Aussage, eine Mehrsinnigkeit bewirken, die meist bewußt erstrebt werden. Der Leser ist gehalten, aus der Korrelation von Illustration und/oder Informationstext und Slogan logisch oder emotional den Werbespruch zu »interpretieren«.[32] Oder aber er drängt ohne Unterstützung von Bild und Information den Rezipienten zur subjektiven Ausdeutung. Diese ist aber durch die benutzten Wörter für das Produkt stets positiv vorprogrammiert und somit potentiell werbewirksam.

Konkret, was bedeutet der Slogan *Deinhard LILA Das Fest*? Folgende »Ausschreibungen« wären u. a. möglich:

Deinhard LILA garantiert, daß ein/jedes Fest gelingt; ..., daß ein Fest einen Höhepunkt hat (ohne die »Spitzen«-Marke ist das fraglich/nicht möglich); Wenn Sie ... trinken, ist das (jedesmal) ein Fest; Wenn Sie ... trinken, wird ein Zusammensein zum Fest.

Vorstellungskraft und innere Haltung der Leser sowie Wünsche geselliger, prestigebedingter, sexueller Art können die Unverbindlichkeit des Werbespruchs noch weiterhin nach Belieben besetzen, weil das Wort *Fest* mehrdeutig ist und zudem die Mehrdeutigkeit vergrößert wird durch die Relation *Sekt-Fest*.

Dieser Sekt-Slogan vermag außer Kindern alle Konsumentenschichten anzusprechen. Gesellschaftlich elitär präsentiert sich folgender:

Höhepunkt kultivierter Festlichkeit (Champagne Pommery) [Sp 18].

Weitere suggerierte Behauptungen bieten durch die mentalisierende Metapher lapidar zwei Spirituosenwerbungen:

Malteserkreuz Aquavit.
Das kalte Ereignis [WM 17, Sp 101],
Die klare Kraft.
Schinkenhäger [Sp 56].

Der erste Slogan ist unsinnig in seiner Übertreibung, der zweite beim zweiten Hinschauen und Überlegen ebenso. Kalorien werden einverleibt, doch welche Kraft bietet der »Klare« dem Trinkfreudigen? Der Werbespruch ist – durch Alliteration und Alternierung (in der zweiten Zeile das Versmaß wechselnd) einprägsam geformt – speziell auf Männer zugeschnitten, die nach Packards Ermittlungen ein starkes Verlangen nach Kraftbewußtsein haben.[33]

Nicht Sekt- und Schnapsmarken werden durch die Übertragungen angepriesen, sondern affirmativ hypothetische Wirkungen und Eigenschaften.[34] Das gleiche gilt, wenn auch mit mehr Berechtigung und ohne Verwendung von mehrsinnigen Wörtern formuliert, für die meisten Anzeigen der anderen Branchen. Einige Beispiele mögen das belegen:

Die Vitamin-Offensive: Multibionta forte [TV 5, B+F 23, St 165],
Braun sixtant 8008
Die Summe unserer Erfahrung (Elektrorasierer) [Sp 6],
Fewamat
Die sanfte Gewalt (Waschmittel) [TV 102].

---

[32] Vgl. hierzu: Klotz, a.a.O. (Anm. 20), S. 540, 543f., und ähnlich in seinem Gefolge: Oßwald u. Gramer, a.a.O. (Anm. 2), S. 85, sowie Möckelmann u. Zander, a.a.O. (Anm. 15), S. 51.
[33] Vgl. Packard, a.a.O. (Anm. 1), S. 61.
[34] Vgl. hierzu auch: Packard, a.a.O. (Anm. 1), S. 9. – Klotz, a.a.O. (Anm. 20), S. 539, 544. – Möckelmann u. Zander, a.a.O. (Anm. 15), S. 35.

Beispiele für in Satzform fixierte Slogans sind u. a.:

Zum Pflege-Glück gibt es Penaten [...] [*El* 42f.],
*Auf neue Weise gute Laune löffeln
mit der neuen Meisterklasse von Maggi* [*BmC* 129].

Der letzte Text zählt zu den Anzeigen, die suggerierte Wirkungen von Produkten in direkter Nennung als psychische Befindlichkeiten deklarieren.[35]
In vielen BMW-Anzeigen steht am Schluß unter dem Abdruck des Markenzeichens der Werbespruch:

BMW – Freude am Fahren [ki 54f.].

Er kann wie folgt ausgeschrieben werden: Wer einen BMW besitzt/fährt, hat Freude ... (und wer das nicht tut, hat bestimmt weniger Freude ...).
Weitaus massivere Versprechungen geben andere Slogans, z. B.:

Jetzt fängt für Ihre Haut ein neues Leben an (mit Astor Kosmetika) [*BmC* 136],
Dugena – ein Stück Persönlichkeit (durch Dugena-Twen-Uhren) [*BmC* 69].

Mit diesen Werbesprüchen und ebenfalls mit den aus Sekt- und Spirituosenanzeigen wird versucht – und zwar durch die mentalisierende Metapher –, die Leser zu manipulieren. Das gleiche gilt in bezug auf das Versprechen von »hochwertigen« Befindlichkeiten durch die Verwendung von konkretisierenden und personifizierenden Übertragungen in einer Reihe von z. T. vorgeführten Texten. Die metaphorisch ausgesagten suggestiven Behauptungen sprechen in eingängiger Formulierung bewußte oder auch unbewußte Wünsche zumindest der Leser an, die eine geringe Reflexionskraft und eine unkritische Einstellung gegenüber den angepriesenen Artikeln haben. Die potentielle Werbewirksamkeit beruht entweder auf dem kompensierenden psychischen Vorgang der Projektion oder der Identifikation.[36] Im ersten Fall projiziert der Leser Wunschvorstellungen auf ein Produkt und sieht in ihm deren symbolische Verkörperung (z. B. durch ein Präparat endlich eine ekzemfreie Haut zu bekommen, wodurch dann seelische Ausgeglichenheit gewährleistet wäre). Im psychischen Prozeß der Identifikation stimmt der Leser einem der Werbeanzeige implizierten Leitbild zu – wie auch immer ihm vermittelt – und wird dadurch zum Kauf eines bestimmten Produktes verleitet (z. B. zum Erwerb der Uhr eines bestimmten Typs einer Firma, um sich so als »der« oder »die Anspruchsvolle« auszuweisen).

Die mentalisierenden Übertragungen erweisen sich ausschließlich als normalsprachlich geprägt. Redensarten waren unter ihnen nicht zu finden.

Die vergeistigenden Übertragungen sind in der Sprache der Wirtschaftswerbung meist pointenhaft strukturiert, und zwar durch die asyndetische Zweiteilung »Firmenname bzw. Artikel + Positivaussage«. Hierdurch bewirken sie Überraschungseffekte.

Die sprachliche Kürze der Übertragungen eignet sich vor allem für die Formulierung von Slogans. Durch die Metaphern können punktuell gerafft Eigenschaften und Wirkungen der Erzeugnisse als unthematische Informationen suggeriert werden. Dies gilt speziell in bezug auf die Genuß- und Arzneimittel- sowie die Kosmetikanzeigen. In den Texten weiterer Branchenanzeigen sind die Übertragungen vor allem ein Ausdrucksmittel, um suggestiv eine Fazitformel für Waren bzw. Firmen zu fixieren, wobei Informationen über Artikel vorausgehen oder folgen.

---

[35] Vgl. hierzu auch: Klotz, *a.a.O.* (Anm. 20), S. 544.
[36] Vgl. hierzu auch: Möckelmann u. Zander, *a.a.O.* (Anm. 15), S. 38f.

Die Übertragungen werden von den Textern benutzt – ohne daß ihnen die Metaphernkategorie als Stilmittel bekannt ist –, um äußerst gerafft und einprägsam sowie z. T. emotional aufwertend die Erzeugnisse anzupreisen. Weil durch die Übertragungen meist hypothetische positive Eigenschaften und Wirkungen von Artikeln angedeutet werden oder durch sie bewirkte positive psychische Befindlichkeiten, können die Metaphern besonders werbeeffektiv sein, indem sie durch ihre Aussagen in den Lesern Kompensationsprozesse provozieren und sie dadurch beeinflussen. Damit bezeugt sich die mentalisierende Metapher in der Werbesprache primär als ein Ausdrucksmittel der taktischen Begründung und der Plausibilitätsargumentation.

6. *Tabelle zum Metaphernbestand und abschließende Aussagen zur Metaphorik der Anzeigenwerbung in Zeitschriften*

Zeitung	dyn. Met.	konkr. Met.	pers. Met.	sens. Met.	ment. Met.	Anzahl der Anzeigen mit Met.	Anzahl der Anzeigen insgesamt
1	2	3	4	5	6	7	8
Bu	8	12	13	4	6	43	68
NR	1	11	9	3	3	27	52
St	6	8	10	7	5	36	86
TV	7	11	8	4	3	33	50
B+F	1	5	5	3	2	16	42
Sp	–	8	4	2	9	23	94
NP	4	4	4	–	1	13	52
FmH	3	3	4	–	–	10	54
WM	–	1	1	–	4	6	25
BmC	4	9	9	3	7	32	88
Ma	–	10	6	3	–	19	28
bm	3	6	5	–	4	18	36
AD	1	3	4	2	–	10	40
ki	1	6	5	4	1	17	23
Br	4	5	4	3	–	16	22
El	–	7	10	3	4	24	37
insg.	43	109	101	41	49	343	797
v. H. Sp. 7	12,54	31,78	29,45	11,95	14,29	100,0	
v. H. Sp. 8	5,40	13,68	12,67	5,14	6,15	43,04	100,0

Bei der Auszählung der Anzeigen wurden auch die Kleinanzeigen berücksichtigt, von denen 16 bis 20 eine Seite füllen. Überwiegend aber präsentieren sich die Anzeigen – vor allem der Großunternehmen – halb- oder ganzseitig. Die Zahlen unter den Metaphernkategorien nennen die Anzahl der Anzeigen, die in der jeweiligen Zeitschrift eine der entsprechenden Übertragungen aufweisen. Nicht berücksichtigt ist, daß in einem Text öfters mehrere

Metaphern derselben Art erscheinen.[37] Wäre es berücksichtigt, so erhöhte sich die Menge der Übertragungen in den Zeitschriften um mehr als 100. Aber nicht eine solche Gesamtsumme ist informativ, sondern die Relation zwischen Anzeigen mit einer Metapher bzw. mehreren und der Anzahl aller Anzeigen (343:797). Rund 43% der Anzeigen weisen mindestens eine Übertragung auf. Hierdurch bezeugt sie sich als ein besonders hervorstechendes Ausdrucksmittel der Wirtschaftswerbung in Zeitschriften.[38]

Auffällig sind einerseits die wenigen Anzeigen im Sportmagazin *kicker* und in der Jugendzeitschrift *Bravo* und andererseits in Relation hierzu die große Anzahl der dort metaphorisierten Texte. Die umgekehrte Beziehung fällt im *Spiegel* und in *Frau mit Herz* auf.

Es bleibe dahingestellt, ob das unter der Perspektive gesehen werden kann: die Adressaten der Zeitschriften und die auf sie zugeschnittene sprachliche Gestaltung von Werbetexten. Aufschlußreich wäre weiterhin, zu ermitteln, welche Branchen in welchen Zeitschriften Werbung massieren, wo sie fast unterbleibt, und weshalb das so ist.

Konkretisierende und personifizierende Übertragungen finden sich in den Werbetexten sämtlicher Zeitschriften und umfassen jeweils knapp ein Drittel des Gesamtbestandes. Die anderen Kategorien fehlen vor allem in Zeitschriften mit wenigen Anzeigen. Die Summe der Übertragungen dieser Arten beträgt nur ein Drittel der Gesamtmenge.

Völlig überwiegend sind die Metaphern aller Kategorien der normalsprachlichen Ebene zuzurechnen (nur wenige der salopp-umgangssprachlichen). Eine Reihe in trivialliterarischer Manier verwendeter Metaphern hingegen fällt auf.

Rund ein Dutzend metaphorisch geprägter allgemeiner Redensarten oder Variationen von Wendungen konnte festgestellt werden.

Fast die Hälfte der Übertragungen profiliert informierende sowie lediglich behauptende Aussagen, über ein Viertel von ihnen wird suggestiv für Schlagzeilen und knapp ein Viertel in gleicher Weise für Slogans benutzt.

Den Schwerpunkt der durch Metaphern akzentuierten Werbung bilden eindeutig die »Jedermann«-Arzneimittelanzeigen (rd. 60), weitere gleichgewichtige Zentren sind die Anzeigen für Kosmetika und Genußmittel (je rd. 50). Zahlenmäßig weit ab fällt die metaphorisch geprägte Werbung für Automobile, Elektrogeräte und Reisen (je rd. 12). Ein noch nicht erwähnter Grund des Werbeengagements der Kosmetik- und Genußmittel-, aber auch der Automobilbranche besteht darin, daß ihre Produkte zumindest teilweise wegen der »gepfefferten« Preise als Luxuserzeugnisse einzustufen sind. Um für sie einen erhöhten Absatz zu erreichen, muß die Werbetrommel öfter und besonders lautstark gerührt werden.

Alle Übertragungen mobilisieren die Sprache der Texte und färben sie – mit Ausnahme der mentalisierenden Metapher – bildkräftig ein. Dadurch erweisen sie sich generell als ein Stilmerkmal, das der wachsenden Abstraktion der Öffentlichkeitssprache entgegenwirkt.[39]

---

[37] Ungleichartige Metaphern in einer Anzeige wurden jeweils gesondert gezählt. Wegen des seltenen Vorkommens fällt die dadurch bedingte Ungenauigkeit gegenüber der Gesamtzahl von metaphorisierten Anzeigen in der jeweiligen Zeitschrift nicht ins Gewicht.

[38] Untersuchungen zur Hörfunk- und Fernsehwerbung ergäben einen geringeren Prozentsatz, weil diese Massenmedien eine Werbesprache erfordern, die – im Gegensatz zur Anzeigenwerbung – der Sprechsprache sehr angenähert ist. Zum Beispiel Personifikationen und mentalisierende Metaphern können dort nur selten verwendet werden.

[39] Vgl. hierzu: Karlheinz Daniels, *Moderne Sprachentwicklung als didaktisches Problem;* in: *Sprachpädagogik – Literaturpädagogik.* (= *Festschrift für Hans Schorer.*) Hrsg. von Wilhelm L. Höffe; Frankfurt: Diesterweg 1969, S. 55.

Die Übertragungen pointieren die Aussagen in den Werbetexten. Positiv ist das zu beurteilen im Hinblick auf die bündige und treffende Formulierung vieler Informationen. Hier wird das Ausdrucksmittel sinnzentrierend, auskunftfördernd und sprachökonomisch gehandhabt. Jedoch in der Mehrzahl sogenannter Informationen, die nur Behauptungen enthalten, und vor allem in Schlagzeilen und Slogans, erweisen sich die Metaphern als bequemes Mittel, mit dem die Texter die Aussagen bewußt und gezielt übertreiben und emotionalisieren. Vor allem trifft dies zu, wenn durch die Übertragungen positive körperliche Wirkungen der Erzeugnisse und durch Produkte bewirkte »hochwertige« Gefühle und Stimmungen angepriesen und verheißen werden. Das letztere ist in jedem Fall Täuschung, weil seelische Befindlichkeiten nicht käuflich sind und somit nicht verkauft werden können. In dieser Praxis der Übertragungen entlarvt sich die Tendenz der Manipulation. Soweit die Werbesprache sich nicht mit Fakten und sachlichen Informationen an die potentiellen Käufer wendet, zielt sie nicht ab auf die Denk- und Urteilsfähigkeit, sondern versucht, menschliche Grundtriebe anzusprechen, um die aus ihnen provozierbaren Wünsche und Bedürfnisse wachzurufen. So intendierte Werbesprache kennzeichnet sich als negativ appellierende Sprache, und das spezifische Ausdrucksmittel für sie ist die Metapher.[40]

Weder die absatzfördernde Wirksamkeit einer positiv noch die einer negativ appellierenden Werbesprache ist überprüfbar, aber sie ist vorhanden, in welchem Ausmaß auch immer. Gewiß ist zudem, daß der durch Metaphern emotionalisierte Sektor der Werbesprache – besonders im Syndrom mit der affektvollen Sprache in den Bereichen anderer Massenmedien – die stark emotional bestimmte Sprachverwendung von Millionen Lesern beständig indirekt positiv bestätigt und die Sprachkonsumenten fortwährend indirekt anreizt. Der Tatbestand selbst und die dadurch sich ergebende Auswirkung widersprechen den Intentionen einer demokratisch gehandhabten Öffentlichkeitssprache.

---

[40] Die Ambivalenz der Werbesprache – einerseits »überzeugen« zu wollen durch sachangemessene Informationen, andererseits »überreden« zu wollen durch manipulierende Aussagen – kann durch den Terminus »persuasive Kommunikation« fixiert werden. Der Terminus ist auch geeignet, die Werbesprache unter kommunikationstheoretischem Aspekt als eine Kommunikationsart neben anderen zu bezeichnen.

Die Metaphorik in der konventionellen Tagespresse

Von HARALD REGER

Die Entwicklung sowohl der konventionellen Tagespresse als auch der Boulevardblätter setzte in der Mitte des vorigen Jahrhunderts ein, zuerst in den Vereinigten Staaten, dann in Europa. Die rasche Ausbreitung der gesamten Tagespresse wurde bedingt durch die sich ausweitende Industrialisierung und die hiermit einsetzende Entwicklung von Metropolen und Städten zu Industriezentren; die Ausbreitung wurde grundgelegt durch die wirksame Propagierung der »Zeitung für alle« und wurde ermöglicht durch maschinelle Produktion und durch Verbesserungen im Nachrichtenwesen.

Die Funktion der konventionellen Tagespresse bestand von Anfang an darin, die Leserschaft fortlaufend (Periodizität) und möglichst umfassend (potentielle Universalität) über jeweils anfallende wichtige Angelegenheiten von öffentlichem Interesse (Aktualität, Publizität) zu informieren und stellungnehmend aufzuklären. Dadurch kann sie ihre öffentliche und verfassungsrechtliche Aufgabe erfüllen, auf die Leser meinungs- und willensbildend einzuwirken.

Weil die konventionellen Tageszeitungen als Unternehmen sowohl untereinander als auch mit den Boulevardblättern konkurrieren, hängt ihr Fortbestand von gesellschaftlichen und ökonomischen Faktoren ab. Ihre Prosperität wird mitbestimmt von den Erwartungen einer jeweils mehr oder weniger anvisierten Leserschaft und von den Interessen verschiedenartiger Gruppen und Institutionen; weiterhin wird sie in hohem Grade mitbestimmt von der Quantität der Anzeigenwerbung sowie von einer rationellen und auflagenstarken Produktion[1].

Die konventionellen Tageszeitungen heben sich gegenüber den Boulevardblättern durch folgende Merkmale ab: konsequente Aufteilung in Sparten und seriöse Aufmachung; vielfältigere und umfangreichere Informationen und Kommentierungen; meist situations- und sachverhaltsadäquate Darstellung; Verzicht auf Übermittlung von sensationell hochgespielten aktuellen Ereignissen. Nicht zuletzt unterscheiden sich die beiden Arten der Tagespresse auch in der Sprachverwendung.

Die Sprache der konventionellen Tagespresse wurde bisher nicht umfassend untersucht, ebensowenig die für sie und für die Pressesprache insgesamt äußerst bedeutsame Metaphorik. Sporadisch nur stellen didaktische Publikationen »Bildbezirke« und »Bildgegenstände« (von Übertragungen in Zeitungen) und die daraus ableitbaren Intentionen vor. Und in keiner Analyse zur Pressesprache werden die Funktionen der für sie relevanten Metaphernklassen ermittelt. Die folgenden Untersuchungen betreffen deshalb die *dynamisierenden* und *konkretisierenden* sowie die *personifizierenden* und *sensorischen* Übertragungen. Als Ausdrucksmittel werden sie in dreifacher Perspektive auf ihre Funktion befragt:
– was sie hinsichtlich der Sprache der Zeitungen bewirken,

---

[1] Zu dem Dargelegten sei u.a. verwiesen auf: Kurt Koszyk u. Karl Hugo Pruys (Hgg.), *Wörterbuch der Publizistik;* München: Deutscher Taschenbuchverlag ²1970, Stichwörter: *Boulevardpresse* (S. 61), *Öffentliche Aufgabe* (S. 263), *Pressefreiheit* (S. 279f.), *Pressegeschichte* (S. 281ff.), *Presserecht* (S. 287f.), *Zeitung* (S. 393). – Frank Böckelmann, *Theorie der Massenkommunikation.* (= edition suhrkamp, 658.) Frankfurt: Suhrkamp 1975, S. 34–36. – Dieter Baake, *Medienkritik als Kommunikationsdidaktik;* in: Ders. (Hg.), *Medienkritische Modelle: Zeitung und Zeitschrift;* München: Juventa 1973, S. 8f., 27f.

- wie und warum die Journalisten sie verwenden,
- wie sie auf die Leser wirken können.

Ebenso ist festzustellen, welcher Stilebene die Metaphernarten jeweils vorherrschend zuzurechnen sind.

Die Ergebnisse sollen zudem verglichen werden mit denen, die sich bei der gleichartigen Analyse in bezug auf die Boulevardpresse ergaben[2]. Beide Untersuchungen intendieren zugleich einen Beitrag zur Sprachdidaktik[3].

Für die Aufschlüsse wurden die Montagsausgaben von je zwei lokalen, regionalen und überregionalen konventionellen Tageszeitungen herangezogen:

Rhein-Sieg-Anzeiger; Köln: DuMont Schauberg [*RSA*][4], 24. 11. 1975.

Rhein-Sieg Rundschau; Köln: Heinen-Verlag [*RSR*], 24. 11. 1975.

Neue Rhein Zeitung; Essen/Düsseldorf: Rheinisch-Westfälische Verlagsgesellschaft [*NRZ*], 15. 12. 1975.

Westdeutsche Zeitung; Düsseldorf: Girardet [*WZ*], 15. 12. 1975.

Frankfurter Allgemeine Zeitung für Deutschland; Frankfurt: Frankfurter Allgemeine Zeitung GmbH [*FAZ*], 24. 11. 1975.

Süddeutsche Zeitung; München: Süddeutscher Verlag [*SZ*], 15. 12. 1975.

Unter den logischen Grundleistungen der Sprache hat die semantische den Vorrang. Die Wörter als Phonem- und Graphemsequenz bezeichnen etwas. Die Wörter werden einzeln oder in Sätzen im normalen, unreflektierten Sprachgebrauch einsinnig und direkt für Aussagen verwendet.

Die gegensätzliche Sprachhandhabe von Wörtern und Sätzen, ihr indirekter und mehr als einsinniger Gebrauch präsentiert eine im ursprünglichen Wortsinn ästhetische Grundleistung der Sprache und deckt ihre metaphorische Funktion auf[5]. Diese Leistung und diese Funktion sind grundgelegt in der menschlichen Fähigkeit, Analogien durch Sinnesempfindungen zu erfassen. Besonders bedeutsam ist die Fähigkeit des analogen Schauens. In der Verbalisierung der Analogien, vornehmlich der aufgrund des analogen Sehens, realisiert sich eine dem Menschen seit jeher eigene Erkenntniskraft.

Somit ist die Metapher als sprachlicher Ausdruck bestimmbar, der mehrsinnig und mehrdeutig ist. Die Übertragung ist als Einzelwort oder Wortfolge in einem Kontext so fixiert, daß sie etwas anderes bedeutet, als das Wort oder die Wörter lexikalisch aussagen[6].

---

[2] Dazu wird herangezogen: Harald Reger, *Die Metaphorik in der Boulevardpresse;* in: *Muttersprache,* LXXXIV (1974), S. 314–325.

[3] Dasselbe gilt hinsichtlich der Untersuchungen zur Idiomatik in den beiden Kategorien der Tagespresse; vgl. Harald Reger, *Zur Idiomatik der Boulevardpresse;* in: *Muttersprache,* LXXXIV (1974), S. 230–239, und *Zur Idiomatik in der konventionellen Tagespresse;* in: *Muttersprache,* LXXXVII (1977), Heft 5.

[4] Diese und die folgenden Abkürzungen werden für die Textbelege benutzt. Die durch Komma getrennten Zahlen geben die Seite und die Kolumne an.

[5] Hierzu sei zum Beispiel verwiesen auf Gerhard Priesemann, *Bild;* in: *Das Fischer Lexikon,* Bd. 2: *Literatur;* hg. von Wolf-Hartmut Friedrich u. Walther Killy; 1. Teil; Frankfurt: Fischer 1965, S. 84, und Warren Shibles, *Die metaphorische Methode;* in: *Deutsche Vierteljahrsschrift für Literaturwissenschaft und Geistesgeschichte (DVjs.),* 48 (1974), H. 1, S. 2.

[6] Vgl. hierzu: Harald Weinrich, *Semantik der kühnen Metapher;* in: *DVjs.,* 37 (1963), H. 3, S. 340. – Ders., *Linguistik der Lüge;* Heidelberg: Schneider 1966, S. 43f. – Ders. in: Harweg/Heckhausen/Suerbaum/Weinrich u.a., *Die Metapher.* (= Bochumer Disk.) In: *Poetica,* 2 (1968), H. 2, S. 100.

Zwischen der Metapher als nichtkonventionell verwendetem sprachlichem Element und den konventionell benutzten Elementen besteht bei der Rezeption eines Satzes/Textes eine semantische Dissonanz[7]. Die Metapher ist somit ein sprachlicher Ausdruck, der durch einen Kontext nicht wie die Wörter seines Umfeldes ein semantisches Phänomen darstellt, sondern in Relation zu ihnen ein metasemantisches Phänomen, das entschlüsselt werden muß[8]. Vornehmlich in poetischen Texten, und hier wiederum besonders in lyrischen Einheiten, besitzt die Metapher heuristischen Charakter; sie provoziert die Verbindung komplexer Vorstellungen[9] (*Fall ab, Herz, vom Baum der Zeit / fallt, ihr Blätter, aus den erkalteten Ästen [...]*; Ingeborg Bachmann). Von den Metaphern dieser bedeutungsintensiven Art – u.a. als »kreativ« und »lebendig« bezeichnet[10] – sind die konventionellen und lexikalisierten zu unterscheiden[11]. Beide Typen sind vor allem bedeutsame Stilmittel publizistischer Textsorten. Die lexikalisierten Prägungen (z.B. *Bergrücken, Kühlergrill*) werden nicht mehr als Metaphern empfunden, ihre Verwendung ist usuell. Die konventionellen Übertragungen werden nicht mehr als kreativ empfunden, aber auch nicht als schon gebräuchlich lexikalisiert (z.B. *[...] hat sich der linken Strömung angepaßt; das Gebäude der politischen Macht einer Partei*). Es ist jedoch hervorzuheben, daß die Grenzen zwischen den drei genannten Metaphernbereichen fließend sind und jeweils vom Sprachbewußtsein des Sprachteilnehmers abhängen.

Weder diese Metapherntypen und andere linguistische Beschreibungen der Übertragungen noch inhaltlich bestimmte Metaphernkategorien und psychisch fixierte Übertragungsklassen (d.h. wie sie aus dem psychischen Habitus der Sprecher und Schreiber entstehen) sind zureichend für die Untersuchung der Metaphorik in Texten[12].

Erst durch eine sprachfunktionale Analyse der Metaphern, d.h. durch die Bestimmung der Übertragungsmodi in ihnen, lassen sich Metaphernkategorien ermitteln, die eine den Texten angemessene Untersuchung gewährleisten. Die Arten der Übertragung sind erkennbar, wenn die Relation zwischen einem Bezugsobjekt (z.B. dem oberen Teil eines gläsernen Flüssigkeitsbehälters) und dem übertragenen Phänomen (= *Hals* des Menschen) bestimmt wird (*Flaschenhals* = konkretisierende Übertragung).

---

[7] Vgl. hierzu Gerhard Kurz, *Theorie;* in: Gerhard Kurz u. Theodor Pelster, *Metaphern. Theorie und Unterricht;* Düsseldorf: Schwann 1976, S. 57, 58.

[8] Vgl. hierzu Suerbaum; in: Harweg u.a., *a.a.O.* (Anm. 6), S. 100.

[9] Vgl. hierzu Wilhelm Köller, *Semiotik und Metapher;* Stuttgart: Metzler 1975, S. 201.

[10] So Kurz, *a.a.O.* (Anm. 7), S. 60, 61, 73.

[11] Zu der Typologie vgl. Ursula Oomen, *Linguistische Grundlagen poetischer Texte;* Tübingen: Niemeyer 1973, S. 29f.

[12] Hinsichtlich linguistischer Beschreibungen sei hingewiesen auf: Weinrich, *a.a.O.* (Anm. 6), S. 325–344; Harweg u.a., *a.a.O.* (Anm. 6), S. 100–130; Werner Ingendahl, *Der metaphorische Prozeß.* (= *Sprache der Gegenwart,* 14.) Düsseldorf: Schwann 1971; die betreffenden Stellen in: W. Kallmeyer u.a. (Hgg.), *Lektürekolleg zur Textlinguistik,* Bd. 2: Reader. (= *Fischer Athenäum Taschenbücher,* 2051.) Frankfurt: Athenäum 1974; Kurz, *a.a.O.* (Anm. 7), S. 7–98. – In bezug auf inhaltlich bestimmte Metaphernkategorien sei u.a. verwiesen auf Michael Landmann, *Gnoseologische und ästhetische Valenz der Metapher;* in: Ders., *Die absolute Dichtung. Essais zur philosophischen Poetik;* Stuttgart: Klett 1963, S. 119–144; und W. Shibles, *a.a.O.* (Anm. 5), S. 1–9. – Hinsichtlich psychisch fixierter Metaphernarten sei erwähnt: Hermann Pongs, *Das Bild in der Dichtung;* Marburg: Elwert ²1960.

1. Die dynamisierende Metapher[13]

Im fundamentalen metaphorischen Prozeß der Dynamisierung wird entweder die mögliche Bewegung einer ding- oder leibhaften Erscheinung gesteigert bzw. umgedeutet oder dem Bezugsobjekt Bewegung eingedeutet, zu der es nicht fähig ist. Weiterhin kann durch die Sprache menschliches Fühlen, Denken und Handeln eine Dynamisierung erfahren. Hierbei ist der Bezugsgegenstand stets der Mensch als leibhafte Erscheinung; das Bildphänomen ist entweder gleichfalls der Mensch oder eine ding- bzw. körperhafte Erscheinung. Grammatisch sind die dynamisierenden Übertragungen an Verben, sporadisch auch an substantivierte Verben und Partizipien gebunden.

Hinsichtlich der Sparten in den konventionellen Tageszeitungen haben die Dynamisierungen – noch gesteigert im Vergleich zu den untersuchten Boulevardblättern – ihren Schwerpunkt jeweils im Sportteil, und hier speziell in Nachrichten und Berichten über Fußballspiele (109 von insgesamt 239, in den Boulevardzeitungen rd. 40 von 130). Bewegungssteigernd oder -umdeutend wird ausgesagt: Die Fußballer

kommen in Schwung [SZ 28,5],
waren kaum / nicht zu bremsen [RSA 12,2, FAZ 14,6, SZ 28,1],
feuern den Ball [RSA 20,2],
tauchen vor dem Torwart auf [RSR 17,1],
jagen den Ball ins Netz [RSA 15,2/3] oder *über die Latte* [RSR 14,5].

Bewegungseindeutend werden in den *Duellen, Partien* die Gegner

abgetastet [RSA 19,1],
zusammengescheucht [NRZ 9,5],
buchstäblich durcheinandergewirbelt [FAZ 14,6],
aus dem Rennen geworfen [WZ 16,5],
überfahren, auseinandergenommen und *ausgeschaltet* [NRZ 13, 1–2, RSR 13,3, NRZ 13,1, RSR 13,1].

In Texten zu Sportereignissen sind zum Teil mehrere Dynamisierungen zu finden, in den Artikeln der übrigen Sparten nur selten. Der gleiche Befund gilt auch für die Boulevardblätter. Im Gegensatz zu ihnen werden jedoch in den konventionellen Tageszeitungen auch im Ressort Politik öfters Dynamisierungen verwendet, um Empfinden, Denken und Handeln von Personen des politischen Lebens bündig und einprägsam zu beschreiben oder um politische Sachverhalte bewegungseindeutend knapp zu umreißen:

Als Beifall für Biedenkopf aufbrandete [RSR 2,2],
[Minister] *Riemer schoß [...] über das Ziel hinaus* [SZ 15,1],
Friderichs will Krankenkosten durchforsten [RSA 1,6],
[die Jusos], *die sich unterbuttert fühlen* [FAZ 3,2],
[die CDU/CSU] *will sich von der SPD absetzen* [FAZ 2,1];
die Rechte der verfassunggebenden Versammlung an sich reißen [RSA 2,3],
Anträge verwässern, Verhältnisse zementieren [FAZ 5,3 u. 6,6].

---

[13] Zu den Termini der Metaphernklassen: Die Bezeichnung »dynamisierende Metapher« ist (so oder ähnlich geprägt) in literaturwissenschaftlichen und linguistischen Publikationen aufzufinden; die Begriffe *Personifikation, Anthropomorphisierung* oder *personifizierende Metapher* sind traditionell geläufig; die Termini *konkretisierende Metapher* und *sensorische Metapher* wurden fixiert in: Harald Reger, *Das Sprachbild in Grillparzers Dramen.* (= *Xerogrammata, Hochschulschriften,* 2.) Bonn: Bouvier ²1970, S. 104 ff., 178; auch in: Ders., *Die Metaphorik der Anzeigenwerbung in Zeitschriften;* in: *Muttersprache,* LXXXVI (1976), S. 230, 237.

Noch mehr als in den Boulevardblättern sind die dynamisierenden Metaphern in den konventionellen Zeitungen normalsprachlich geprägt. Die relativ seltenen umgangssprachlichen oder saloppen Übertragungen präsentieren sich zum Teil als hyperbolische oder drastische Formulierungen (insgesamt rd. 20). Für die beiden letztgenannten Gruppen seien über die wenigen schon angeführten hinaus noch zitiert:

[Trainer X] *gefeuert* [Überschrift WZ 4,2],
[...], *daß* [XY] *das Riesenbaby aus dem Ring fegen würde* [NRZ 11,2],
[eine Mannschaft] *in eine höhere Runde schießen* [RSA 15,3],
[XY] *ließ sich von seinen politischen Gegnern nicht »schlachten«* [RSR 7,5].

Die Dynamisierungen lockern wie auch alle andersartigen Übertragungen und metaphorisch geformten Redensarten den berichtenden Stil der konventionellen Tageszeitungen auf und akzentuieren ihn bildhaft. Völlig überwiegend spitzen die dynamisierenden Übertragungen sinnzentrale Aussagen in Texten zu; selten werden sie als mehr oder weniger bewußt konzipierter Leseanreiz in Schlagzeilen und Informationsvorspannen verwendet. Nur in den Sparten Politik und Sport sind sie relativ häufig anzutreffen.

Schließt man die Sporttexte aus, so werden die Dynamisierungen von den Journalisten – zum Teil gewiß mit Absicht – funktional gehandhabt, und zwar um Situationen und Sachverhalte klärend und veranschaulichend und damit spontan verstehbar und gleichfalls einprägsam in bündiger sprachlicher Aussage vorzuführen[14]. Die Übertragungen wirken durchgehend weniger affektiv als die in den Boulevardblättern. In gleicher Weise emotionalisiert präsentieren sich hingegen in beiden Arten der Tagespresse die Dynamisierungen in den Texten zu Sportereignissen. Für die konventionellen Zeitungen trägt hierzu bei, daß die von ihnen gebrauchten umgangssprachlichen und saloppen Übertragungen in ihrer meist übertriebenen Aussageweise in dieser Sparte fast alle verwendet sind.

Sportliche Wettkämpfe, vor allem Mannschaftsspiele als sogenannte Kampfspiele, provozieren gleichsam durch ihre emotionale »Atmosphäre« eine ihr analoge Berichterstattung. Indem aber die Sportreporter Dynamisierungen benutzen, die in der Umgangssprache mit ihrer Tendenz zu Affekt und Imponiergehabe entstanden und geläufig sind, transferieren sie situationsinadäquat diese semantisch übersteigerten metaphorischen Formulierungen in die Sportsprache. Die umgangssprachlichen und saloppen Dynamisierungen sind folglich ein wenn auch nicht schwerwiegendes Indiz für die zum Teil hyperbolische Sprache im Sportteil der konventionellen Tageszeitungen[15]. Sie signalisieren ein Imponiergehabe sowohl der Sportsprache selbst als auch der Berichterstatter. Weiterhin werden die umgangssprachlichen und saloppen Dynamisierungen – wie auch viele normalsprachliche – zum Teil zweifellos bewußt verwendet, um einen verstärkten Leseanreiz zu bewirken.

2. *Die konkretisierende Metapher*

Die konkretisierenden Übertragungen verdinglichen Begriffe und Sachverhalte in optisch wahrnehmbare Gegenstände, oder sie benennen sichtbare Bezugsobjekte in andersartig wahrnehmbare Phänomene um, wobei jedoch der Mensch in seiner leibhaftigen Gestalt als Bildphäno-

---

[14] In diesem Zusammenhang sei hingewiesen auf: Heinz Obländer u. Kunibert Reinhard, *Presse-Sprache. Begleitheft.* (= *Arbeitsmaterialien Deutsch.*) Stuttgart: Klett 1971, S. 12.

[15] In diesem Zusammenhang sei verwiesen auf: Harald Dankert, *Sportsprache und Kommunikation.* (= *Volksleben*, 25.) Tübingen: Tübinger Vereinigung für Volkskunde 1969, S. 50; und Claus Siefer, *Der Jargon der Sportreportage;* in: *Der Deutschunterricht,* 22 (1970), H. 1, S. 107.

men ausgeschlossen bleibt. Die Konkretisierungen lassen sich in zwei komplexe Gruppen sondern: Das Bezugsobjekt wird entweder in einen vom Menschen produzierten Gegenstand bzw. einen Sachverhalt menschlicher Tätigkeit oder in eine Erscheinung der den Menschen sichtbar umgebenden Natur transformiert. Die konkretisierende Übertragung ist grammatisch auf Subjekt und Prädikat, auf die Objekte und das Genitivattribut verwiesen und kann so einen Satz umfassen oder in der Ausfaltung des Bildprozesses auch mehrere. Die Konkretisierungen werden im Vergleich mit den anderen Übertragungskategorien sowohl bei der mündlichen als auch bei der schriftlichen Sprachverwendung am häufigsten benutzt. Dem analog repräsentieren sie in den konventionellen Tageszeitungen und den Boulevardblättern den größten Anteil des gesamten Metaphernbestandes, und zwar in den erstgenannten mit 1042 knapp die Hälfte und in den letzteren mit 336 etwas über die Hälfte der Übertragungen. Auf die Sportsparte entfallen jeweils mehr als ein Drittel der Metaphern. In den konventionellen Zeitungen enthalten die politischen Artikel über ein Viertel der Konkretisierungen und die Sparten Zeitgeschehen und Lokales zusammen ungefähr ein Fünftel.

Der kurze Leitartikel in der *Rhein-Sieg Rundschau* zum Tode Francos und zur Thronrede des Königs trägt die Schlagzeile *Der König setzt Zeichen* (S. 4, 2–4). Nachfolgend einige Sätze aus den ersten Abschnitten:

Viele Spanier können und wollen es noch nicht fassen, daß eine neue Zeit begonnen haben soll, und trotzdem hat *das Tauziehen hinter den Kulissen* bereits begonnen.
Vor allem Politiker, die Franco nahegestanden hatten [...] wissen, daß [...] in naher Zukunft die Ämter nicht mehr *durch einen Federstrich*, [...] vergeben werden.
[...] was [...] darauf hindeutet, daß sich das innenpolitische Kräfteverhältnis eindeutig *zugunsten der gemäßigten und demokratischen Strömungen* verändern wird.
Noch weiß niemand, was Franco dem [...] König *mit auf seinen schweren Weg gegeben hat.*

In der Überschrift wird durch die konkretisierende Metapher »... setzt Zeichen« leseanreizend und vorinformierend ausgesagt, daß Juan Carlos bedeutsame Aspekte der zukünftigen Politik der Öffentlichkeit vortrug. Diese werden in der zweiten Hälfte des Textes sachlich berichtend aufgeführt. Um die innenpolitische Lage nach Francos Tod und zu Beginn der Regierungszeit des Königs zu kennzeichnen, verwendet der Journalist an den sinnzentralen Stellen Metaphern. Die aus dem Bereich des Sports stammende landläufige Konkretisierung »Tauziehen« verbunden mit der gleichgearteten Metapher aus dem Bezugsbezirk des Theaters »... hinter den Kulissen ...« umreißen sachlich ohne emotionale Einfärbung die innenpolitische »Szenerie«, die durch den Wechsel an der Staatsspitze entstanden ist. Die Aussage bleibt keine Leerformel. In den folgenden Sätzen werden – wenn auch äußerst knapp – die beiden Übertragungen wiederum metaphorisch mit Informationen gefüllt. Zunächst sind es die Parteifreunde des toten Caudillo – ausgedrückt durch die Dynamisierung »Politiker, die [...] nahegestanden hatten« –, die versuchen, ihre Positionen zu halten. In Zukunft entscheidet nicht mehr wie früher »ein Federstrich« über die Vergabe von Staatsämtern. Die Kontrahenten dieser faschistischen Kräfte sind metaphorisiert als »gemäßigte und demokratische Strömungen«. Die schwierige Situation des Königs bei dem nun einsetzenden »Tauziehen hinter den Kulissen« faßt bündig die toposhafte »Weg«-Metapher zusammen, noch pointiert durch das Attribut »schwer«, das als Tastmetapher bezeichnet werden kann.

Wie in diesem Leitartikel werden in Kommentaren, Reportagen und Berichten zum politischen und gesellschaftspolitischen Zeitgeschehen die Sinnzentren durchgängig durch Bildphänomene konkretisierender Übertragungen fixiert oder auch durch in die Aussagen integrierte

Redensarten, die sich fast ausnahmslos als Konkretisierungen erweisen (in den untersuchten Zeitungen rd. 260). Die Übertragungen stellen Informationen und Stellungnahmen zu Situationen und Sachverhalten äußerst bündig dar. Im Gegensatz aber zu den gleichartig verwendeten Konkretisierungen in den Boulevardblättern handhaben die Journalisten der konventionellen Zeitungen die Metaphern nur selten als Leerformeln. Vorherrschend werden durch dieses Ausdrucksmittel die Sachverhalte also nicht verkürzt, verallgemeinert und vereinfacht. So empfangen die Leser durchgängig quantitativ und qualitativ präzisierte Informationen und Stellungnahmen.

Als weiterer Beleg seien einige zentrale Sätze zitiert aus einem gesellschaftspolitischen Artikel in der *Westdeutschen Zeitung* mit der Überschrift *Eltern wollen in der Schule mehr mitreden* (S. 7, 2–4):

[...] die engagierten Eltern [...] hatten einen Gründungsausschuß gewählt, mit dessen Hilfe [...] der Landesverband *aus der Taufe gehoben werden soll*.

Initiator dieses Treffens war [XY], der [...] *den Weg* [...] bis hin zum Stadtsprecher von 130 Schulen *fand*.

[...] nie hat er aber *ein offenes Ohr* für die Anliegen der Eltern *gefunden* [= allgemeine Redensart].

Die Unzufriedenheit [...] soll nun *ein Ventil* in der Landesschulpflegschaft *finden*.

Im Gegensatz zu den Konkretisierungen in der Boulevardpresse bewirken die Konkretisierungen in den konventionellen Tageszeitungen keine dominante Emotionalisierung der Texte. Generell erweist sich die konkretisierende Metapher in der konventionellen Tagespresse als spezifisches Ausdrucksmittel eines Informations- und Meinungsstils, der Situationen und Sachverhalte in ihnen angemessener Weise den Lesern lesemotivierend und unmittelbar verständlich darbieten will.

Die konkretisierenden Übertragungen verwandeln – wie schon gesagt – entweder Bezugsgegenstände und -sachverhalte in andersartige Gegenstände menschlichen Schaffens bzw. Sachverhalte menschlicher Tätigkeit, oder sie transformieren sie in Erscheinungen der den Menschen sichtbar umgebenden Natur, der auch die für metaphorische Aussagen verwendeten menschlichen Organe und Körperteile zuzurechnen sind. Unter der Perspektive der Aufgliederung der Konkretisierungen in zwei komplexe Bereiche bietet es sich an, zu untersuchen, welche Bildphänomene oder -bezirke in der Sprache der konventionellen Tageszeitungen dominieren und welche Funktionen sie in bezug auf Sprache, Schreiber und Leser haben.

Hinsichtlich der Übertragungen, die Phänomene aus der Natur aufweisen, überwiegen, wie in den Boulevardblättern, die mit dem Bildgegenstand *Berg* oder *Gipfel* bzw. die sich aus dieser Gegenständlichkeit ausformenden und ableitenden (rd. 90).

In affirmativer und positiv bewertender Aussage wird mehrfach das metaphorische Wort *Spitze* benutzt, und zwar meist in Texten zu Sportereignissen:

[Der Turner] Eberhard Gienger ist *einsame Spitze* [*SZ* 22,2–5, ähnlich *WZ* 4,4],

heißt es salopp und leseanreizend formuliert in der Schlagzeile zu einem Bericht über die deutschen Kunstturnmeisterschaften.

Eine Tischtennismannschaft

rackert sich [...] an die *Spitze* [*SZ* 25,4]

der Bundesliga, und auch die Teams der Fußballbundesliga setzen an zum

Großangriff auf die *Spitze* [*FAZ* 25,3].

In den konventionellen Zeitungen wird die metaphorische Stereotype *Spitze* jedoch meist in Substantivkomposita zur formelhaft verknappten informativen oder bewertenden Aussage benutzt, indem sie mit einem nichtmetaphorischen Bestimmungswort oder Grundwort gekoppelt wird. In Artikeln der Sparten Politik und Wirtschaft finden sich unter anderem die Zusammensetzungen:

Parteispitze [SZ 3,3], *Führungsspitze* [RSR 2,2], *Konzernspitze* [SZ 16,3]; *Spitzenpolitiker* [NRZ 2,5], *Spitzenkandidat* [SZ 13,3], kommunale *Spitzenverbände* [FAZ 2,5].

Die meisten informativen oder stellungnehmenden stereotypen Kürzel weisen die Kolumnen der Sportsparte auf, so unter anderem:

Angriffs-/Sturmspitze [RSA 15,3 u. 19,2];
Spitzenspieler [NRZ 10,4], *Spitzenspiel* [WZ 5,1-2], *Spitzenmannschaft* [auch in negierender Aussage, RSR 16,3]

und vor allem

Spitzenreiter [so z.B.: RSA 15,5, RSR 15,2, WZ 15,1, FAZ 15,1]

in bezug auf Mannschaften verschiedener Sportarten.

Zur Metaphorik mit dem Bildgegenstand *Berg* zählen ebenso die für die Sportsprache spezifischen Nennungen *Aufstieg* und *Abstieg*, die auch als substantivische und adjektivische Kompositionselemente verwendet werden:

Aufstiegsträume [SZ 1,1];
abstiegsreif u. *abstiegsgefährdet* [RSA 13,2-5 u. 21,2].

Eine weitere Ausfaltung des metaphorischen Phänomens *Berg* bringt das Adjektiv *hoch* mit seinen Steigerungs- und Fügungsformen. In den Sparten Politik und Wirtschaft werden sie wie Leerformeln gebraucht, in der Sparte Sport als Wertungsklischees:

hohe ausländische Politiker [RSR 3,3], *haushoch* unterliegen [NRZ 2,5], *hochgerüstete* Militärblöcke [SZ 4,3], *hohe* Arbeitslosigkeit [FAZ 11,1], *hohe* Kursdifferenz [SZ 16,1];
hochgesteckte Erwartungen [SZ 21,2], *hochklassiges* Spiel [NRZ 11,5], *hochklassiges* Doppelfinale [WZ 6,3].

Die nachfolgende umfangreichste Gruppe von Übertragungen mit Bildgegenständen aus der Natur gehört zum Begriffsumfeld *Pflanze* (Baum, Stamm, Strauch, Zweig usw.). Die Bezeichnung »Florametaphern« bietet sich an (rd. 40).

Neben verblaßtem Gebrauch in ein- und zweigliedrigen Nennungen, zum Beispiel

Kundenstamm [FAZ 13,2], *Stammspieler* [SZ 26,2], *Zweige* der Familie [FAZ 13,1],

erweisen sich die zum Teil einen Satz umspannenden Metaphern in den Sparten Politik, Zeitgeschehen und Sport als Ausdrucksmittel der Stellungnahme an sinnzentralen Stellen von Texten. Öfters sind sie humorvoll, satirisch oder ironisch akzentuiert:

Man wollte [auf dem »Deutschlandtag« der Jungen Union] dem jung keimenden *Pflänzlein* der neuen Einigkeit der Union nicht schon jetzt das *Wasser entziehen* [FAZ 3,1].

[Die »Gemeinsame Synode der Bistümer in der Bundesrepublik Deutschland«] *verheddert sich* aber vor allem *im* rechtlichen, institutionellen und emotionellen *Gestrüpp* einer alten Kirche [FAZ 1,5].

Ob Irland oder Palästina oder Angola, der Terror [...] *hat seine Wurzel* im blinden Haß, und gewachsen ist er in den Lagern, den Gettos [...] [NRZ 3,2].

Trainer Max Merkel, *in seiner Jugend Maienblüte* [...] Maschinenbaustudent [...], kann sich ausrechnen [...] [FAZ 14,3].

Drei weitere, ungefähr gleich starke Gruppen erstellen Metaphern mit dem komplex verwandten toposhaften Bildgegenstand *Weg*, die Übertragungen, die aufgrund des Naturelements *Wasser* geprägt werden, sowie die Metaphern, deren Bildgegenstände menschliche Organe und Körperteile sind (je rd. 30).

Die vielfältigen *Weg*-Übertragungen enthalten knapp gefaßte Informationen oder Stellungnahmen zu Personen und Gruppen, Institutionen und Sachverhalten:
> [XY] erklärte [...], für den *Weg* in den Bundestag »nicht zur Verfügung zu stehen« [*WZ* 11,1].
> [...] gab es das Ende einer politischen *Laufbahn* zu verzeichnen [*NRZ* 2,5].
> [...] mittels dessen die Gemeinden von finanzpolitischen *Irrwegen* abgehalten werden [*RSR* 7,1].
> [...] kam die Mannschaft auf die *Verliererstraße* [*RSA* 20,6].

Wasser-Metaphern sind nur in den regionalen Blättern und in der *SZ* mehrfach zu finden. Sie vermitteln überwiegend bündige Informationen, zum Beispiel:
> Die Umsatzerlöse *sanken* [...] [*SZ* 17,2],
> Einer der [...] Gegner der *Eingemeindungswelle* [...] [*NRZ* 5,2],
> [...] hemmten den *Spielfluß* [*NRZ* 10,2 u. ä. 13,5],

oder aber sie enthalten Stellungnahmen und sind zum Teil effekt- und affektvoll aufgebläht, zum Beispiel:
> Der Libanon *versinkt im Chaos* [Schlagzeile, *SZ* 5,4-5],
> »*braune Flut*« (»Naziregime«, *SZ* 6,4),
> [...], daß [beim Weihnachtsvorverkauf] die anfängliche *Luxuswelle* offenbar *gebrochen* ist [*NRZ* 8,5].

Überwiegend stellungnehmend – jedoch nicht hyperbolisch pointiert – fungieren die Übertragungen mit menschlichen Organen und Körperteilen als Bildgegenständen. Sie werden vorherrschend in den überregionalen Zeitungen benutzt. Das dominierende Bildsubstrat ist die *Hand*.

Mehrfach wird die Nennung *öffentliche Hand* formelhaft bemüht [so *WZ* 2,3, *FAZ* 11,5, *SZ* 15,5] und für Stellungnahmen ebenso eine redensartlich erscheinende Übertragung:
> Sosehr sich Amerikas Gegner [...] die *Hände* über den Bericht [der Attentatspläne des amerikanischen Geheimdienstes] *reiben* mögen [...] [*FAZ* 10,5 sowie *SZ* 15,5, *RSR* 13,5].

Vereinzelt finden sich auch humorvoll geprägte bildliche Aussagen:
> Bei lausiger Kälte bewiesen die Händler [auf dem Trödelmarkt] eine *goldene Nase* [*WZ* 11,2],
> *Fußballherz*, was willst du noch mehr? [*SZ* 26,4].

Eine letzte Gruppe von Übertragungen aus der »Phänomenologie« der Natur sind die meist indirekten *Tier*metaphern (rd. 20). Sie finden sich fast ausnahmslos in den überregionalen Zeitungen.

Das schon langlebige wirtschafts- und parteipolitische Schlag- und Modewort *Aufschwung* kann als mittelbare Tiermetapher bezeichnet werden, wenn als übertragene Erscheinung das Aufwärtskreisen von Greifvögeln gilt. Paradigmatisch:
> [...] sei es dennoch verfrüht, verläßliche Aussagen über Verlauf und Intensität des erwarteten *Aufschwungs* zu treffen [*FAZ* 11,4/5].

Direkte Tiermetaphern sind:
> *Automarder* [*SZ* 11,3],
> *Bundesligahasen* [= erfahrene Fußballer, *FAZ* 14,5],
> Das *falsche Pferd* [Kommentarüberschrift; = dubioses Engagement der USA in Angola, *WZ* 2,1-2],

indirekte hingegen sind u.a.:
> Katzer warf der SPD vor, sie habe [...] den Jungsozialisten einen *Maulkorb* verordnet [*FAZ* 1,4].

> [...] *entpuppten* sich die Westfalen nach ihrem vorjährigen *Höhenflug* als biedere Durchschnittsmannschaft [Volleyball, *FAZ* 15,1].

Bei dem letzten Zitat ist die disparate Kopplung von zwei Metaphern erwähnenswert.

Unter den Sprachbildern, die Bezugsphänomene und -sachverhalte in Gegenstände menschlichen Schaffens und andersartige Sachverhalte menschlichen Handelns umbenennen, sind sowohl in den Boulevardblättern als auch in der konventionellen Tagespresse die Übertragungen aus dem militärischen Bereich am zahlreichsten (rd. 80). Sie sind fast gleich stark in den Texten zur Politik und zum Zeitgeschehen zu finden, sporadisch in der Sparte Kultur, und dominieren in den Sportteilen. Überwiegend haben sie informierende Funktion und enthalten, sofern sie nicht auf ein Nomen beschränkt sind, textrelevante Aussagen.

Der Terminus *Wahlkampf* [z.B. *FAZ* 1,3] und die mit ihm gebildeten Komposita, u.a. *Wahlkampfthema* [*SZ* 3,2], sind durch ihren beständigen oder zumindest periodischen Gebrauch in den Massenmedien als verblaßte Konkretisierungen zu bezeichnen. Dasselbe gilt in politischen Artikeln auch für satzintegrierte Stereotype, z.B. »*Alarmrufe*«, »*Angriffe richten sich gegen ...*« und »*an der Front ...*« oder »*an zwei Fronten kämpfen*« [*WZ* 1,1, *FAZ* 1,1, *RSR* 2,7].

»Farbiger« und dadurch emotional akzentuiert sind Übertragungen wie diese:
> [Der saudiarabische Erdölminister] Yamani droht mit der *Erdöl-Waffe* [Überschrift, *RSR* 2,5, ähnlich auch *RSA* 2,5].

> Der [Trend] zugunsten der Konservativen [in Australien] ist gewaltig genug, um selbst *Labour-Bastionen* in den Großstädten *auszuplündern*, die bisher als *uneinnehmbar* galten [*SZ* 3,1].

Metaphern aus dem militärischen Bereich werden auch ironisch und satirisch verwendet, zumindest in den überregionalen Zeitungen, so z.B. in folgenden Überschriften:
> Die Jungdemokraten *satteln* ihr *Streitroß*,
> *Gefecht* mit der Heugabel [*SZ* 13,1–2 und 21,1].

Im Gegensatz zu den Militär-Metaphern, die in den Sparten Politik und Zeitgeschehen der Boulevardblätter benutzt werden, sind die in den konventionellen Zeitungen durchgängig keine Leerformeln. Die Übertragungen wirken in Überschriften und innerhalb der Texte lesestimulierend und werden in nachfolgenden Aussagen semantisch gefüllt, oder sie fassen voranstehende Informationen oder Meinungen zusammen.

In den Sportteilen beider Arten der Tagespresse sind die Übertragungen aus dem kriegerisch-militärischen Bereich aussagekräftig, aber meist hyperbolisch geprägt.

Fußball- und Handballspiele apostrophieren die Reporter als *Turnier* und *Duell* [so u.a.: *RSR* 17,6, *WZ* 15,3, *SZ* 23,2; *WZ* 4,5, *SZ* 22,1].

Vor allem die Berichte über Fußballspiele präsentieren übertriebene und zum Teil geradezu gigantisierte Übertragungen, wenn man sie in Relation setzt zu den entsprechenden militärischen Sachverhalten: *Treffer* erfolgen, auch *Führungs-, Gegen-* und *Siegtreffer* [z.B. *RSA* 14 mehrfach, *NRZ* 10,6, *WZ* 16,5]; *Angriffe* werden *abgefangen* und *entschärft* [*RSR* 15,5]; sogar die Nennung *Offensive* wird benutzt, in speziellerer Aussage auch *Dauer-* und *Schlußoffensive* [u.a. *RSA* 14,6, 15,1, 15,3].

Wiederum muß – wie schon bei der Untersuchung der Metaphorik in den Boulevardblättern – auch hinsichtlich der konventionellen Tagespresse betont werden, daß militärische Übertragungen in den Sparten Politik und Zeitgeschehen weder Ausdruck einer politisch-militanten

Einstellung der Journalisten sind noch bedingt sein können von der angenommenen Härte und Heftigkeit der Auseinandersetzung politischer und gesellschaftlicher Gruppen[16]. Für die Darstellung politischer und gesellschaftlicher Sachverhalte – die bestimmt sind durch Kontroversen von Gruppen und Institutionen und ihrem Willen, sich durchzusetzen – bietet sich archetypisch und zugleich stereotyp die Militärmetaphorik als Analogieebene an. Das gilt ebenso für die Sportberichterstattung. Sie verwendet im Bezugsrahmen der Sportsprache die militärischen Übertragungen, durch deren Analogie sie besonders die Mannschaftsspiele als Kampfspiele beschreiben kann.

Daß jedoch zahlreiche Metaphern in den genannten Sparten aus sprachlicher Bequemlichkeit und Selbstgefälligkeit oder als besonderer Leseanreiz benutzt werden, wodurch die Sprache der Zeitungen punktuell affektiv aufgeschwellt wird, erweisen einige Zitate.

Die nachfolgende umfangreichste Gruppe kann man als »Bauwerk«-Übertragungen etikettieren (rd. 40). Sie haben meist informierende Funktion und finden sich überwiegend in Texten zur Politik.

Mehrfache Bildgegenstände sind *Fundament* und synonym *Basis* sowie bedeutungsähnlich *Plattform*, *Grund-* und *Eckstein*:

    [Die CDU/CSU] biete ein ausreichend starkes *Fundament* für den Bundestagswahlsieg [*RSA* 2,3].

    [Franco] ist der *Eckstein*, ohne den man unmöglich den Schlüssel zu unserem heutigen politischen Leben findet [Carlos I., *RSR* 3,6].

Auch Gebäudeteile werden in traditioneller Weise für metaphorische Aussagen benutzt:

    Tag/Woche der *offenen Tür* [*RSA* 26,1, *WZ* 13,5–6],

    Der Vorwärts, seit 1876 Organ der SPD, [...] steht an der *Schwelle* zum Jubiläum vor einer Krise [*SZ* 3,3].

Ein stereotypes Bildobjekt ist weiterhin das Substantiv *Brücke*, ihm analog das Verb *überbrükken*. Als Beispiel:

    Der Vorsitzende des 40. Internationalen PEN-Kongresses bemühte sich [...] um einen Ausgleich, damit [...] die *Brücken* nicht [...] abgebrochen würden [*FAZ* 17,5].

Aufgrund der Sitzordnung von Parteien in Parlamenten – die konservativen »rechts«, die sozialistischen »links« – sind diese Raumlagebezeichnungen seit langem zu metaphorischen Stereotypen und Kürzeln avanciert sowohl (vor allem) für politische und gesellschaftspolitische Zuordnungen – hierzulande und jenseits der Grenzen – als auch für die Fixierung von konservativen und nichtkonservativen Mitgliedern und Gruppierungen innerhalb von Parteien.

Den Journalisten sind diese Kürzel zur bündigen, meist informativen Kennzeichnung von Gruppen von Personen willkommen; sie finden sich vor allem in den überregionalen Zeitungen (über 30).

Die Lagebezeichnungen werden adjektivisch, substantivisch und zudem in Komposita verwendet, wobei die »links«-Nennungen überwiegen:

    rechtsextreme Politiker [in Spanien, *FAZ* 1,3],

    Rechtsradikale [in Chile, *FAZ* 3,3],

---

[16] Die erste Ansicht hinsichtlich der *Bild-Zeitung* wird vertreten von Ekkehart Mittelberg, *Wortschatz und Syntax der Bild-Zeitung*. (= Marburger Beiträge zur Germanistik, 19.) Marburg: Elwert 1967, S. 132, die andere Ansicht äußert Wolfgang Butzlaff, *Sprachbetrachtung und Sprachkritik mit Hilfe der Zeitung*; in: Der Deutschunterricht, 21 (1969), H. 4, S. 33.

rechter Parteiflügel [der CDU, *NRZ* 2,4];
linksgerichtete Militärs [in Portugal, *RSA* 2,2],
Linkslastigkeit [der FDP, *SZ* 1,2],
linke christliche *Demokraten* [*RSA* 3,5].

Zwei weitere, fast gleich große Gruppen bilden die Metaphern, deren Bildhaftigkeit dem Karten- und vornehmlich dem Schachspiel sowie der Technik entstammt (je rd. 35). Die Übertragungen finden sich meist in der Sportsparte, jedoch auch in Kolumnen zur Politik und zum Zeitgeschehen. Diese haben überwiegend eine stellungnehmende, jene eine informierende Funktion.

Häufig benennen Sportreporter mit dem Wort *Partie* – auch mit attributivem Adjektiv – Fußball-, Handball- und Eishockeyspiele [u.a. *RSA* 20,6, *RSR* 15,5, *NRZ* 9,6, *WZ* 5,2, *FAZ* 14,6, *SZ* 26,1]. Stellungnehmende Ausfaltungen dieser Metapher oder anderer Übertragungen aus dem Schachspiel in anderen Sparten sind selten zu ermitteln. Ein Beispiel und ein weiteres für die Kartenspiel-Metaphern:

Moynihans *Schachzug* [Rücktrittsgesuch des amerikanischen UN-Botschafters] war denn auch als Signal an Ford gedacht [*FAZ* 5,2].

Hektik war *Trumpf* [Handballspiel, *RSA* 20,6].

Die Übertragungen aus der Technik sind sowohl durch direkte als auch indirekte metaphorische Prozesse gekennzeichnet. Wenn es in einem Text zum Zeitgeschehen heißt:

Die Unzufriedenheit der Eltern soll nun ein *Ventil* finden [*WZ* 7,3],

dann wird die metaphorische Aussage bedingt durch die direkte metaphorische Nennung des Bestandteils eines (nicht genannten) Apparats. Wird in einem anderen Zusammenhang fixiert:

Die *Ankopplung* [der »Gemeinsamen Synode der Bistümer in der Bundesrepublik Deutschland«] an die Diözesen und Gemeinden fehlte [*FAZ* 1,5],

so vollzieht sich die Metaphorisierung indirekt: Die Analogie ist in der *Ankopplung* irgendwelcher »Fahrzeuge« zu sehen. Noch ein gleichartiges Exempel aus einem Sportbericht:

Beim [XY] gab es [...] im Mittelfeld fast nur *Leerlauf* [*RSR* 17,3].

Hingegen ist die Bezeichnung *Motor* oder *Angriffsmotor* für einen erfolgreichen Mannschaftsspieler wieder eine direkte »technische« Metaphorisierung [*RSR* 15,1, *WZ* 5,5].

Daß Anstrengungen und Leistungen von Sportlern vor allem durch eine unmittelbare »technische« Übertragung sachverhaltsinadäquat »mechanisiert« und damit entpersönlicht werden, liegt auf der Hand[17]. In den konventionellen Tageszeitungen ist diese Art der Kennzeichnung fast bedeutungslos, sie wäre aber einer von mehreren negativen Aspekten, auf welche die Sportpresse eingehender untersucht werden könnte.

In literarischen Texten hat die direkte Schiffsmetaphorik seit der bekannten Staatsschiff-Allegorie des Horaz (*Carmina* I, 14) Tradition. Die konventionellen Zeitungen präsentieren ausschließlich Übertragungen, deren mittelbares Bildobjekt ein fahrendes oder stilliegendes Schiff ist (rd. 20).

In der Wirtschaftssparte werden die Veränderungen oder die Stabilität von Währungen stereotyp durch die eingliedrige Bezeichnung *Kurs* (auch pluralisch) oder durch Zusammensetzungen fixiert, z.B.:

Für die Rückkehr zu festen *Kursen* ist die Zeit noch nicht reif [*FAZ* 11,1], *Touristenkurs*, *Außenhandelskurs* [*FAZ* 12,1 u. 12,2].

---

[17] Vgl. hierzu auch Siefer, *a.a.O.* (Anm. 15), S. 113.

In gleicher Weise werden indirekt politische und gesellschaftspolitische Sachverhalte metaphorisiert:

Schlüsselpositionen im neuen [spanischen] Kabinett werden Vertretern eines [...] *Reformkurses* anvertraut [NRZ 1,4].

[X] und dessen Freunde sehen sich als Hüter der amerikanischen Verfassung und der darin *verankerten* Freiheiten [FAZ 10,2].

Die klischeehaften Übertragungen sind überwiegend informierend benutzt.

Eine letzte nennenswerte konkretisierende Metapherngruppe ist die mit dem komplexen Bildphänomen *Theater* (rd. 15). Sie enthält meist Stellungnahmen in Artikeln der Sparten Politik, Zeitgeschehen und Sport:

[XY], der [...] in die *Favoritenrolle* für die Bundestagskandidatur schlüpfte [RSR 7,6].

Unter seiner Regie [Eishockeytrainer] haben sich die Niederbayern [...] enorm gesteigert [SZ 26,1].

Das Hochschulrahmengesetz wird als *Trauerspiel* deklariert, die Geiselnahme Beilen (Niederlande) als *Drama*, ebenso ein Judokampf [SZ 2,3, NRZ 5,1–4, SZ 24,4].

Mehr noch als in den untersuchten Boulevardblättern sind die konkretisierenden Metaphern in den konventionellen Tageszeitungen als traditionell zu bezeichnen. Für die unter Zeitdruck schreibenden Journalisten bilden die einschlägigen Metaphernbereiche mit ihren zum Teil archetypischen Gegenständen den Analogiebereich, um Informationen und Stellungnahmen über Situationen und Sachverhalte metaphorisch akzentuiert und dadurch pointiert zu formulieren. In den traditionellen Zeitungen ist jedoch die Bildlichkeit der Texte quantitativ stärker und hinsichtlich der Bildbezirke breiter ausgeprägt als in den Kolumnen der Boulevardpresse. In diesen konnten insgesamt neun Bildfelder ermittelt werden (Berg, Tiere, menschliche Organe/Körperteile, »Star«, Militär, Spiel, Bauwerk, Speisen, Technik). Hinsichtlich der konventionellen Zeitungen sind es dreizehn (die Star- und Speise-Metaphern sind wegen ihrer geringen Anzahl bedeutungslos); hinzu kommen im Vergleich mit der Konkurrenzpresse: Die Flora-, Weg- und Wasser-Metaphern sowie die Übertragungen mit den Bildelementen Schiff und Theater und die »rechts«/»links«-Kürzel (auf die jedoch bei der Untersuchung der Boulevardzeitungen nicht geachtet wurde).

In weitaus größerem Umfange sowie verbal weitgreifender ausgefaltet als die dynamisierenden Metaphern pointieren die konkretisierenden sinnzentrale Aussagen in Texten, vor allem in den Sparten Politik, Zeitgeschehen und Sport. Relativ oft wirken sie – ob bewußt eingesetzt oder nicht – in Schlagzeilen, den Zeilen unter den Überschriften und in den fettgedruckten Informationsvorspannen als besonderer Leseanreiz (über 80mal).

Mehr noch als in den Boulevardblättern sind die Konkretisierungen in den konventionellen Zeitungen als normalsprachlich zu bezeichnen. Vulgäre bildhafte Aussagen lassen sich in der gesamten Tagespresse nicht auffinden. Aus der kleinen Gruppe salopp-umgangssprachlicher Übertragungen, die nur in den Sportteilen zu ermitteln sind, einige »Blüten« (von insgesamt einem guten Dutzend):

Die Münchner haben auch in Köln schon mal sechs *muntere Dinger in den Kasten bekommen* [RSA 14,1].

Man versuchte, *die westdeutsche Betonmauer* [der Kicker von Rot-Weiß Essen] nicht mit cleverem Spiel zu umgehen, sondern mit *der Brechstange zu knacken* [RSR 14,2].

[Der Turner] Eberhard Gienger ist *einsame Spitze* [als Überschrift, SZ 22,2–5].

Ob diese und ähnliche Sprachbilder einer sachlichen Sportberichterstattung abträglich sind, bleibe dahingestellt. Zweifelsfrei negativ jedoch ist anzumerken, daß die

Journalisten in den Artikeln der Sparten Politik, Zeitgeschehen und Sport hin und wieder die konkretisierenden Metaphern (zumeist wohl bewußt) hyperbolisch verwenden (insgesamt über 20). Imponiergehabe ist als Hauptgrund anzunehmen und weniger die Absicht, effektvolle Leseanreize zu bieten. Über die in den Zitaten schon enthaltenen hinaus als Beispiele noch:

> [...] ein Blick zurück in die Gründerjahre und vom Weg der heutigen Lizenzkicker [...] bis ins Fußballoberhaus [NRZ 13,3].

> [...] aber das Gefühl der [...] Verwässerung der Charta [des Internationalen PEN-Clubs], das Wissen, daß sie kaum mehr als ein schönes Papier ist, das [...] mit utopischen Chiffren beschrieben wurde [...] [RSA 5,3].

> Ganze Sturzfluten angestammter Labourstimmen [in Australien] wurden weggeschwemmt ins Lager der Konservativen [SZ 3,1].

Sowohl die wenigen salopp-umgangssprachlichen als auch die hyperbolischen Konkretisierungen fallen wenig ins Gewicht im Vergleich zu der großen Anzahl dieser Übertragungen in den konventionellen Tageszeitungen. Die konkretisierende Metapher erweist sich in ihnen als ein Ausdrucksmittel, um durchgängig ohne affektive Aufschwellung Informationen und Stellungnahmen plastisch, bündig und zugespitzt sowie spontan verstehbar den Lesern vorzutragen.

3. Die personifizierende Metapher

Sie benennt Personen in andere Personen um oder anthropomorphisiert menschliche Eigenschaften, Gefühle und Befindlichkeiten. Weiterhin personifiziert sie Gegenständliches sowie Begriffe und numinose Wesen. Die Anthropomorphisierungen nehmen zahlenmäßig nach den konkretisierenden Übertragungen sowohl in den konventionellen Tageszeitungen als auch in den Boulevardblättern den zweiten Platz ein (626 : 119) und erstellen hinsichtlich der ersteren knapp 30% des gesamten Metaphernbestandes und hinsichtlich der Konkurrenzpresse weniger als ein Fünftel. Über ein Drittel der Personifikationen entfällt auf die Sportseiten der konventionellen Zeitungen.

Die Übertragungen lassen sich in mehrere Gruppen sondern. Eine bilden die zwei- und eingliedrigen Nennungen, die als Nomina – mit und ohne Beifügungen oder Ergänzungen – schlagwortartig Personen kennzeichnen, indem ihnen eine scharf umrissene Funktion oder eine Rolle zugeordnet wird. Das geschieht meistens aus der Perspektive der Journalisten, zum Teil zitieren sie auch Aussagen von Repräsentanten der Öffentlichkeit.

Zuerst einige Beispiele aus Artikeln zur Politik:

> CSU-Chef [...] Strauß meinte [...], Brandt sei zu einem »*Denunzianten*« geworden [RSA 1,5].

> So spiele sich (nach Ansicht Kohls) Friderichs in der Öffentlichkeit als »*Großmeister der sozialen Marktwirtschaft*« auf [FAZ 1,4].

> Bundeskanzler Schmidt wird [in der CDU/CSU] als »*Bremser auf dem Weg zu Europa*« kritisiert [FAZ 2,1].

Im Gegensatz zu diesen und weiteren Übertragungen, die stellungbeziehend und sinnzentrierend in den Texten gehandhabt werden, haben andere in Artikeln der Sparten Politik, Zeitgeschehen und Kultur mehr informativen Habitus und sind zudem auch nicht in gleicher Weise emotional akzentuiert. So u.a.:

> [...] die Beförderung des Palästinenserführers Arafat zum [...] Volkshelden in den Vereinten Nationen [WZ 2,1].

politisierende Revolverhelden [die Terroristen von Beilen/Niederlande] [*WZ* 2,2], einer der »Väter« des Deutschen Gewerkschaftsbundes [Carl Stenger; *RSR* 2,2], der Altmeister des italienischen Films, Roberto Rosselini [*RSR* 12,4], [X u. Y], die »Poeten der internationalen Rockszene« [*WZ* 9,2].

Die Sportreporter der konventionellen Zeitungen verwenden häufig Personifikationen (rd. 180). In beiden Kategorien der Tagespresse wird stereotyp die anerkennende Bezeichnung *Torjäger* für erfolgreiche Fußball-, Handball- und Eishockeyspieler verwandt [z. B.: *RSR* 14,3; 15,6; *WZ* 3,4; 3,1]. Synonym und noch häufiger benutzte Etikettierungen speziell in den konventionellen Zeitungen sind *Torschütze* und *Schütze* [u.a. *RSA* 15,3; *RSR* 17,4; *NRZ* 13,1; *WZ* 16,5; *SZ* 26,4; *NRZ* 9,2; *FAZ* 15,6; *SZ* 27,5]. Eine weitere Anleihe aus dem militärischen Bereich ist die sich nach wie vor wiederholende hyperbolische Würdigung *Bomber* bzw. topographisch expandiert *Bomber der Nation* für den Münchner Meisterschützen Müller [*NRZ* 10,4, *WZ* 3,1–2].

In der gesamten Tagespresse werden auch die Spitzenränge einer überholten gesellschaftlichen Hierarchie als wertende und affektvolle Klischees benutzt. Seit langem wird Beckenbauer als *Kaiser* der Kicker proklamiert [*RSR* 13,3–5] und ist Eberhard Gienger z. Z. *Turn-König* [*NRZ* 12,2–5].

Ebenfalls semantisch aufwertend, wenn auch in geringerem Grade, präsentieren sich die obligaten Personifikationen *Kapitän/Mannschaftskapitän* für den Spielführer eines Vereinsteams [z. B. *RSR* 13,2/3; *WZ* 3,3] und die Übertragungen – meist in bezug auf spielentscheidende Fußballer – *Dirigent* und *Regisseur* [*RSR* 13,3; *NRZ* 10,2; *SZ* 27,1]. Aus dem Bezugsbereich der Bühne steuert die überregionale konventionelle Tagespresse in satirischer Akzentuierung noch die Bezeichnungen *Statisten* und *Primadonnen* bei [*FAZ* 14,5].

Satirisch pointiert werden auch Fußballtrainer durch personifizierende Benennungen aufs Korn genommen:

Marktschreier Merkel hat nichts mehr zu verkaufen [*NRZ* 9,1–2 und 1,6].

Mehr noch als die meisten Trainer schwebt der *Fußballgelehrte* von der Isar in der Gefahr, das muntere Treiben auf dem grünen Rasen mit einem reinen Denkspiel zu verwechseln [*FAZ* 14,5].

Die Personifikationen, die »höhere« soziale Ränge bezeichnen, haben durchgängig eine stellungnehmende und zugleich sinngewichtende Funktion in den Sportkolumnen der konventionellen Zeitungen. Hinsichtlich der Boulevardblätter ist das kaum der Fall. Weiterhin erweisen sich die Personen-Umbenennungen in den ersteren insgesamt differenzierter und wirken durch ihren funktionalen Einsatz stark lesestimulierend.

Völlig überwiegend anthropomorphisieren die Journalisten einerseits öffentliche und andererseits politische Institutionen (insgesamt rd. 370, in den Boulevardblättern rd. 50).

Als Schwerpunkte der Personifikation öffentlicher Institutionen ergeben sich die Bereiche Verwaltung, Polizei, Wirtschaft, Kirche, Presse und Sport. Jeweils ein Beispiel:

Die übergeordneten Verwaltungsinstanzen [...] sehen darauf, daß unsere Kommunen nicht über ihre Verhältnisse leben [*RSA* 7,1].

[...] befreite die [...] britische Polizei [...] ein Ehepaar aus den Händen der Terroristen [*WZ* 2,1].

Das Rheinisch-Westfälische Elektrizitätswerk hat jetzt die Vorwürfe [...] zurückgewiesen [*NRZ* 2,3].

Die katholische und die protestantische Kirche unterstützen [in Österreich] das Volksbegehren gegen die Fristenlösung [*FAZ* 6,3].

[...] nach der [...] Premiere [von Tankred Dorsts »Eiszeit«] veröffentlichte die *SZ* ein kurzes Gespräch [mit dem Autor; *SZ* 8,3].
Holland unterlag [...] gegen Italien [...], behielt aber [...] gegenüber Polen [...] die Nase knapp vorn [*RSR* 16,3].
In dem letzten Zitat sind die Länder, d.h. geographische Gebilde, personifiziert, gemeint jedoch werden institutionell die jeweiligen Nationalmannschaften der Länder. Dem analog werden in den Sportberichten auch Städte anthropomorphisiert, in denen ein Sportverein oder -club und seine Mannschaften ihre Aktivitäten ausüben.

Die zitierten und ebenso alle weiteren Personifikationen von öffentlichen Institutionen umfassen einen ganzen Satz. Sie sind meistens an zentralen Stellen der Texte aufzufinden und oft auch besonders leseanreizend als Schlagzeilen formuliert. Diese in allen Massenmedien gebräuchlichen Metaphern informieren inhaltlich resümierend und sprachlich bündig über mehr oder weniger komplexe Situationen und Sachverhalte. Die Aussagen werden nicht abstrakt vorgebracht, sondern so, daß Aktionen und Reaktionen öffentlicher Institutionen dargestellt werden, indem ihren Bezeichnungen menschliche Verhaltensweisen zugeordnet sind. Die Personifikationen haben die Funktion der sprachlichen Raffung und erweisen sich als ein Ausdrucksmittel sprachlicher Ökonomie.

Enthalten die Übertragungen – weil sie Fazit-, Resümeeformeln präsentieren – nicht genügend differenzierte Information (alle angeführten Belege bis auf den letzten), so sind sie entweder vorangestellt oder nachgeordnet. Dies gilt für beide Arten der Tagespresse.

Sie unterscheiden sich jedoch einschneidend in der Personifizierung politischer Institutionen und ebenso von Territorien, mit denen gleichfalls politische Institutionen angezielt sind.

Als Zentren der Personifikationen ließen sich in den konventionellen Zeitungen ermitteln: politische Parteien im In- und Ausland, Regierungen – in gleicher Weise gestaffelt und zudem auch multinational fixiert –, Botschaften nationaler Regierungen sowie übernationale Institutionen. Als Beispiele:

Berliner SPD übt Selbstkritik [Schlagzeile; *NRZ* 2,3].

FDP sieht Union in Verlegenheit [headline; *SZ* 2,2].

Die Idee einer Erdgas-Sondersteuer *verfolgt die Bundesregierung* [...] nicht mehr [*FAZ* 2,1].

Genscher: Jetzt ist *Moskau am Zuge* [Schlagzeile; *NRZ* 1,5–6 und *WZ* 2,5; *SZ* 2,1–2].

Die arabischen Länder wünschen [...] Mithilfe der Europäischen Gemeinschaft beim Ausbau ihrer Wirtschaft [*RSA* 4,6].

Die deutsche und britische Botschaft haben ihren Appell an die ihrem Schutz unterstehenden Landsleute [im Libanon] erneuert [Informationsvorspann; *NRZ* 1,5–6].

UNO verlangt Beschleunigung der SALT-Verhandlungen [Überschrift; *SZ* 2,3].

[...] *wollen die Mitgliedsländer* der Arabischen Liga [...] als Exporteure *auftreten* [*RSA* 4,6].

Die Vielzahl dieser Personifikationen in den konventionellen Zeitungen gegenüber ihrer äußerst geringen Zahl in den Boulevardblättern [rd. 230:30] resultiert sowohl aus redaktionellen Fakten als auch aus der Schreibweise der Journalisten. Die erstgenannten Zeitungen legen ihr Schwergewicht auf die Sparte Politik und bieten den Lesern weitaus mehr Artikel zu politischen Sachverhalten als die auf aktuelle Sensationen spezialisierte Boulevardpresse. Zudem sind die Texte der konventionellen Zeitungen breiter ausgefaltet, wodurch sich nicht nur die Quantität der Informationen und Meinungen erhöht, sondern gleichfalls die der Metaphern und speziell der Personifikationen.

Wie die Übertragungen der öffentlichen Institutionen dienen auch die der politischen den Schreibern zur knappen formelhaften Aussage der verschiedenartigsten politischen Inhalte. Der gravierende Unterschied aber in der Handhabe der metaphorisierten politischen Institutionen in den beiden Kategorien der Tagespresse besteht darin: Die Personifikationen in den konventionellen Zeitungen werden als informierende und stellungnehmende Fazit- und Resümeeformeln durchgängig mit vor- oder nachgeordneten Aussagen gefüllt und verständlich gemacht. Das geschieht hinsichtlich der entsprechenden Übertragungen in den »Zwergtexten« der Boulevardblätter meist zu summarisch.

Eine generelle Gefahr der sprachlichen Raffung durch die Personifikation von öffentlichen und politischen Institutionen sowie Territorien, insofern sie ebenfalls Institutionen meinen, besteht darin, daß deren faktische Komplexität auf eine Summationsformel reduziert wird – z.B. *FDP sieht Union in Verlegenheit* –, und weiterhin darin, daß die für den betreffenden Sachverhalt zuständige, verantwortliche Teilinstitution summarisch die Gesamtinstitution repräsentiert – z.B.: *Jetzt ist Moskau am Zuge* = die gesamte Regierung der Sowjetunion anstatt des Außenministeriums. Diese Gefahr der inhaltlichen Verkürzung und Vereinfachung wird in den konventionellen Zeitungen durch den Kontext der Personifikationen weitgehend ausgeglichen, weil in ihm detaillierte Aussagen und Angaben über die entsprechenden Teilinstitutionen erfolgen.

Die Anthropomorphisierungen von Ländern und Städten als topographische Phänomene, der *Welt* als Summationsformel mit der Bedeutung ›überall auf der Erde‹ sowie die Personifizierungen von Begriffen und numinosen Wesen sind in beiden Arten der Tagespresse selten aufzufinden (insgesamt rd. 25: rd. 35 in den Boulevardblättern).

Zur Verdeutlichung sei zu jeder Gruppe ein Beispiel angeführt:

Spanien wartet nun mit Spannung [...; *RSR* 3,4–6].
Die Welt atmet auf [*WZ* 9,2–3].
Nur *die Geschichte wird* darüber *entscheiden* [...; *FAZ* 10,2].
Die Glücksgöttin Fortuna war mit den Gästen im Bunde [...; *WZ* 16,4].

Alle Personifikationen sind normalsprachlich geprägt. Sie werden völlig überwiegend zur Sinngewichtung in den Texten verwandt und vorherrschend für Informationen benutzt. In der Sparte Politik sind sie z.T. emotional aufgeladen, in den Artikeln zum Sport erweisen sie sich teilweise zudem als semantisch aufwertend und hyperbolisch fixiert. Die Personifikationen öffentlicher und politischer Institutionen verkürzen und simplifizieren nicht im Zusammenhang mit ihrem Kontext die durch sie formulierten Informationen und Stellungnahmen. Die personifizierende Metapher in den konventionellen Zeitungen ist hinsichtlich der Journalisten absolut überwiegend ein Stilmittel für anschauliche, knapp umrissene und eingängige Aussagen und ist in bezug auf die Leser vorherrschend ein Ausdruckselement, das Fakten und Meinungen sachlich übermittelt, häufig in lesemotivierender Weise.

4. Die sensorische Metapher

Die Sensorierungen übertragen Sinnesreize als subjektiv wahrnehmbare Merkmale von dinghaften Phänomenen auf andere Gegenstände sowie Begriffe und Personen. Zu unterscheiden sind Tast- und Temperaturmetaphern, Geschmacks-, Helligkeits- und Farbübertragungen. Sie sind gebunden an Adjektive und ihre Substantivierungen, selten an Verben, Partizipien und Nomen.

Wie die Dynamisierungen in den konventionellen Tageszeitungen, so ergeben auch die sensorischen Metaphern im Vergleich zu den dominierenden Kategorien eine weitaus geringere Anzahl (zusammen 233, in den Boulevardblättern 79), die knapp 11% des Gesamtbestandes ausmacht. Jeweils ein Drittel der Übertragungen enthalten die Texte der Sparten Politik und Sport.

Die Helligkeitsangabe *glänzend* und der aussagegleiche verbale und nominale Gebrauch *glänzen* und *Glanz* – auch in Zusammensetzungen – werden fast nur in der Sportberichterstattung verwandt (rd. ein Dutzend).

Vor allem Fußball-*Turniere* präsentieren Spieler, die
glänzend zum Zuge kommen [RSA 17,2],
in glänzender Form [SZ 27,2] sind und
glänzende Szenen [WZ 15,4] mit
Glanztaten [SZ 28,1] krönen, z. B. mit
einem *Glanztor* [RSA 17,1].

Diese metaphorischen Nennungen sind wie in den Boulevardblättern zugleich emotionale und stereotype Wertungen aus der Perspektive der Reporter.

Abgedroschener erweist sich, verstreut auf alle Sparten, die Verwendung der gegensätzlichen Temperaturmetaphern *heiß* und *(eis)kalt* (ebenfalls rd. ein Dutzend), z. B.:
heißer Wahlkampf [SZ 3,3],
heiße Musik [RSA 23,3];
eiskalt ausnutzen [NRZ 9,3].

Den Zentralbereich der Sensorierungen bilden wie in den Boulevardblättern die Tastmetaphern (rd. 90: rd. 40). Es sind die Adjektive *scharf* und *hart* sowie die semantischen Oppositionen *schwer* und *leicht*, die ebenfalls als Tastübertragungen klassifiziert werden können.

Mit dem attributiv oder adverbial eingesetzten Adjektiv *scharf* kennzeichnen die Journalisten fast ausnahmslos in Artikeln zur Politik und zum Zeitgeschehen die öffentlich gewordenen konträren Auffassungen oder Verhaltensweisen von Personen und Institutionen.

Die amerikanische Verwicklung in [...] Angola hat [...] *zu scharfen Auseinandersetzungen innerhalb der Regierung* Ford–Kissinger [...] geführt [WZ 2,1].
[...] hatte es einen [...] *scharfen Schriftwechsel* zwischen Class (dem Ratsvorsitzenden der EKD) und Bischof Gatu gegeben, dem Vorsitzenden der Afrikanischen Kirchenkonferenz [FAZ 4,2].
Auf [der bildungspolitischen Tagung der FDP] *griff* Bundesinnenminister Maihofer das [...] Hochschulrahmengesetz *scharf an* [NRZ 1,1].

Das fast nur beifügend benutzte Adjektiv *schwer* wird zur geläufigen, schablonenhaften Angabe von Verletzungen bei Unfällen bemüht, die gegensätzliche Aussage kaum einmal.

Beide Nennungen gebrauchen die Sportreporter, um mehr oder weniger komplexe Sachverhalte fazithaft zu etikettieren:

[Dann] beginnen [für eine abstiegsbedrohte Fußballmannschaft] die *schweren Winterspiele* [NRZ 5,3];
und: das Gegnerteam ist
leicht feldüberlegen [RSR 17,1],
schwer zu überwinden [WZ 15,4].

In Kolumnen zu politischen Ereignissen und Auseinandersetzungen wird die Bewertung *hart* meist in gleicher Bedeutung wie *scharf* verwendet, z. B.:
hart kritisieren,
harter Wahlkampf [NRZ 2,6 und 3,1],
harte Debatte [RSA 8,4].

In der Sportsparte bezeichnen das Attribut *hart* und das entsprechende Substantiv sowohl die von den Berichterstattern abgelehnte rüde Spielweise von Mannschaften als auch ihren bejahten kämpferischen Einsatz; der jeweilige Aspekt ist durch den Kontext erkennbar:

[...] übermütig geworden [...], brachten die Garmischer *eine überharte Note* ins Spiel [Eishockey; RSA 17,4/5].

Viele *Härten* auf beiden Seiten hemmten den Spielfluß erheblich [Fußball; NRZ 10,2].

Der [XYZ] hatte [...] Mühe *mit dem harten* [...] *Gegner* [Handball; RSR 13,5].

Stereotype Geschmacksübertragungen (z.B. *bitter*) benutzen die Schreiber kaum.

Farbmetaphern finden sich häufiger (insgesamt rd. 25).

Schwarz und *rot* werden als Emblemfarben politischer Parteien metaphorisch einige Male zur kürzelhaften Kennzeichnung von Verwaltungsbehörden benutzt, so:

Bologna, die *rote Musterstadt*,

die »*schwarze*« *Provinz* Treviso [SZ 4,1 und 4,2].

In gleicher Weise bezeichnen in Texten zum Sport die Emblemfarben von Vereinen deren Mannschaften auf dem Spielfeld, u.a.:

die *Blau-Weißen* [RSA 19,1; RSR 17,1; WZ 15,2],

die *Blau-Roten* [NRZ 13,4].

Weitere Farbübertragungen (z.B. *graue Vorzeit, schwarzer Markt*) besitzen keine besondere Bedeutung.

Bis auf die umgangssprachlichen Nennungen *schwer* und *leicht* und die sporadischen redensartlichen Angaben *rot-* und *schwarzsehen* erweisen sich die anderen als normalsprachlich.

Die Sensorierungen haben – mit Ausnahme der durch Emblemfarben bestimmten Farbübertragungen in Artikeln zum Sport – die Funktion, Aussagen jeweils punktuell wertend zuzuspitzen und die Bedeutung des Mitgeteilten für die Leser herauszustellen.

Wie in den Boulevardblättern werden auch in der Konkurrenzpresse die Helligkeits-, Temperatur- und Geschmacksübertragungen emotional und stereotyp gehandhabt. Damit stellen sie ein weiteres Indiz für den wenn auch geringfügig emotional eingefärbten Stil der konventionellen Tageszeitungen dar. Die Sensorierungen der übrigen Gruppen hingegen präsentieren sich als situations- und sachverhaltsangemessen.

5. *Tabelle zum Metaphernbestand*
und Schlußbemerkungen zur Metaphorik in der konventionellen Tagespresse

Text	RSA 11,5	RSR 9	NRZ 8,75	WZ 8,5	FAZ 11,75	SZ 13,5	= 63
dyn. Met.	44 (32)	65 (35)	19 (11)	17 (10)	58 (8)	36 (13)	= 239 = 11,2% (109)
konkr. Met.	123 (63)	153 (68)	113 (53)	127 (69)	217 (30)	309 (87)	= 1042 = 48,7% (370)
pers. Met.	56 (17)	93 (32)	78 (31)	83 (38)	117 (14)	199 (48)	= 626 = 29,3% (180)
sens. Met.	35 (18)	36 (6)	39 (15)	28 (14)	35 (9)	60 (15)	= 233 = 10,9% (77)

Anzahl der Metaph.	258 (130)	347 (141)	249 (110)	255 (131)	427 (61)	604 (163)	=2140=100% (736)
je Seite	22,4	38,6	28,5	30,0	36,3	44,7	= 34 im Durchschnitt

Fast die Hälfte der Übertragungen sind konkretisierende Sprachbilder, knapp ein Drittel bilden die Personifikationen. Ihre Dominanz resultiert daraus, daß diese Metaphern in satzumspannender Form Aussagen fixieren können.

In der Relation zu den Textseiten weisen die konventionellen Tageszeitungen eine sehr unterschiedliche Metaphorisierung auf. Die Spanne reicht von 22,4 Übertragungen im *Rhein-Sieg Anzeiger* bis zur doppelten Anzahl in der *Süddeutschen Zeitung*. Die gravierende Divergenz bezeugt eine verschiedenartige Verwendung der Metapher als Ausdrucksmittel: Sparsamer und intensiver Gebrauch läßt sich erkennen. Es ist jedoch nicht anzunehmen, daß die jeweilige Handhabe absichtlich erfolgt.

Als durchschnittliche Menge wurden für die untersuchten Zeitungen 34 Übertragungen je Seite ermittelt. Dies übersteigt den Mittelwert in den analysierten Boulevardblättern um mehr als das Doppelte. Die Gründe sind primär redaktionell bestimmt. Die konventionellen Zeitungen, vor allem die überregionalen betonen die Sparte Politik und übermitteln weitaus mehr Informationen und Meinungen als die Konkurrenzpresse. Das gilt in ähnlicher Weise auch für die anderen Sparten. Außerdem sind die Texte in bezug auf alle publizistischen Formen in der konventionellen Tagespresse ausgeweiteter, was wiederum zur vermehrten Verwendung von Übertragungen geradezu herausfordert. Hierdurch ist auch im Vergleich zu den Boulevardblättern die differenziertere Ausfaltung der Metaphorik hinsichtlich ihrer Übertragungsphänomene und -bereiche bedingt.

Mehr noch als in der Boulevardpresse sind die Metaphern in den konventionellen Zeitungen völlig überwiegend der normalsprachlichen Stilschicht zuzurechnen. Die im Verhältnis zum Gesamtbestand wenigen umgangssprachlich und salopp geprägten Übertragungen finden sich fast ausschließlich in Texten der Sportsparte. In ihr ist zudem das Zentrum der Metaphorisierung zu erkennen. Sie liefert über ein Drittel der Übertragungen (rd. 35%, alle in der Tabelle eingeklammerten Zahlen beziehen sich auf sie). Aber mit nur geringem Abstand folgt die Sparte Politik, sie weist rd. 30% des Gesamtbestandes auf.

Die Metaphern können hinsichtlich ihrer bedeutsamen Anzahl in den konventionellen Tageszeitungen als deren hervorstechendstes Ausdrucksmittel bezeichnet werden. Sie mobilisieren ihre Sprache und prägen sie anschaulich. Damit erweisen sie sich als ein Stilmerkmal, das der Tendenz der Abstraktion in der Öffentlichkeitssprache entgegenwirkt und lesemotivierend auf die Leser einwirkt. Letzteres wird vor allem erzielt durch die häufige Plazierung von Übertragungen in Schlagzeilen, headlines und fettgedruckten Vorspannsätzen (insgesamt rd. 9% der Metaphern).

Die in den konventionellen Tageszeitungen bedeutsamsten Übertragungsarten – die Konkretisierungen und Personifikationen –, aber auch die Dynamisierungen haben vor allem in den Hauptsparten Politik, Zeitgeschehen und Sport die positiven Funktionen, zentrale Textaussagen zu markieren und sie zugleich bildhaft, bündig und spontan verstehbar zu fixieren. Die sensorischen Metaphern hingegen pointieren durchgängig Aussagen, die keine textzentrale Bedeutung haben.

Negativ herauszustellen sind in den untersuchten Zeitungen: die z. T. emotional überzogenen Dynamisierungen in den Kolumnen zum Sport und die ebenfalls teilweise hyperbolische Verwendung von Konkretisierungen und Personifikationen in den vorstehend erwähnten Hauptsparten. Nur in diesem, im Vergleich zu dem gesamten Metaphernbestand geringfügigen, Gebrauch ist eine Parallele zu erkennen zu der häufig massiven Emotionalisierung von Texten, welche die Übertragungen in den Boulevardblättern bewirken. In ihnen geschieht dies vor allem im Hinblick auf speziell anzusprechende Leserschichten; in den konventionellen Zeitungen erzielt vordringlich die Selbstgefälligkeit und das Imponiergehabe einzelner Journalisten den negativen Effekt.

Im Gegensatz zu der z. T. affektiv aufgeblähten und vor allem leerformelhaften Verwendung der Metaphern in den Boulevardblättern erweisen sich die Übertragungen in der Konkurrenzpresse durchgängig als ein Ausdrucksmittel, das situations- und sachverhaltsangemessen Informationen und Stellungnahmen übermittelt und somit die Leser zur Meinungs- und Willensbildung anregen kann. Hierdurch zeigen sich die Metaphern als bedeutsames Merkmal und Element des Nachrichten- und Meinungsstils und sind ein gewichtiges Indiz für die konventionellen Tageszeitungen, die öffentliche Aufgabe der Presse beständig realisieren zu wollen.

Zur Idiomatik der konventionellen Tagespresse

Von HARALD REGER

Die konventionelle Tagespresse etablierte sich in der Mitte des vorigen Jahrhunderts zuerst in amerikanischen und später in europäischen Großstädten.[1] Ökonomisch war ihre vehemente Entwicklung bedingt durch die progressive kapitalistische Industrialisierung, die zur Ausweitung schon bestehender und zur Entstehung neuer Ballungsräume führte; außerdem war ihre Ausbreitung von dem Bemühen der Verlage bestimmt, alle Bevölkerungsschichten für die Tagespresse zu interessieren, ohne Rücksicht auf politische und weltanschauliche Einstellungen der Leser. Die Erfindung der Rotations- und Setzmaschine und die Verbesserung des Nachrichtenwesens durch die Verwendung von Telegraf und Telefon begünstigten die Ausbreitung der Massenpresse.

Die Funktion der konventionellen Tagespresse bestand und besteht darin, daß sie – aufgrund eines formalen Demokratieverständnisses – die Konsumenten beständig über aktuell wichtige Angelegenheiten von öffentlichem Interesse informieren und stellungnehmend aufklären will, und zwar in einem Ausmaß, das alle bedeutsamen menschlichen Lebensbereiche umgreift. Hierdurch wird die Tagespresse kontinuierlich zum Spiegel der vielschichtigen Öffentlichkeit. Damit übernimmt sie ihre öffentliche, verfassungsrechtlich legitimierte Aufgabe, meinungsbildend auf die Leserschaft einzuwirken. Zugleich aber sind die konventionellen Tageszeitungen Unternehmen, die miteinander konkurrieren und in ihrem Fortbestand auf den Vertrieb von privaten Anzeigen und vor allem von Wirtschaftswerbung angewiesen sind.[2] Diese ökonomischen Gegebenheiten lassen die Tagespresse anfällig werden: sowohl für die Interessen und den Geschmack einer jeweils mehr oder weniger angezielten Leserschaft, für die Zwecke werbungtreibender Unternehmen als auch für die Absichten politischer und gesellschaftlicher Institutionen und Gruppen.

Vor allem im Hinblick auf bestimmte Leserschichten muß der Hauptgrund gesehen werden, daß sich neben der konventionellen Tagespresse die Boulevardpresse ausbreitete. Jene unterscheidet sich von dieser durch eine strenge Aufteilung in Sparten, durch weitaus mehr Informationsübermittlung und Kommentierung, durch eine nicht sensationelle Aufmachung, durch einen weitaus geringeren Aufwand für »human interest stories« und die Bereiche »sex« und »crime«, auch differieren sie in der Sprachverwendung.

Eine umfassende Untersuchung der Sprache der konventionellen Tagespresse ist noch ein Desiderat, ebenso eine Analyse der für sie, aber auch für die gesamte Pressesprache

---

[1] Der Terminus »konventionelle Tagespresse« wird als Gegensatzbegriff zur nicht-konventionellen Tagespresse, d.h. der »Boulevardpresse« verwendet.
[2] Vgl. Kurt Koszyk/Karl Hugo Pruys (Hgg.), *Wörterbuch der Publizistik;* München: Deutscher Taschenbuchverlag ²1970, S. 263 (*Öffentliche Aufgabe*), S. 279f. (*Pressefreiheit*), S. 281ff. (*Pressegeschichte*), S. 287f. (*Presserecht*), S. 393 (*Zeitung*). –
Frank Böckelmann, *Theorie der Massenkommunikation;* Frankfurt am Main: Suhrkamp 1975 (= edition suhrkamp, 658), S. 34–36.
Dieter Baacke, *Mediendidaktik als Kommunikationsdidaktik;* in: Baacke (Hg.), *Mediendidaktische Modelle: Zeitung und Zeitschrift;* München: Juventa 1973, S. 8f., 27f.

bedeutsamen Einheiten, die in der Linguistik synonym als idiomatisch, phraseologisch oder gebunden, fest und stehend fixiert werden.[3]

Die folgenden Ausführungen zielen hinsichtlich des zuletzt genannten Tatbestandes zwei für die Tageszeitungen relevante Idiomarten an: die allgemeinen und die sprichwörtlichen Redensarten.

Die Phraseologismen werden zunächst auf ihre Herkunftsbezirke und dann als Ausdrucksmittel auf ihre Funktionen hin befragt:
Was bewirken sie hinsichtlich der Sprache der Zeitungen;
wie und warum verwenden die Journalisten sie;
wie können sie auf die Leser einwirken?

Weiterhin sollen die Ergebnisse mit denen verglichen werden, die sich bei der Analyse der gleichen Idiomarten in der Boulevardpresse einstellten.[4] Die Untersuchung intendiert zudem, einen Beitrag zu leisten zum Thema »Phraseologie als Aufgabe der Sprachdidaktik«[5].

Für die Aufschlüsse wurden Montagsausgaben von je zwei lokalen, regionalen und überregionalen Zeitungen herangezogen:

Rhein-Sieg-Anzeiger; Köln: DuMont Schauberg *(RSA)*[6], *Rhein-Sieg Rundschau;* Köln: Heinen Verlag *(RSR)*, beide 24.11.1975; *Neue Rhein Zeitung*, Essen-Düsseldorf: Rheinisch-Westfälische Verlagsgesellschaft *(NRZ)*, *Westdeutsche Zeitung;* Düsseldorf: Girardet *(WZ)*, beide 15.12.1975; *Frankfurter Allgemeine Zeitung für Deutschland*, Frankfurt am Main: Frankfurter Allgemeine Zeitung GmbH *(FAZ)*, 24.11.1975; *Süddeutsche Zeitung;* München: Süddeutscher Verlag *(SZ)*, 15.12.1975.

Die Idiome bilden einen komplexen Bereich der Sprache. Es sind Verbindungen von zwei oder mehreren bedeutungstragenden sprachlichen Elementen, deren Abfolge beim Sprechen oder Schreiben nicht »aus den einzelnen Wörtern mit Hilfe der Kombinationsregeln hergestellt, sondern als ganze reproduziert«[7] wird. Für die zu analysierenden Idiomkategorien ist zudem kennzeichnend, daß die Gesamtbedeutung einer Redensart nicht aus der lexikalischen Bedeutung ihrer Teile erschlossen werden kann. Das gilt ebenso für metaphorisch geformte Phraseologismen der Idiomarten Sprichwort, Zwillingsformel (z. B. *Kind und Kegel*) und für Zitate aus literarischen und philosophischen Werken. Hierdurch unterscheiden sich die soeben genannten Idiomarten und -untergruppen von den nicht-metaphorisch geprägten Phraseologismen der angeführten und noch zu nennenden Kategorien. Nach der Typolo-

---

[3] Vgl. *Lexikon der Germanistischen Linguistik*, hg. von H. D. Althaus u.a.; Tübingen: Niemeyer 1973, 1. Bd., S. 176; Harald Burger, *Idiomatik des Deutschen;* Tübingen: Niemeyer 1973 (= *Germanistische Arbeitshefte*, 16), S. 1. – Differenzierte Kritik an dem Artikel Burgers leistet Karlheinz Daniels, *Neue Aspekte zum Thema Phraseologie in der gegenwärtigen Sprachforschung;* in: *Muttersprache*, LXXXVI (1976), S. 283–287.

[4] Vgl. H. Reger, *Zur Idiomatik der Boulevardpresse;* in: Muttersprache, LXXXIV (1974), S. 230–239. – Wie die Boulevardzeitungen, so sollten auch die konventionellen Zeitungen auf die Funktionen der dort auffindbaren Sprichwörter hin untersucht werden. Die Ausgaben wurden jedoch vergeblich durchmustert. Dies muß als Zufall gewertet werden.

[5] Vgl. Karlheinz Daniels; in: U. Engel/H. Schumacher (Hgg.). *Linguistik. Beschreibung der Gegenwartssprachen*, Bd. 4 (= *Kongreßbericht der 6. Jahrestagung der Gesellschaft für Angewandte Linguistik*); Heidelberg: Groos 1975, S. 92–99.

[6] Diese Abkürzungen werden für die folgenden Textbelege verwendet. Die jeweils beigefügte Zahl vor dem Komma bezeichnet die Seite, die nach dem Komma die Kolumne.

[7] H. Burger, *a.a.O.* (Anm. 3), S. 2.

gie, welche die Duden-Grammatik und die »Idiomatik des Deutschen« von Harald Burger zugrunde legen, sind dies:
- die Gemeinplätze (*zu meinem größten Bedauern*),
- die stereotypen Vergleiche (*weiß wie Schnee*),
- die festen Verbindungen (*erfolgreich sein*), die z.T. Streckformen von Verben sind (*Bericht erstatten*).[8]

Die allgemeinen und sprichwörtlichen Redensarten präsentieren mit Ausnahme weniger festgefügter Sätze (wie: *Haste Töne?*) ein Glied oder den Kernteil eines Satzes, wobei die Reihenfolge ihrer satzintregierten Wörter variabel ist (*Wir wollen dir die Daumen drücken / Drück mir die Daumen!*). Die Redewendungen sind meist metaphorisiert. Ihre Bedeutungen sind Sprechern und Hörern unmittelbar geläufig, weil die Wendungen durch beständigen situationsgebundenen Gebrauch tradiert und gelernt wurden. Der Unterschied zwischen den allgemeinen und den sprichwörtlichen Redensarten besteht darin, daß bei ersteren ihre ursprüngliche Bedeutung und auch ihre Herkunft meist spontan einsehbar sind. Zu den sprichwörtlichen Wendungen zählen jene, deren ursprüngliche Bedeutung und deren Herkunft nicht unmittelbar offenkundig werden.[9] Bezogen auf das sprachliche Wissen der einzelnen, bleibt somit die Abgrenzung zwischen beiden Arten fließend.

In den untersuchten Zeitungen finden sich allgemeine Redensarten weitaus häufiger als sprichwörtliche (rd. 210: rd. 50). Setzt man die Anzahl der Wendungen beider Idiomarten in den untersuchten Ausgaben jeweils in Relation zu ihren Textseiten (d.h. abzüglich vor Anzeigen jeder Art, von Tabellen, Leserbriefen, Pressestimmen, Buchrezensionen, Fernsehprogrammen, Fortsetzungsromanen und Fotos), so ergibt sich folgende Übersicht: Die *Süddeutsche Zeitung* weist mit knapp fünf Wendungen je Seite die meisten auf, mit über vier folgt die *FAZ*, knapp vier präsentieren die *NRZ* und die *Westdeutsche Zeitung*, während die Lokalblätter die wenigsten vorweisen, die *Rhein-Sieg Rundschau* über drei und der *Rhein-Sieg-Anzeiger* weniger als drei je Seite.

Dieses Ergebnis überrascht zuerst. Es liegt ja das Vorurteil nahe, die Journalisten der regionalen und vor allem der überregionalen Tagespresse schrieben einen abstrakteren und mehr individuell ausgeprägten Stil als die Kollegen der Lokalblätter und verwendeten folglich weniger formelhafte volkstümliche Spracheinheiten. Hinzu kommt noch, daß auf die Sparte Sport 40% aller Redensarten entfallen, deren Seitenzahl aber in den lokalen Zeitungen die der anderen, vor allem der überregionalen Ausgaben, übertrifft (insgesamt 13:11:8 Seiten).

Zwei die Gestaltung der Zeitungen betreffende Gründe sind für die quantitativen Unterschiede anzuführen. Regionale und besonders überregionale Blätter bringen mehr Berichte Reportagen und Kommentare als lokale, und diese Artikel sind zumeist umfangreicher als die vergleichbaren der Lokalpresse. Sowohl die genannten publizistischen Formen als auch ihr größerer Umfang begünstigen von vornherein die Verwendung eines usuell geläufigen und meist bildkräftigen Stilmittels.

Interessant ist auch der quantitative Vergleich zwischen den untersuchten konventionellen Zeitungen und den Boulevardblättern. Die für letztere angegebenen Redewendungen j

---

[8] H. Burger, a.a.O. (Anm. 3), S. 4f. – *Duden. Grammatik der deutschen Gegenwartssprache;* bearb v. Paul Grebe; Mannheim ³1973, S. 436ff. (=*Der Große Duden,* 4.)

[9] *Ebenda,* S. 438. – Lutz Röhrich, *Lexikon der sprichwörtlichen Redensarten;* Freiburg/Basel/Wien Herder 1973. Bd. 1, S. 18 (Sp. 2), S. 15 (Sp. 1), S. 12 (Sp. 1).

Textseite müssen ungefähr verdoppelt werden, weil bei der Relationsermittlung sowohl die großflächigen Überschriften als auch die Bilder nicht berücksichtigt wurden, die zusammen jeweils eine halbe Seite ausmachen.[10] Wird diese Verdoppelung vorgenommen, ergibt sich bei den Boulevardblättern eine Streuung von rd. sieben Idiomen in der Münchener *tz* und etwas über zwei in der Berliner *B.Z.* Nur diese beiden »Eckdaten« heben sich von denen in der konventionellen Tagespresse ab (*SZ* knapp 5, *RSA* rd. 2,5). Quantitativ ergibt sich insgesamt kein Unterschied, der Durchschnitt ist in beiden Pressesparten mit vier Idiomen je Textseite anzugeben.

Die allgemeinen Redensarten haben ihren Ursprung vor allem in der anschaulichen Ausdrucksweise des volkstümlichen Sprechens. Viele sprichwörtlichen Wendungen hingegen stammen aus den Sondersprachen.[11] Diesen Befund bestätigen die Bezugs- und Herkunftsbezirke, aus denen vordringlich die ursprünglichen Bedeutungen der beiden Idiomkategorien in den untersuchten Zeitungen stammen.

Mehr noch als bei den allgemeinen Wendungen in den Boulevardblättern ist auch der weitaus größte Komplex in der konventionellen Tagespresse durch metaphorisch verwendete Benennungen von Organen und Teilen des menschlichen Körpers gekennzeichnet (knapp 50). *Hand* und *Herz*, *Kopf* und *Haar* werden vorrangig zur knappen Skizzierung von Situationen und Sachverhalten aus dem reichhaltigen »leibhaftigen« Instrumentarium bemüht (rd. 20mal):

> Vater Staat *hält seine Hand* schützend und kontrollierend *über* die Kommunen (*RSA* 7, 1);
>
> [Tankred Dorsts »Eiszeit«] ist ein Bühnenstück, wie es] dem deutschen Theater so sehr *am Herzen liegt* (*SZ* 8, 3);
>
> [Mona Lisa], die vor ein paar Jahrhunderten den Männern *die Köpfe verdreht hat* (*RSR* 4, 4);
>
> Wegen eines Mädchens *gerieten* sich ein belgischer Soldat und mehrere Gäste *in die Haare* (*RSA* 11, 3).[12]

Die zweit- und drittgrößte Gruppe bilden wie in den Boulevardzeitungen diejenigen Idiome, die aus den Handwerken bzw. aus dem Bereich des Spiels, besonders des Kartenspiels stammen (je rd. ein Dutzend):

> Diese Partei [der Sozialisten in Spanien] könnte *zwischen die Mühlsteine* der extremen Linken wie der Rechten *geraten* (*RSA* 1, 1);
>
> Schalkes Präsident [...] wird [...] wohl eingesehen haben, daß er *auf die falsche Karte gesetzt hat* (*NRZ* 9, 2).

Redensarten aus dem Bereich des Handels, der Wirtschaft sowie des Verkehrs bzw. der Technik bilden weitere Komplexe (je rd. 10); in der Boulevardpresse sind sie wie gleichfalls Idiome aus den nachfolgend angeführten Gruppen weitaus weniger anzutreffen.

> Die [...] Zuschauer [waren] nicht [...] zufrieden, weil [die Mannschaft] aus einer Vielzahl von Chancen »nur« fünfmal *Kapital schlug* (*SZ* 26, 5).

---

[10] Vgl. Reger, *a.a.O.* (Anm. 4), S. 232.

[11] Vgl. Wilhelm Schmidt, *Deutsche Sprachkunde:* Berlin: Volk und Wissen [6]1968, S. 245. – Röhrich, *a.a.O.* (Anm. 9), S. 12 (Sp. 1), 23f.

[12] Sämtliche Redensarten wurden anhand folgender Sammelwerke überprüft: Wolf Friederich, *Moderne deutsche Idiomatik:* München: Hueber 1966. – Hans Dittrich, *Redensarten auf der Goldwaage:* Bonn: Dümmler 1970. – Röhrich (Anm. 9).

Vor [...] Jahren hatte dieser Industriestandort den Ruf einer Krisenstadt, weil *am laufenden Band* Textil- und Lederfabriken schlossen (*FAZ* 13, 1).

Wendungen, die speziell psychische Verhaltensweisen anzielen, werden mit den Lexemen *Druck* und *schwer* gebildet (insgesamt knapp 20), z. B.:

unter *Druck setzen/sein/stehen* (*FAZ* 8, 2; *RSR* 13, 2; *SZ* 26, 5); *es schwer haben, sich schwer tun, einem schwer fallen* (*NRZ* 1, 4; *FAZ* 1, 6; *SZ* 24, 5).

Bei den Phraseologismen mit Bezugsgegenständen aus dem Bereich der Natur fallen die mit der archetypischen und stereotypen Metaphernbezeichnung *Weg* auf (rd. 15 von insgesamt 25), so u. a.:

sich aus dem Wege gehen (*SZ* 4, 2);
auf dem Wege sein (*RSA* 13, 4);
im Wege stehen (*SZ* 10, 1).

Die sprichwörtlichen Wendungen haben in beiden Pressesparten ihren Schwerpunkt in Idiomen, die als Bezugsphänomen das Militärwesen im weitgefaßten Sinne aufweisen. Die Redensarten stammen entweder aus dem Rittertum, oder sie wurden in späterer Zeit geprägt und landläufig im Hinblick auf historisch gewordene Kriegerbräuche sowie Kampf- und Turniersituationen, oder aber sie sind der Soldatensprache und der militärischen Terminologie entnommen. Selbstverständlich gibt es aus diesem Bezugsfeld auch viele allgemeine Wendungen (insgesamt rd. 20, in den Boulevardblättern nur die Hälfte davon). Hier einige Beispiele:

[X] konnte sich auf [den] Unterbezirksvorstand berufen, der ihn [...] *auf den Schild gehoben hatte* (*WZ* 12, 3);

Moynihan fühlt sich von Kissinger *im Stich gelassen* [*FAZ* 5, 1–3];

Selbst in den Vorstandsetagen [der Banken] befänden sich viele Nicht-Akademiker, die »*von der Pike auf*« gelernt hätten (statt: gedient, *FAZ* 12, 4);

Nach starken Anfangsminuten der Münchener *nahmen* die Memminger [...] *das Heft in die Hand* (statt: hatten ... in der Hand, *SZ* 27, 2).

Die zuletzt zitierte variierte Redensart »bezieht sich ursprünglich auf den Waffenträger, der das Heft seines Schwertes fest in der Hand hat und die Waffe gut zu führen versteht«[13].

Im Gegensatz zu den analysierten Boulevardblättern sind in den konventionellen Tageszeitungen einige aus dem mittelalterlichen Rechtswesen stammende sprichwörtliche Wendungen aufzufinden (knapp 10):

Es werde Zeit, um [SPD und FDP] mit dem Stimmzettel *einen Denkzettel zu geben* (*RSA* 4, 3);

Der [...] Sohn des [XY] ist [...] nach Zahlung eines Lösegeldes [...] *auf freien Fuß gesetzt worden* (*WZ* 10, 6).

Der *Denkzettel* war einst die schriftliche Mitteilung des Gerichts und enthielt die Aufforderung zur Ladung oder die Klage. Rechtsbrecher wurden mit gefesselten Füßen eingesperrt.[14]

Allgemeine und sprichwörtliche Idiome aus dem Bereich des Theaters werden in konventionellen Zeitungen kaum benutzt, in den Boulevardblättern jedoch häufiger (rd. 5 : 10).

Die Phraseologismen sind in der gesamten Tagespresse völlig überwiegend als normalsprachlich zu bezeichnen. In den konventionellen Zeitungen bilden die umgangssprachlichen und saloppen eine noch geringfügigere Gruppe als in den Boulevardblättern (insgesamt rd. 15). Für beide Stilebenen einige Belege:

---

[13] Röhrich, a.a.O. (Anm. 9), Bd. 1, S. 405.
[14] Vgl. ebenda, S. 199f., 296f.

Das mit [...] Spannung erwartete Duell [der Turner] Gienger/Thüne *fiel* [...] *ins Wasser* (*WZ* 4, 4–5);
[...] denen [...] in einem tollen Endspurt [XY] *auf den Pelz rückte* (Pferderennen; *SZ* 23, 4);
[XY] *bekleckerte sich* bei seinem Gastspiel *nicht gerade mit Ruhm* (Fußball; *WZ* 16, 4);
[...] und für »*dufte Bienen*« gibt's gleich den dazugehörigen Korb (*NRZ* 3, 4);
[...] wenn der Spitzenreiter Berliner SC verliert, *geht* auch Verfolger Krefelder EV »*baden*« (Eishockey; *SZ* 26, 1);
Die Summen, die Muhammed Ali bei seinen Kämpfen verdient, *hauen mich* jedesmal *um* (aus einem Sportkommentar; *WZ* 6, 1).

Bezeichnend ist, daß alle nicht-normalsprachlichen Idiome mit einer Ausnahme – sie ist zitiert – in den Sportteilen zu finden sind. Die vorwiegend auf die sportbegeisterten Leserschichten abzielenden Texte provozieren die Schreiber gleichsam zu übertreibenden, affektiven und der Sprechsprache eigentümlichen Wendungen. Der Vorwurf einer nachlässigen Sprachverwendung kann gegenüber den Sportreportern wegen der (salopp-)umgangssprachlichen Idiome nur dann erhoben werden, wenn sie die Redensarten situationsunangemessen benutzen (z. B. im ersten Zitat). Gebrauchen sie jedoch die nicht-normalsprachlichen Wendungen zur satirischen, ironischen oder humorigen Stellungnahme – oft durch Anführungen hervorgehoben – kann ihnen diese Handhabe nicht angekreidet werden (so z. B. die drei letzten Zitate). Eine hyperbolische Verwendung von umgangssprachlichen und saloppen Redensarten ist in den Boulevardzeitungen häufiger anzutreffen als in den Spalten der Konkurrenzunternehmen. Vulgäre Wendungen lassen sich in beiden Pressesparten nicht ermitteln.

Beim Vergleich der quantitativen Verwendung der Redensarten ist in bezug auf die konventionellen Zeitungen hervorzuheben, daß in ihnen die Idiome hinsichtlich ihrer Herkunftsbereiche komplexer in den Text einbezogen sind. Hierdurch wird das Spektrum der Wendungen breiter und sprachlich nuancierter als in den Boulevardblättern.

Die nun folgenden Untersuchungen wollen die Funktionen der Redensarten als Stilmittel in der Sprache der konventionellen Tageszeitungen aufdecken und mit denen in den Boulevardblättern vergleichen. Wie schon angeführt wurde, zentrieren sich die Wendungen in den Sportteilen der Ausgaben. In einem Bericht über das Ergebnis eines Bundesligaspiels und dessen Bedeutung für die Siegermannschaft finden sich – vor allem im Anfangsteil des Textes – einige Redensarten und Idiomvariationen, welche die Sinnspitzen des Artikels markieren (*RSR* 15, 1–3):
[...] so schnell *schwammen* [den Offenbachern] [...] *die Felle davon;*
Drei faustdicke Chancen [...], dann *war das Pulver verschossen;*
Beim Abendessen [...] *gab* Präsident [XY] *dem Affen Zucker*, indem er [...] die normale Siegprämie [...] *verdoppelte*.
Denn nicht wenige meinten, *sie hätten* gerade ohne [den verletzten Spieler X] so stark *aufgetrumpft;*
[...] von dessen Leistung nicht nur [XY] *in den höchsten Lobestönen schwelgte*.

Die Phraseologismen lockern die gereihten Informationen auf, indem sie der berichtenden Sprache Bildhaftigkeit verleihen. Zu dieser für alle Redensarten geltenden Funktion kommt in bezug auf die Leser hinzu, daß sie interesseanreizend und damit lesestimulierend wirken. Dies geschieht vor allem dann, wenn die Idiome in Überschriften plaziert sind, in der

Zeile unter einer Überschrift (headline) oder in dem ersten fettgedruckten Absatz der Texte. Um diese Wirkungen zu erreichen, setzen die Journalisten die jedem verständlichen vorgeprägten Spracheinheiten zumindest dann bewußt ein, wenn sie wie in diesem Text mehrfach aufzufinden sind. Eine mehrmalige Verwendung in einem Artikel ist jedoch in allen Ressorts selten festzustellen. Hinsichtlich der publizistischen Textarten weisen die Kommentare fast durchgängig mehrere Idiome auf.

Um die Redensarten den Aussagen anzupassen, variieren die Kolumnisten sie häufig. Die tradierten Ausformungen des zitierten ersten und letzten Beispiels heißen *die Felle fortschwimmen sehen* und *in den höchsten Tönen loben*. Hinsichtlich des Sprachwissens der Leser ist die variierte erste Wendung eine sprichwörtliche (*Die Gerber wuschen ihre Felle am Wassergraben*)[15].

Eine besondere, allerdings nicht of gehandhabte Art der Variation von Idiomen in der Pressesprache stellt ihre situationsangepaßte Bedeutungsverengung dar. In einem kurzen Bericht über ein Handballspiel z.B. werden die Informationsschwerpunkte in dieser Weise ausgesagt (*NRZ* 13, 1–2):

Doch nach fünf Punkten Rückstand [...] *dürfte der Aufstiegszug* für Krefelds [...] Regionalligisten *abgefahren sein;*

das Schußpech der [...] Stürmer ließ die Zuschauer fast verzweifeln;

[...] *gerieten* die Oppumer etwas *aus dem Konzept;*

fingen sich aber [...] und *brachten* [...] den knappen Erfolg *unter Dach und Fach.*

Die Wendung *der Zug ist abgefahren* in dem situationsneutralen Sinne ›es ist bereits zu spät‹ wird durch die Zusammensetzung des Grundwortes *Zug* mit dem Bestimmungswort *Aufstieg* auf eine spezielle situationsabhängige Aussage sprachökonomisch eingegrenzt. Dasselbe gilt in ähnlicher Weise für das folgende Beispiel. Die Redensart *Pech haben* stammt aus dem Bereich der Vogelstellerei: »Der an der Leimrute klebende Vogel hat Pech (an den Federn) und geht daran zugrunde.«[16] Die semantisch situationsneutrale Wendung wurde auf das Substantiv mit dem entsprechenden Artikel reduziert, das Nomen ist dann mit dem Bestimmungswort *Schuß* gekoppelt worden, und dieses zusammengefügte Substantiv wird situationsabhängig und textraffend im Satz verwendet. Das zweifach variierte Idiom bewirkt eine zweifache Aussagestraffung. Die »Auflösung« der Zitierung könnte lauten: Die Stürmer hatten Pech, sie schossen ständig/xmal am Tor vorbei und ließen die Zuschauer fast verzweifeln.

Vergleicht man die Redensarten aus den beiden Sportberichten und berücksichtigt zudem ihren Kontext, so läßt sich erkennen, daß die Phraseologismen im ersten Artikel die Aussagen weitaus mehr affektiv einfärben als die Idiome im zweiten Text. Die emotionalisierende Wirkung entsteht u.a. aus der Einführung von sprachlicher Bildlichkeit in sachlich informierende Aussagen, wobei die metaphorische Anschaulichkeit die durch sie zu übermittelnden Aussagen in mehr oder weniger hohem Grade hyperbolisiert.

Die emotionalisierende Wirkung ist eine besonders bedeutsame Funktion vor allem der allgemeinen, weniger der sprichwörtlichen Redewendungen in der Pressesprache. In den untersuchten konventionellen Zeitungen sind die Texte durch sie jedoch nicht überzogen affektiv geprägt. In den Boulevardblättern hingegen finden sich öfter durch Redensarten übertrieben emotionalisierte Aussagen. Die Wendungen werden zudem – wenn auch in

---

[15] Dittrich, *a.a.O.* (Anm. 12), S. 64.
[16] Röhrich, *a.a.O.* (Anm. 9), Bd. 2, S. 713.

geringem Ausmaß – in der Strategie der Textkonzeption zur publizistischen Manipulation benutzt.[17]

Über die bisher aufgezeigten Funktionen hinaus weisen beide Idiomarten in der Perspektive, wie und warum die Schreiber sie verwenden, noch eine mehrfach differenzierbare auf: Sie vermögen Stellungnahmen und Bewertungen satirisch, ironisch oder humorvoll auszuformen.

Die schon zitierten Beispiele aus dem Bericht zu einem Fußballspiel
so schnell schwammen [...] die Felle davon;
Drei [...] Chancen [...], dann war das Pulver verschossen
sind als satirisch akzentuiert zu betrachten. Wodurch jedoch die Einstellung des Reporters entstand, kann man den Zeilen nicht entnehmen.

In einem Kommentar zum Hochschulrahmengesetz verwendet der Journalist an sinnzentrierenden Stellen außer verschiedenartigen Metaphern auch Redewendungen (SZ 4, 1):
Am Ende steht nun die erschöpfende Genugtuung, ein stetes Hindernis des bildungspolitischen Dialogs aus dem Wege geräumt zu haben;
Die damals lautstark propagierten Leitideen sind Stück um Stück in der Versenkung verschwunden.

Ironisch pointierte Redensarten finden sich in der gesamten Tagespresse weitaus weniger als satirische:
[das Team] bekleckerte [...] sich nicht gerade mit Ruhm (WZ 16, 4).
Ein Schnappschuß zu einem Fußballspiel trägt die Unterschrift:
Bruchlandung: Wie »Kaiser« Franz [Beckenbauer] ging der FC Bayern in Frankfurt zu Boden (RSR 13, 3–5).
Gemälde kam unter die Räder (RSA 5, 6)
heißt es von einem Bild, das der Sammler aus dem nicht abschließbaren Kofferraum seines Wagens verlor, aber wohlbehalten zurückerhielt.

Im Kontext humorvoll wirkende Redensarten verwenden die Kolumnisten der konventionellen Zeitungen nicht häufig; die Schreiber der Konkurrenzblätter äußern sich humorvoll nur sporadisch, indem sie Idiome sprachspielerisch variierend handhaben.
Über »Die Leute von der Jungen Union« verlautet in einem Bericht über ihr Jahrestreffen in der stellungnehmenden Mittelpassage (FAZ 3, 1–2):
Man wollte dem jung keimenden Pflänzlein der neuen Einigkeit der Union nicht jetzt das Wasser entziehen [statt: ... abgraben];
man wollte Kohl nicht in den Rücken fallen;
Schon lange ist's her, daß jeder [...] die Jungen Unionler [...] über die Schulter ansah.

Die Journalisten benutzen die satirischen, ironischen und humorvollen Redewendungen, um bildhaft-kräftig und z.T. engagiert Stellung zu nehmen und Kritik zu üben. Die Idiome wirken lesemotivierend und fordern Zustimmung oder Gegenpositionen heraus. Eine übersteigerte, gespreizte sowie auf Effekt abzielende Handhabung der Idiome ist selten. Die auffälligsten der situationsunangemessenen Beispiele seien zitiert:
[X] konnte sich auf die Entscheidung des Unterbezirksvorstandes berufen, der ihn [...] auf den Schild gehoben hatte (WZ 12, 3);
Tokio schwamm auch in der vergangenen Woche im Kielwasser von Wall Street [Variation zu: ... fahren/laufen] (Börsenbericht; FAZ 12, 6);

---

[17] Vgl. Reger, a.a.O. (Anm. 4), S. 233f.

Über den Wolkenkratzern von Manhattan *kreist der Pleitegeier* [Variation zu: ... geht um/sitzt jemand auf dem Dach] (*RSA* 7, 2);
Die sonst introvertiert und wohlüberlegt musizierende Vereinigung [des Juillard String Quartets] *schlug* [...] *über die Stränge* (*SZ* 10, 4);
Die Weichen für den Einzug ins Viertelfinale des Handballeuropapokals *sind* für den VfL Gummersbach *gestellt* (*RSR* 13, 6).

Die allgemeinen und sprichwörtlichen Redensarten entstanden und entstehen als sprachlicher Reflex auf sich beständig in ähnlicher Weise wiederholende Situationen. Für die unter Zeitdruck schreibenden Journalisten sind die Idiome stets verfügbare Spracheinheiten, um – wie viele Zitate belegen – äußerst knapp Informationen und Stellungnahmen zu fixieren. Die Leser verstehen spontan die benutzten Wendungen und ebenso die durch sie zugespitzten Aussagen. Im Gegensatz hierzu können die Phraseologismen jedoch auch in negativer Weise verwandt werden. Als Gründe lassen sich u. a. anführen: sprachliche Bequemlichkeit, unpräzise Formulierungen wegen mangelnder Informationen und Kenntnisse, Unlust oder Unfähigkeit zur differenzierten Reflexion in dem Grade, wie Situationen und Sachverhalte sie erforderten. Hierdurch werden Nachrichten inhaltlich reduziert und Stellungnahmen in Berichten und Reportagen, in Kommentaren und Kritiken wenigstens partiell simplifiziert[18]. Bei den Konsumenten können sich Informationsdefizite einstellen, und es besteht die Gefahr, die Leser zu einer wenig fundierten Meinungsbildung zu verleiten. Dieser Vorwurf ist den Boulevardblättern in weit höherem Maße als den konventionellen Tageszeitungen zu machen. Aus diesen einige Beispiele.

In einer Nachrichten-Zusammenstellung wird über den Boxweltmeister Muhammed Ali ohne Nachweis geäußert:
Auch das macht den Größten aus: *auf den größten Füßen leben* [Variation zu: *auf großem Fuße*] (*WZ* 6, 1).
In einem Kurzkommentar zur innenpolitischen Lage Spaniens nach Francos Tod heißt es:
Diese Partei [der Sozialisten] [...] könnte *zwischen die Mühlsteine* der extremen Linken wie der Rechten *geraten* (*RSA* 1, 1).
Weder voranstehend noch nachgeordnet sind Argumente für den möglichen »Mahlgang« angegeben.
Ein Kommentar zur Thronrede des spanischen Königs setzt preziös ein:
Mit gemischten Gefühlen nahm Spanien Abschied von einer geschichtlichen Epoche (*RSR* 4, 2).
Die Darlegung der »Mischung« erfolgt nicht.
Eine wichtige und interessante Variante der von den Journalisten gehandhabten idiomatischen »Leerformel« ist jene, wenn in direkter oder indirekter Zitierung vor allem gewichtig gemeinte, aber inhaltsleere Formulierungen von Politikern präsentiert werden, die weder aus deren Munde noch – aus welchen Gründen auch immer – durch die Schreiber eine Explikation erfahren.
Eine zentrale Aussage eines Berichts über den Landesparteitag der CDU in Schleswig-Holstein lautet:
CDU-Chef Kohl bescheinigte der FDP, sich [...] aus dem Kampf der Großen gegeneinander herauszuhalten, der SPD aber überall *den Steigbügel zu halten* (*SZ* 6, 1).

---

[18] Vgl. Werner Koller, *Redensarten in Schlagzeilen;* in: *Muttersprache,* LXXXV (1975), S. 400–408, besonders S. 404f.

Die Leser können die nicht untermauerten Behauptungen aus ihrem mehr oder weniger fundierten Meinungsreservoir nach Belieben ausdeuten.

Durch die allgemeinen und die sprichwörtlichen Redensarten wird die Sprache der konventionellen Tageszeitungen anschaulich eingefärbt und die Abfolge von sachlich dargebotenen Informationen und Stellungnahmen aufgelockert. Damit erweisen sich die vorgeprägten Spracheinheiten und ebenso ihre Variationen als ein Ausdrucksmittel, das der zunehmenden Abstraktion der Öffentlichkeitssprache entgegenwirkt. Die Journalisten verwenden sie aus diesem Grunde gewiß häufig bewußt. Ein weiterer Grund ist, daß die Verwendung der Idiome, besonders durch die emotionale Aufladung der Sprache (die in den untersuchten Zeitungen aber nicht überzogen ist), den Leseanreiz verstärkt. Benutzt der Schreiber die Redensarten in humorvoller, ironischer oder vor allem in satirischer Weise, so wird die Lesemotivation zusätzlich erhöht, und die Leser werden zu eigenen Stellungnahmen angeregt.

Die untersuchten Idiome sind ein Stilmittel, um Aussagen zu pointieren und, wenn sie in Texten mehrfach verwendet werden, um ihre semantischen Schwerpunkte zu fixieren. Die Redensarten raffen Aussagen. Diese positive Funktion wird – wenn auch in geringem Ausmaß – dann gemindert und verkehrt, wenn die Journalisten Redewendungen leerformelhaft benutzen.

Eine so pervertierte Handhabe kann bei den Lesern mit der Zeit Mangel an Information und reduzierte Meinungsbildung bewirken. In ihrer generellen Verwendung jedoch erweisen sich die Redensarten in der konventionellen Tagespresse, besonders in der überregionalen, als Ausdrucksmittel eines profilierten journalistischen Stils.

Die Metaphorik in der Illustriertenpresse

Von HARALD REGER

Inhalt

1 Einleitung
2 Die dynamisierende Metapher
3 Die konkretisierende Metapher
4 Die personifizierende Metapher
5 Die sensorische Metapher
6 Tabelle zum Metaphernbestand und Schlußbemerkungen zur Metaphorik der illustrierten Zeitschriften

1 Einleitung

Um die Mitte des vorigen Jahrhunderts setzte die Entwicklung der Illustriertenpresse in Europa ein, beschleunigt wurde sie einige Jahrzehnte später. Ökonomisch war der Aufschwung bedingt durch die progressive kapitalistische Industrialisierung und die hierdurch entstandenen Absatzzentren in Ballungsbereichen. Technisch wurde die Ausbreitung ermöglicht durch Verbesserungen im Nachrichtenwesen und vor allem der Druck- und Illustrationsverfahren. Seit ungefähr dreißig Jahren befindet sich die Illustriertenpresse in einer weiteren Expansionsphase. Die Illustrierten stellen neben dem Fernsehen die bedeutsamste Form der Bildpublizistik dar. Das spezielle Kennzeichen der informativ-unterhaltenden Zeitschriften ist die reichhaltige Bebilderung. Zu ihnen zählen deshalb nicht nur die illustrierten Publikumszeitschriften (die Illustrierten im engeren Sinne), sondern auch die Periodika, die ihnen in Aufmachung und Inhalt gleichen: die Hörfunk- und Fernsehblätter sowie z.T. die Eltern-, Frauen- und Jugendzeitschriften[1]. Sie weisen vier, hinsichtlich der jeweiligen Illustrierten unterschiedlich voluminöse Sparten auf: aktuelles Zeitgeschehen (vornehmlich präsentiert durch Bildberichte und -reportagen), Ratgeber, Serien und Romane (erstere mit dem Akzent der »human interest story«) und einen vielfältigen Teil, mehrfach »Rubriken« genannt, mit Klatschspalten, Horoskopen, Rätseln, Fernsehprogrammen usw.

Die Illustriertenpresse hat primär die Funktion, einer unstrukturierten Leserschaft Unterhaltung, unterhaltsam aufbereitete Informationen und Anzeigenwerbung zu vermitteln – d.h. die Leser vorherrschend in ihren Individual- und Berufsrollen anzusprechen. Ihre sekundäre Funktion besteht darin, das Publikum kontinuierlich und möglichst umfassend über aktuelle und bedeutsame Angelegenheiten von öffentlichem Interesse zu informieren und aufzuklären – d.h. die Leser speziell in ihren gesellschaftlichen und politischen Rollen anzusprechen. Dies tut vor allem die Tagespresse.

Die Sekundärfunktion realisiert sich hinsichtlich der adressatenbezogenen Illustrierten nur in einem Teil der Jugendzeitschriften; in den Hörfunk- und Fernsehblättern sowie den illustrierten Publikumszeitschriften wird sie zwar unterschiedlich, jedoch stets verkürzt verwirklicht. Diese Reduktion ist bedingt durch verschiedene Intentionen der Verlage. Weil die Illustrierten als Unternehmen zugleich untereinander und gegen andere Massenmedien konkurrieren, sind sie in ihrem Fortbestand von ökonomischen und von gesellschaftlichen

---

[1] Vgl. hierzu: *Wörterbuch der Publizistik;* hg. von Kurt Koszyk u. Karl Hugo Pruys; München: Deutscher Taschenbuchverlag ²1970 (Stichwort *Illustrierte,* S. 161, 2. Sp.).

Faktoren abhängig. Die Kontinuität und Maximierung der Auflage und des Verkaufs hängen von den Bedürfnissen und Erwartungen einer speziell oder generell angezielten Leserschaft sowie den vielfachen und gegenläufigen Interessen von Gruppen und Institutionen ab. Die Prosperität der Zeitschriften ist weiterhin gebunden an die rationalisierte Produktion der Verlage und in entscheidendem Maße an die beständige Werbung, die zahlreiche Wirtschaftsunternehmen in ihnen betreiben[2].

Die massive Kritik an der Illustriertenpresse als eines Sektors der »Bewußtseinsindustrie« richtet sich gegen die durch sie übermittelten Inhalte. Information, Aufklärung und Kontrolle in bezug auf bedeutsame öffentliche Angelegenheiten verschwänden fast ganz durch die Anhäufung des anspruchslosen Unterhaltungsstoffes. Die »wahren« Bedürfnisse der Leser würden weder angesprochen noch artikuliert. Die Voraussetzung und Stimulierung einer fundierten Meinungsbildung entfielen. Deshalb präsentierten sich die Massenkommunikationsmittel als ein Instrument, das die »falschen« Bedürfnisse der Konsumenten ausbeute und damit ihre Emanzipation verhindere sowie zudem die jeweiligen Herrschaftsverhältnisse stabilisiere[3].

Diese schwerwiegenden Vorwürfe sind hinsichtlich der Illustrierten überzogen; denn ihre primäre Funktion besteht in der Unterhaltung. Hierdurch wiederum erfüllt sie vorrangig zwei bedeutsame und berechtigte Funktionen von Literatur im weitgefaßten Sinne: die regenerative und die kompensatorische. Dementsprechend kann und will die Illustriertenpresse (eine wie auch immer verstandene) gesellschaftliche und politische Emanzipation nicht leisten. Aber dennoch muß gegen sie der Vorwurf erhoben werden, daß sie reale und berechtigte Bedürfnisse einer eminent großen Leserschaft verfälscht und ausnutzt[4].

Sowohl generelle Untersuchungen zur Sprache der illustrierten Zeitschriften als auch spezielle zu ihrer Metaphorik stehen noch aus. Zum letzteren wollen die nachfolgenden Analysen einen Beitrag leisten, der zugleich sprachdidaktisch ausgerichtet ist.

Die für die Illustrierten relevanten Metaphernkategorien (die dynamisierende und die konkretisierende, die personifizierende und die sensorische Übertragung) werden als Ausdrucksmittel in dreifacher Perspektive auf ihre Funktionen befragt:

---

[2] Zu dem Voranstehenden sei u. a. verwiesen auf Frank Böckelmann, *Theorie der Massenkommunikation.* (= *edition suhrkamp*, 658.) Frankfurt: Suhrkamp 1975, S. 34–36. – Dieter Baacke, *Mediendidaktik als Kommunikationsdidaktik;* in: Dieter Baacke (Hg.), *Mediendidaktische Modelle: Zeitung und Zeitschrift;* München: Juventa 1973, S. 8f. u. 27f. – Rupert Lay, *Manipulation durch die Sprache;* München: Langen-Müller/Herbig 1977, S. 201f.

[3] Hierzu sei u. a. verwiesen auf Theodor W. Adorno, *Résumé über Kulturindustrie;* in: Theodor W. Adorno, *Ohne Leitbild. Parva Aesthetica.* (= *edition suhrkamp*, 201.) Frankfurt: Suhrkamp [4]1970, S. 70. – Hans Magnus Enzensberger, *Bewußtseins-Industrie;* in: Hans Magnus Enzensberger, *Einzelheiten,* I. *Bewußtseins-Industrie;* Frankfurt: Suhrkamp [7]1971, S. 13. – Dieter Prokop, *Zum Problem von Produktion und Kommunikation im Bereich der Massenmedien;* in: Dieter Prokop (Hg.), *Massenkommunikationsforschung,* 1: *Produktion.* (= *Fischer Taschenbuch,* 6151/52.) Frankfurt: Fischer 1972, S. 21 ff. – Des weiteren sei hingewiesen auf den (Trivial-)Roman des Branchenkenners Johannes Mario Simmel, *Der Stoff aus dem die Träume sind* (1971), in dem die Illustriertenpresse einer scharfen Kritik unterzogen wird.

[4] Hans Magnus Enzensberger, *Baukasten zu einer Theorie der Medien;* in: *Kursbuch,* 20; Frankfurt: Suhrkamp 1970, S. 171.

- Was bewirken sie hinsichtlich der Sprache der illustrierten Zeitschriften;
- wie und warum verwenden die Journalisten sie;
- wie können sie auf die Leser wirken?

Gleichfalls ist festzulegen, welcher Stilebene die Metaphernarten jeweils überwiegend zuzurechnen sind.

Die Ergebnisse der Untersuchungen sollen zudem verglichen werden mit denen, die sich bei den gleichartigen Analysen der Boulevardblätter und der konventionellen Tageszeitungen ergaben[5].

Für die Aufschlüsse wurden herangezogen:

Bunte, Nr. 39, 16. 9. 1976; Offenburg: Burda [*Bu*][6];
Neue Revue, Nr. 39, 20. 9. 1976; Hamburg: Heinrich Bauer [*NR*];
Stern, Nr. 42, 7. 10. 1976; Hamburg: Gruner + Jahr [*St*];
Bild + Funk, H. 38, 18.–24. 9. 1976; Offenburg: Burda [*B+F*];
Frau im Spiegel, Nr. 38, 9. 9. 1976; Lübeck: Ehrlich & Sohn [*FiSp*];
Bravo, Nr. 42, 7. 10. 1976; München: Bauer [*Br*].

Unter den logischen Grundleistungen der Sprache besitzt die semantische Funktion den Vorrang. Die Wörter als Phonem- und Graphemfolgen bezeichnen etwas. Sie werden einzeln oder in Sätzen im normalen, unreflektierten Sprachgebrauch einsinnig und direkt für Aussagen benutzt.

Die gegensätzliche Verwendung von Wörtern und Sätzen, ihre indirekte und mehr als einsinnige Handhabe bildet eine in der ursprünglichen Wortbedeutung ästhetische Grundleistung der Sprache und beweist ihre metaphorische Funktion[7]. Diese Funktion ist begründet in der menschlichen Fähigkeit, Analogien durch Sinnesempfindungen zu erfassen. Besonders bedeutsam ist die Fähigkeit des analogen Schauens. In der Verbalisierung der Analogien, vornehmlich der aufgrund des analogen Sehens, realisiert sich eine dem Menschen seit jeher eigene Erkenntniskraft.

Unter diesem Aspekt ist die Metapher als sprachlicher Ausdruck zu bestimmen, der mehr als einsinnig und eindeutig ist. Die Übertragung wird als Einzelwort oder Wortfolge in einem Kontext so determiniert, daß sie etwas anderes bedeutet, als das Wort bzw. die Wortsequenz lexikalisch aussagt[8]. Zwischen der Metapher als nicht-konventionell verwendetem sprachlichem Element und den übrigen konventionell verwendeten Elementen besteht bei der Rezeption eines Satzes/Textes eine semantische Dissonanz[9]. Die Metapher ist also ein sprachlicher Ausdruck, der durch einen Kontext nicht wie die anderen Wörter in seinem

---

[5] Dazu wird verwendet: Harald Reger, *Die Metaphorik in der Boulevardpresse*; in: *Muttersprache*, LXXXIV (1974), S. 314–325; und Ders., *Die Metaphorik in der konventionellen Tagespresse*; in: *Muttersprache*, LXXXVII (1977), S. 259–279.

[6] Die eingeklammerten Abkürzungen werden für die kommenden Textbelege verwendet.

[7] Vgl. hierzu auch Gerhard Priesemann, *Bild*; in: *Das Fischer Lexikon, 2: Literatur*; hg. von Wolf-Hartmut Friedrich u. Walther Killy; 1. Teil; Frankfurt: Fischer 1965, S. 84. – Warren A. Shibles, *Die metaphorische Methode*; in: *Deutsche Vierteljahrsschrift für Literaturwissenschaft und Geistesgeschichte (DVjs)*, 48 (1974), H. 1 S. 2.

[8] Vgl. hierzu Harald Weinrich, *Semantik der kühnen Metapher*; in: *DVjs*, 37 (1963), H. 3, S. 340. – Ders., *Linguistik der Lüge*; Heidelberg: Schneider 1966, S. 43f. – Ders. in: Harweg, Heckhausen, Suerbaum, Weinrich u.a., *Die Metapher*. (=*Bochumer Diskussion.*) In: *Poetica*, 2 (1968), H. 2, S. 100.

[9] Vgl. hierzu Gerhard Kurz, *Theorie*; in: Gerhard Kurz u. Theodor Pelster, *Metapher. Theorie und Unterricht*; Düsseldorf: Schwann 1976, S. 57 u. 58.

Umfeld ein semantisches Phänomen darstellt, sondern relational zu ihnen ein metasemantisches, das entschlüsselt werden muß[10]. Die Auflösung ist aber nur möglich, wenn die Erfahrungshorizonte der Metaphernproduzenten und -rezipienten sich gleichen[11]. Die Metapher ist somit heuristischer Natur; sie provoziert die Verbindung komplexer Vorstellungen (mit denotativen und konnotativen Komponenten)[12]. Das letztere gilt vornehmlich für Übertragungen in poetischen Texten und hier wiederum besonders für Metaphern in lyrischen Einheiten (»*Schwarze Milch der Frühe wir trinken sie abends* [...]«, Paul Celan, *Todesfuge*). Sie werden u. a. auch »kreative«, »lebendige« Übertragungen genannt[13]. Von diesen innovativen Metaphern kann man typologisch die konventionellen und lexikalisierten unterscheiden[14]. Beide Arten sind vor allem ein bedeutsames Ausdrucksmittel expositorischer Textsorten und in ihrem Bereich ein wichtiges Stilmittel publizistischer Formen. Die lexikalisierten Prägungen (z. B. *Flaschenhals, Kühlerhaube*) werden nicht mehr als Metaphern empfunden, ihre Verwendung ist gebräuchlich. Die konventionellen Übertragungen werden nicht mehr als kreativ empfunden, jedoch auch nicht als schon usuell, lexikalisiert (z. B. *in dem Spiel gab es fast nur Leerlauf; der Verein wurde aus der Taufe gehoben*). Zu betonen ist aber, daß die Abgrenzungen zwischen den drei genannten Metaphernkomplexen fließend sind und vom Sprachbewußtsein des jeweiligen Sprachteilnehmers abhängen.

Sowohl diese Metapherntypen und gleichfalls andere linguistische Arten der Übertragungen als auch inhaltlich bestimmte Metaphernkategorien sowie psychisch fixierte Übertragungsklassen (d. h. wie sie aus der psychischen Disposition der Schreiber/Sprecher entstehen) sind für die Untersuchung der Metaphorik in Texten, speziell in publizistischen, unzureichend[15]. Erst durch eine sprachfunktionale Analyse der Metaphern, d. h. durch die Bestimmung der Übertragungsmodi in den Metaphern, lassen sich Kategorien ermitteln, die eine den Texten angemessene Untersuchung gewährleisten. Die Arten der Übertragung sind erkennbar, wenn die Relation zwischen einem Bezugsobjekt (z. B. dem Mond) und dem übertragenen Phänomen (Schädel) bestimmt wird (*Schädelmond* = konkretisierende Metapher).

---

[10] Vgl. hierzu Suerbaum; in: Harweg u.a., *a. a. O.* (Anm. 8), S. 100.
[11] Vgl. hierzu Karlheinz Stierle, *Text als Handlung.* (= *UTB*, 423.) München: Fink 1975, S. 156.
[12] Vgl. hierzu Wilhelm Köller, *Semiotik und Metapher;* Stuttgart: Metzler 1975, S. 201.
[13] So Kurz *a.a.O.* (Anm. 9), S. 60, 61 u. 73.
[14] Zur Typologie vgl. Ursula Oomen, *Linguistische Grundlagen poetischer Texte;* Tübingen: Niemeyer 1973, S. 29f.
[15] Generell sei verwiesen auf Holger A. Pausch, *Die Metapher* (Forschungsbericht); in: *Wirkendes Wort*, 24 (1974), S. 56–69. – Hinsichtlich linguistischer Beschreibungen sei neben dem Beitrag von Kurz, *a.a.O.* (Anm. 9), S. 7–98, u.a. hingewiesen auf Weinrich, *Semantik* ..., *a.a.O.* (Anm. 8), S. 325–344; Harweg u.a., *a.a.O.* (Anm. 8), S. 100–130; Werner Ingendahl, *Der metaphorische Prozeß.* (=*Sprache der Gegenwart*, 14.) Düsseldorf: Schwann 1971, sowie auf die entsprechenden Stellen bei W. Kallmeyer u.a. (Hgg.), *Lektürekolleg zur Textlinguistik. 2. Reader.* (=*Fischer Athenäum Taschenbücher*, 2051.) Frankfurt: Athenäum 1974. – In bezug auf inhaltlich bestimmte Metaphernkategorien sei u.a. verwiesen auf Michael Landmann, *Gnoseologische und ästhetische Valenz der Metapher;* in: Michael Landmann, *Die absolute Dichtung;* Stuttgart: Klett 1963, S. 119–144, und Warren A. Shibles, *a.a.O.* (Anm. 7), S. 1–9. – Hinsichtlich psychisch fixierter Metaphernkategorien sei angegeben: Hermann Pongs, *Das Bild in der Dichtung;* Marburg: Elwert ²1960.

2 Die dynamisierende Metapher[16]

Der Dynamisierung liegt eine komplexe Übertragungsweise zugrunde. In ihrem metaphorischen Prozeß wird die mögliche Bewegung einer ding- oder körperhaften Erscheinung entweder gesteigert bzw. umgedeutet, oder aber dem Bezugsphänomen wird Bewegung eingedeutet, zu der es nicht fähig ist. Weiterhin können durch die Sprache menschliche Verhaltensweisen eine Dynamisierung erfahren. Hierbei ist der Bezugsgegenstand stets der Mensch als leibhafte Erscheinung; das Bildphänomen ist entweder gleichfalls der Mensch oder eine ding- bzw. körperhafte Erscheinung. Die dynamisierenden Metaphern sind grammatisch an Verben gebunden, ebenso an Partizipien und substantivierte Verben.

Hinsichtlich der Illustrierten-Sparten »Ratgeber« und »Rubriken« überrascht es, daß in ihren Kolumnen fast keine »Ding«-Dynamisierungen aufzufinden sind, obwohl dort primär über Gegenständliches berichtet wird[17].

Auch in den beiden anderen Sparten werden sie nur sporadisch benutzt (insgesamt rd. 10). Als bewegungssteigernde und -eindeutende Beispiele seien angeführt:

In den Rumkneipen [...] fließt der [...] Zuckerschnaps in Strömen [Bu 68, 3];
Als [...] die Nässe die Wände hochkroch [St 217, 3];
Die Sonne kriecht über die Berge des Libanon [NR 108, 3].

Sämtliche anderen Dynamisierungen in den analysierten Ausgaben beziehen sich auf menschliche Verhaltensweisen (insges. 346). In den illustrierten Publikumszeitschriften überwiegen die Dynamisierungen signifikant in der Sparte »Aktuelles Zeitgeschehen« (rd. 115 von 220); Bild + Funk, Frau im Spiegel und Bravo weisen als Schwerpunkte die »Rubriken«- und »Ratgeber«-Spalten auf (rd. 70 von 130, zusammen mit der vorstehenden Angabe rd. 185 von 346). Im Gegensatz hierzu fanden sich in den untersuchten Montagsausgaben der konventionellen Tageszeitungen und der Boulevardblätter die Mehrzahl der Dynamisierungen jeweils im Sportteil, und hier besonders in den Nachrichten und Berichten über Fußballspiele (rd. 110 von 240 bzw. 40 von 130). In Relation zum gesamten Metaphernbestand stellen die Dynamisierungen in den Illustrierten 14,8%, in den konventionellen Zeitungen 11,2% und in den Boulevardblättern 20% der Übertragungen.

Vor allem menschliches Handeln, aber auch menschliches Fühlen und Denken wird in den oben genannten Sparten der Illustrierten häufig bewegungssteigernd, -umdeutend und -eindeutend ausgesagt:

[X] wird in ein Ostberliner Gefängnis geworfen [Bu 18, 3];
Früher trieben Mütter ihre Püppchen durch die [Film-]Studios [B+F 26, 4];
[X] hatte in Bonn ausstreuen lassen [St 288, 2];
»[...] glaubst du wirklich, daß ein Vater, der bemerkt, daß sein Sohn homosexuell veranlagt ist, mit der Axt auftaucht [...]« [Br 10, 3];

---

[16] Zu den Termini ist anzumerken: Dynamisierende Metapher wird (so oder ähnlich) in literaturwissenschaftlichen und linguistischen Publikationen verwendet; die Nennungen personifizierende Metapher und Personifikation sind traditionell geläufig; die Termini konkretisierende Metapher und sensorische Metapher wurden fixiert in: Harald Reger, Das Sprachbild in Grillparzers Dramen. (= Xerogrammata. Hochschulschriften, 2.) Bonn: Bouvier ²1970, S. 104ff. u. 178; Ders., Die Metaphorik der Anzeigenwerbung in Zeitschriften; in: Muttersprache, LXXXVI (1976), S. 230 u. 237.

[17] Die Bezeichnung Rubriken meint im folgenden diejenige Sparte, der die Klatschspalten, Horoskope, Fernsehprogramme usw. zuzurechnen sind. In bezug auf die Sparte Serien und Romane werden für die Metaphernuntersuchung nur die Texte der erstgenannten herangezogen und deshalb mit der Spartenangabe Serien bezeichnet.

[...] *gab mir persönlich jene Freiheit wieder, der ich mein ganzes Leben nachgelaufen bin* [NR 19, 2];
Wer kein so großes finanzielles Polster hat, sollte auf das Erbbaurecht zusteuern [FiSp 56, 1].

Weil die Artikel in den illustrierten Zeitschriften mit Ausnahme der »Rubriken«-Texte meist umfangreicher sind als die der konventionellen Tageszeitungen und vor allem der Boulevardblätter, finden sich in ihnen oft mehrere Dynamisierungen, was in den Artikeln der Tagespresse weitaus weniger der Fall ist.

Wie in den beiden Kategorien der Tageszeitungen sind auch in den Illustrierten die dynamisierenden Metaphern völlig überwiegend normalsprachlich geprägt, wenn als Stilschichten die gehobene und normalsprachliche, die salopp-umgangssprachliche und die vulgäre fixiert werden[18]. Die – mit Ausnahme der *Bravo* – seltenen salopp-umgangssprachlichen Dynamisierungen sind zugleich meist hyperbolisch oder drastisch formuliert (rd. 40, davon in der geringen Textmenge der *Bravo* 15). Als Beispiele:

[*Die »Bosse« der Filmgesellschaft*] *feuern* [X] [Br 26, 4];
[X Y] *und die* [Zs] *heizen ein* [Br 66, 4–5 Bildunterschrift];
[X Y] *packt jetzt aus* [NR 3, 1; aus dem Text zu einem Bild];
Wer nicht spurt [...], *fliegt raus* [St 94, 3];
Als Boulevard-Regisseur landete [X Y] *einen Sensationserfolg* [Bu 9, 2, *landete* ebenso u.a.: B+F 10, 1; St 118, 3; Br 43, 3].

Beim Vergleich der zitierten salopp-umgangssprachlichen Dynamisierungen mit den normalsprachlichen ist zu erkennen, daß die ersteren die Kontextaussagen mehr emotionalisieren als die letzteren. Sie wirken – ob von den Journalisten bewußt verwendet oder nicht – intensiv leseanreizend, und zwar aufgrund der durch sie emotional formulierten Inhalte.

Hiervon sind zu unterscheiden die wenigen sich preziös gebenden Dynamisierungen, die – wohl meist mit Absicht benutzt – lesestimulierend durch sich selbst, nicht in bezug auf übermittelte Informationen wirken bzw. wirken sollen. Sie erfließen aus dem Imponiergehabe u./oder der sprachlichen Bequemlichkeit der Kolumnisten (rd. ein Dutzend, davon die Hälfte im *Stern*):

Da stieß [*der Sohn des Sultans*] *in einem unblutigen Staatsstreich* [...] *seinen Vater vom Thron* [NR 38, 4];
Mit elf Jahren schritt [*der Brandstifter*] *zur Tat;*
Ein Jahr später betrat [X Y] *wieder deutschen Boden* [St 118, 3 und 134, 4].

Eine gleich kleine Gruppe bilden die dynamisierenden Übertragungen, die ihren Kontext humorvoll oder scherzhaft satirisch akzentuieren (davon gleichfalls die Hälfte im *Stern*):

Und genau das war der Grund, warum [X Y ...] *alles hinschmiß* [...]. [X] *räumte seinen Schreibtisch nicht, um sich in die Sonne zu legen* [Bu 7, 3];
[*Zwei Tage vor der Bundestagswahl 1976*] *spuckten die Wickert-Institute* [...] *in bekannter Fixigkeit die Ergebnisse von* [X] *Befragungen aus* [St 17, 3].

Auch diese Übertragungen wirken lesemotivierend. Das gleiche gilt in erhöhtem Maße, wenn die Journalisten die Dynamisierungen mehr oder weniger absichtlich an exponierten Textstellen verwenden: in Überschriften/Schlagzeilen und Zwischenüberschriften, in der head-

---

[18] Zu den Stilschichten sei verwiesen auf Klappenbach u. Steinitz, *Wörterbuch der deutschen Gegenwartssprache*, I; Berlin: Akademie-Verlag ³1967, S. 012f., und auf die *Einführung in die Methodik der Stiluntersuchung*, verfaßt von einem Autorenkollektiv unter Leitung von Georg Michel; Berlin: Volk und Wissen 1968, S. 47.

line (der Zeile über oder unter der Überschrift), im lead (im fettgedruckten ersten Absatz) und in Kurztexten zu Bildern (rd. 30). Für jede genannte Plazierung ein Beispiel:

Sie gehen meilenweit – für einen Sitz im Bundestag [Bu 112, 3–4; Überschrift, zugleich Anspielung auf die 1976 intensive Camel-Zigarettenwerbung];
[X Y]: Seine Sänger steigen aus [B + F 6, 3 headline];
[X und Y] spürten [Z] jetzt in Rom auf [St 120, 1; aus dem lead];
Fans aus ganz Europa strömten nach Südfrankreich [zum Rock-Festival] [Br 4, 1; aus einem Bildtext].

Die Dynamisierungen in den Illustrierten lassen die gleichen Funktionen wie in der Tagespresse erkennen. Sie lockern – wie alle andersartigen Übertragungen und metaphorisch geprägten Redensarten – den berichtenden Stil der Zeitschriften bildhaft auf. Überwiegend pointieren die Dynamisierungen sinnzentrale Aussagen in Texten. Die Journalisten verwenden sie weiterhin – z. T. sicherlich bewußt –, um Situationen und Sachverhalte unmittelbar verstehbar und einprägsam in geraffter sprachlicher Aussage vorzuführen[19]. Sie wirken hierdurch in mehrfacher Weise lesestimulierend. Wie in den Texten der Tageszeitungen werden in den Illustrierten die Dynamisierungen völlig überwiegend für Informationen und selten für Stellungnahmen benutzt.

Sowohl die Übertragungen in den Illustrierten – ausgenommen die in der Bravo – als auch die in der konventionellen Tagespresse sind durchgehend weniger affektiv als die Dynamisierungen der Boulevardblätter. Zu diesem Befund tragen speziell auch die Anteile der salopp-umgangssprachlichen Prägungen gegenüber den dominant normalsprachlichen in den drei Pressebereichen bei: Die Illustrierten und die konventionellen Tageszeitungen weisen im Vergleich mit der jeweiligen Gesamtanzahl der Dynamisierungen um die Hälfte weniger umgangssprachliche Fixierungen auf als die Boulevardblätter (40:346, 20:239, 30:130). Ein wenn auch quantitativ geringfügiges sprachliches Indiz bestätigt so indirekt den gezielten Adressatenbezug der Boulevardblätter und ebenso der kommerziellen Jugendzeitschrift Bravo.

Aber nicht nur die salopp-umgangssprachlichen Dynamisierungen werden zumindest teilweise mit Absicht als verstärkter Leseanreiz verwendet. Die intendierte Wirkung kann auch den in ihrem Kontext sich humorvoll und scherzhaft satirisch ausweisenden Dynamisierungen sowie gleichfalls den preziösen zugesprochen werden. Weil in der gesamten Tagespresse diese Ausprägungen nicht vorzufinden sind und ebenso die Übertragungen nicht in gleicher Weise intensiv für exponierte Textstellen benutzt werden, erweist sich der Gebrauch der dynamisierenden Metapher in den Illustrierten differenzierter als in den Tageszeitungen.

3 Die konkretisierende Metapher

Die konkretisierenden Übertragungen verdinglichen Sachverhalte und Begriffe in optisch wahrnehmbare Gegenstände, oder sie benennen sichtbare Bezugsobjekte in andersartige sichtbare Phänomene um (wobei jedoch der Mensch in seiner leibhaften Gesamterscheinung als Bildphänomen ausgeschlossen bleibt). Die Konkretisierungen lassen sich zweifach unterteilen: Das Bezugsobjekt wird in einen von Menschen produzierten Gegenstand bzw. in einen Sachverhalt menschlicher Tätigkeit transformiert oder in einen Gegenstand aus dem Gesamtbereich der Natur (dem auch die für metaphorische Aussagen verwendeten menschlichen Organe und Körperteile einzubeziehen sind). Die konkretisierende Übertragung ist syntak-

---

[19] In diesem Zusammenhang sei hingewiesen auf Heinz Obländer, Presse-Sprache. Begleitheft. (= Arbeitsmaterialien Deutsch.) Stuttgart: Klett 1971, S. 12.

tisch auf Subjekt und Prädikat sowie die Objekte, das Genitivattribut und die Umstandsergänzungen verwiesen; sie kann deshalb einen Satz oder in der Ausweitung des metaphorischen Prozesses eine Satzsequenz umspannen.

Die Konkretisierungen werden, verglichen mit den anderen Übertragungskategorien, sowohl im mündlichen als auch im schriftlichen Sprachgebrauch am häufigsten benutzt. Demgemäß stellen sie in den Illustrierten wie gleichfalls in der Tagespresse den größten Anteil des Metaphernbestandes (in den erstgenannten mit 1264 Beispielen 53,8% der Übertragungen, in den beiden Arten der Tageszeitungen je ca. 50%).

In den illustrierten Publikumszeitschriften entfallen auf die Sparte »Aktuelles Zeitgeschehen« über die Hälfte der Konkretisierungen (rd. 480 von 850), in *Bild + Funk* und *Frau im Spiegel* dominieren die Übertragungen in den »Ratgeber«- und »Rubriken«-Spalten; ebenso in der *Bravo*, wenn die Berichte zur Pop-Musik-Szene und über deren »Stars« nicht der Sparte »Zeitgeschehen« zugerechnet werden (dann rd. 325 von 420 = knapp zwei Drittel der Konkretisierungen, zusammen mit der vorstehenden Angabe rd. 805 von 1264). In den analysierten Montagsausgaben der konventionellen Tageszeitungen und Boulevardblätter hingegen enthalten die Sportteile jeweils über ein Drittel der Konkretisierungen (rd. 370 von 1042 bzw. 120 von 340).

Zur Bundestagswahl 1976 veröffentlichte der *Stern* einen voluminösen Artikel, der leseanreizend als Bildreportage begann, sich als Bericht fortsetzte und seinen Schwerpunkt in einem ausführlichen Kommentar hatte. Vor allem in den stellungnehmenden Passagen finden sich auf jeder Seite nicht nur satzintegrierte Redensarten, sondern vor allem konkretisierende Metaphern. Hier einige exemplarische Sätze (S. 29, 1–2):

> Doch *der knappe Vorsprung der bisherigen Regierungskoalition aus SPD u. FDP* bedroht nicht die Freiheit […];
> Ganze 50,5 Prozent der Wähler sorgten dafür, daß die Problemverwaltung der Bundesrepublik *in den Händen der Herren Schmidt u. Genscher verblieb* […];
> Kohl, Strauß & Co. zeigten dem Wähler *einen Pappkameraden mit Jusogesicht*, auf den sie so intensiv einschlugen […];
> *Die* bei den schwedischen Wahlen registrierte *konservative Welle in Europa* […], hat Helmut Kohl geholfen; *sie trug ihn bis kurz vor die Schwelle der absoluten Mehrheit.*

Die Nennung *Vorsprung* ist durch den Kontext des folgenden (nichtmetaphorischen) Genitivattributs und mit ihm zusammen als Bedeutungsinhalt eine indirekte Konkretisierung; das explizite analoge Bild- bzw. Relationsphänomen wäre z.B. der *Vorsprung* eines gejagten Tieres/verfolgten Menschen. Mit dieser indirekten Metapher formuliert der Schreiber eine Stellungnahme innerhalb seiner Aussagereihe. Aber die Stellungnahme und somit die Konkretisierung werden leerformelhaft verwendet, weil die Aussage weder voranstehend noch anschließend durch Argumente gestützt wird.

Die im folgenden Satz benutzte Metapher *in den Händen der Herren* […] verleiht ihm Nachdruck und signalisiert sowohl optimistisch die »Machbarkeit« von Politik als auch die Personalisierung der Komplexität und Intransparenz der »Problemverwaltung« auf zwei Exponenten, »Spitzen« der regierungsbildenden Parteien.

Zur Kennzeichnung der Situation von CDU/CSU und SPD im Wahlkampf bemüht der Journalist gewiß mit Absicht an einer weiteren sinnzentralen Stelle seiner Ausführungen eine konkretisierende Metapher aus dem Übertragungsbereich des Militärischen – *Pappkamerad* –, die noch speziell charakterisiert wird und als Substrat der folgenden Dynamisierung dient, die eine weitere Stellungnahme fixiert. Diese konkretisierende Metapher ist keine Leer-, sondern eine Fazitformel, sie wird sowohl durch voranstehende Aussagen als auch besonders in den folgenden Passagen durch Informationen gefüllt.

Den Erfolg der CDU/CSU im Wahlkampf begründet und formuliert der Journalist durch die Nennung *Welle*, sie wird zusammen mit dem vorangestellten Adjektivattribut und der nachfolgenden Raumangabe im Kontext des Satzes zur Konkretisierung. Sie wiederum wird für die folgende ebenfalls metaphorische Aussage benutzt – *vor der Schwelle der absoluten Mehrheit* –, die das Ergebnis des Erfolges der Unionsparteien fixiert. Beide metaphorischen Aussagen beinhalten Informationen.

Sowohl in dem angeführten Artikel als auch in den anderen Texten der illustrierten Publikumszeitschriften zum »Aktuellen Zeitgeschehen« und ebenso in ihrer Sparte »Serien« – hier sind auch noch *Frau im Spiegel* und *Bravo* zu nennen – werden die Schwerpunkte der informierenden und stellungnehmenden Ausführungen sehr häufig durch Bildphänomene konkretisierender Metaphern formuliert. In gleicher Weise prägen in den durchgängig informierenden Kolumnen der Sparten »Ratgeber« und »Rubriken« die Konkretisierungen viele Aussagen. Diese speziellen Funktionen weisen gleichfalls die in Sätze integrierten Redensarten auf, die fast ausnahmslos als konkretisierende Übertragungen zu bezeichnen sind (in den drei illustrierten Publikumszeitschriften insgesamt, d.h. hinsichtlich aller Sparten, rd. 270). Mehr allerdings als in den konventionellen Tageszeitungen und weniger als in den Boulevardblättern handhaben die Journalisten der Illustrierten die Konkretisierungen als Leerformeln. Überwiegend jedoch werden durch dieses Stilmittel die Inhalte wie in den konventionellen Zeitungen nicht verkürzt, verallgemeinert und vereinfacht, so daß die Leser in den soeben angeführten Zeitschriften – mit Ausnahme der *Bravo*-Artikel und z.T. der Texte in *Frau im Spiegel* – hinsichtlich der beiden Hauptressorts »Aktuelles Zeitgeschehen« und »Serien« hinlänglich präzise Informationen und abgesicherte Stellungnahmen vermittelt bekommen.

Als weitere Belege folgen einige Sätze eines gesellschaftspolitischen Serien-Textes aus der *Bunten* mit der Überschrift »Zurück zur guten alten Schule. II. Teil« (Zitate S. 32):

> Endlich hat [...] eine Tendenzwende stattgefunden: Weg von den *seelenlosen Lernfabriken!*
> Bayern setzte [...] folgende Schwerpunkte: [...] mehr *Spielraum für erzieherische Entscheidungen der Lehrer* [...];
> Rheinland-Pfalz entschied sich für ein ›*maßvolles Gegensteuern gegen schädliche Auswirkungen übereilter Reformschritte* [...]‹;
> In Mainz *wehrt man sich* [...] *gegen* ›*Leistungsdruck*‹.

Nach der engagierten und lesestimulierenden konkretisierenden Stellungnahme reiht der Journalist informierend und begründend Bestrebungen in den Kultusministerien einiger Bundesländer auf, die mehrfach durch (auch indirekte) konkretisierende Übertragungen pointiert sind.

Für die mehr leerformelhafte und zugleich affektvollere Verwendung konkretisierender Metaphern in *Frau im Spiegel* und in der *Bravo* seien einige Beispiele angeführt.

Die einleitenden Sätze in einem Bericht über eine Filmschauspielerin lauten [*FiSp* 10, 1]:

> *Stürme gab es viele im Leben der* [X]*jährigen* [XY]. *Gebrochen hat sie keiner. Aus jedem ist sie gekräftigt hervorgegangen. Auch aus dem bislang letzten* [...].

Die *Stürme* werden bis auf den »bislang letzten« mit keinem Wort konkretisiert.

Die *Bravo* präsentiert eine Rock-Gruppe. An den aussagezentralen Stellen, vor allem in der ersten Hälfte des Textes, verwendet der Schreiber Konkretisierungen, die meistens Behauptungen bleiben (S. 17, 4):

> Mit seinen [X] Jahren gehört [XY] *zu den Oldtimern der Hamburger-Szene.*
> Damals gehörte [XY] zu den [Zs]. *Alle Höhen und Tiefen dieser Gruppe hat er miterlebt* [...].
> *1967 ging's nach unten* [indirekte Metaphorisierung, abgeleitet aus dem Bildphänomen *Berg*].

Aus den bisher zitierten Textstellen können schon die bedeutsamsten allgemeinen Funktionen der konkretisierenden Metapher in den Illustrierten abgeleitet werden. Sie sind identisch mit denen, die für die Dynamisierungen ermittelt wurden: Auflockerung und bildhafte Akzentuierung der berichtenden Sprache, unmittelbar verständliche, einprägsame und sprachökonomische Profilierung von Aussagen (statt ausgefalteter oder auch weitschweifiger begrifflicher Formulierung) sowie hierdurch erzielte Stimulation zum Lesen.

Die konkretisierenden Metaphern benennen entweder Bezugsgegenstände und -sachverhalte um in andersartige Gegenstände menschlichen Schaffens bzw. Sachverhalte menschlicher Tätigkeit, oder sie transformieren die Bezüge in Erscheinungen der Natur, der auch die für metaphorische Aussagen benutzten menschlichen Körperteile und Organe zuzurechnen sind. Ein geringfügiger Teil der Konkretisierungen sind als indirekte Metaphern zu bezeichnen, und zwar wenn durch sie nicht ein bestimmtes Bildobjekt genannt wird, sondern wenn aus der Formulierung auf einen Gegenstand oder auf einen gegenständlich fixierten Sachverhalt als Analogiephänomen geschlossen werden muß (z. B. *Wahlkampf* als die indirekte Bezeichnung – durch das Grundwort des Kompositums signalisiert – für die mit Waffen geführte Auseinandersetzung zwischen »Streitern« bzw. gegnerischen Gruppen um ein Streitobjekt, den Gewinn einer Wahl).

Unter dem Aspekt der Unterteilung der konkretisierenden Übertragungen in zwei komplexe Bereiche bietet es sich an zu untersuchen, welche Bildphänomene und -bereiche in der Sprache der illustrierten Zeitschriften vorherrschen und welche speziellen Funktionen sie besitzen.

Bei den Metaphern, die Phänomene aus der Natur präsentieren, überwiegen wie in der gesamten Tagespresse die mit dem archetypischen Bildgegenstand *Berg* oder *Gipfel* bzw. die sich aus dieser Gegenständlichkeit ausformenden und ableitenden Konkretisierungen (rd. 120; 90 in den konventionellen und 30 in den Boulevardzeitungen). Die metaphorische Stereotype *Spitze* wird fast ausschließlich in Komposita zur formelhaft bündigen wertenden und informativen Aussage verwendet, indem sie entweder mit einem nichtmetaphorischen Bestimmungswort als Genitivattribut verbunden wird oder indem die Fügung umgekehrt erfolgt:

›Eine Welle von Solidarität‹ sei ihm überall entgegengeschlagen, nur nicht in der *CDU-Spitze* [...];
Hätte [die SPD] nicht außerdem in [XY] den *Spitzenmann* [...] angeboten, [...] [*St* 288, 3 und 35, 1].

Aber nicht nur in Texten zum Zeitgeschehen, sondern auch in den Sparten »Ratgeber« und »Rubriken« finden sich die Komposita als Wertungskürzel, so u. a.:

Spitzenklasse [= Fische, Meeresfrüchte und Hotels] [*NR* 103, 2];
Fotomodell der *internationalen Spitzenklasse* [*B+F* 68, 4];
›Moonlight Lady‹ [ist] zwar kein *Spitzentitel* [*Br* 65, 4].

Die englische Bezeichnung für Spitze ist als Bestimmungswort in Komposita ein spezifisches Gütepädikat für *Spitzen* in der Wirtschaft, der Medienindustrie sowie für Schlager, die jeweils aktuell und *in* sind, z. B.:

Top-Leute [*St* 149, 1];
[*Foto-*]*Topmodell* [*B+F* 45, 2];
Top-As [Hollywood-Star, *Br* 20, 3];
Top-Hits [*Br* 62, 2 und 62, 3].

Analog zur Kennzeichnung von Personen durch die angegebenen metaphorischen Stereotypen und Kürzel bemühen die Journalisten für die zusammenfassende Information oder die Stellungnahme über Begebenheiten das metaphorische Kompositum *Höhepunkt*, dessen Bestimmungswort ebenfalls eine Ableitung aus dem Bildphänomen *Berg/Gipfel* darstellt:

[...] beim *Höhepunkt des Vietnamkrieges* [...] [*St* 17, 1];
Eine junge englische Gruppe war der *Höhepunkt* [des Festivals] [*Br* 4, 2-4 in der headline].

Eine weitere Ausfaltung ist das Adjektiv *hoch*, hinzu kommen seine Steigerungs- und Fügungsformen, die insgesamt indirekte metaphorische Nennungen sind. Sie dienen in den Ressorts »Zeitgeschehen« und »Ratgeber« zur punktuellen und meist leerformelhaften Information:

Der [...] Service der [XY] sagt Ihnen [...], *wie hoch Ihre* [*Rentenansprüche*] *sind* [*NR* 65, 1];
Orientalen sind *hochexplosive Gefühlsmenschen* [*NR* 112, 1].

Weitere Beispiele ohne Kontext:
hohe Wahlbeteiligung [*St* 285, 2];
höhere Frachtkosten [*Bu* 116, 4];
die höchste Scheidungsrate [*St* 60, 3 in einer Zwischenüberschrift].

Das entlehnte klischeehafte und hyperbolische Metaphernwort *Star* wird in den Illustrierten, vor allem der *Bravo* und in *Bild + Funk* zahlreich bemüht (rd. 100mal, in den Boulevardblättern 30mal, in den konventionellen Zeitungen ohne Belang). Singularisch, pluralisch und in Zusammensetzungen etikettiert es die meist kurzzeitige Prominenz der Massenmedien:

Die Zentrale [...] stellt Kontake zu Euren *Lieblings-Stars* her [*Br* 7, 2-4 aus der headline];
Zwei *Stars in der Krise* [*B+F* 10, 1-4 als Überschrift].

Ergänzend einige Komposita:
Star-Komiker [*B+F* 30, 4];
starparade [sic!] [*Br* 68-69 als Schlagzeile];
»*Mink*«-*Stars* [*B+F* 26, 4 und singularisch *Br* 7, 3];
BRAVO-Gold-Star [43, 1];
Superstars; Weltstars [*Bu* 109, 3; *NR* 30, 3].

Übertragungen, die menschliche Organe und Körperteile als Bildgegenstände enthalten, bilden in den Illustrierten und in den beiden Arten der Tagespresse jeweils die drittumfangreichste Gruppe von Konkretisierungen (rd. 80:30:20). Sie werden vorwiegend stellungnehmend und emotional pointiert meist in Kolumnen zum Zeitgeschehen in satzumfassenden Aussagen verwendet. Es dominieren die Nennungen *Kopf, Hand* und *Herz*.

In dem Text zu einem Bild oberhalb des als Schlagzeile gedruckten Serientitels »Die Prinzgemahle« äußert der Kolumnist lesestimulierend über den geschäftsfreudigen Gatten einer Königin, der in einen »weltweiten« Bestechungsskandal verwickelt war:

[Die Königin] *rettete seinen Kopf* vor dem Staatsanwalt [*FiSp* 52, 1-2].

Die Publikumswirkung eines »Top«-Rennfahrers – nach einem »schweren« Unfall erstmalig wieder am Start – wird so formuliert:

In Monza [...] *schlugen 100000 Herzen* von italienischen Renn-Fans für den Österreicher [*NR* 120, 4].

Die speziell adressatenbezogene Überschrift der jeweiligen Spalten von »Guter Rat von FRAU im Spiegel« lautet:

Sprechstunde der Herzen [68, 2-3].

Hinsichtlich von prognostischen Meinungsumfragen zur Bundestagswahl 1976 heißt es im *Stern:*

Noch nie wurden Demoskopen [...] die neuesten *Umfrageergebnisse* von Politikern so *aus der Hand* [...] *gerissen* [17, 2].

Die Tiermetaphern folgen in den Illustrierten zahlenmäßig an vierter Stelle (rd. 65, in den beiden Arten der Tageszeitungen je 20). Sie finden sich hinsichtlich der illustrierten Publikumszeitschriften überwiegend in Texten zum Zeitgeschehen und in *Bild* + *Funk* und *Bravo* vornehmlich in den »Ratgeber«- und »Rubriken«-Spalten.

In den erstgenannten Zeitschriften sind einige Aussagen mit Verben und Partizipien als indirekte Tierübertragungen formuliert, so u.a.:

> [ein Grundsatz für jeden Korrespondenten im Libanon]: sich anpassen, will er *ungerupft überleben* [*NR* 112, 3];
> Der Spionageskandal um das Nato-Kampfflugzeug »Tornado« *entpuppte sich als dreistes Gaunerstück* [*St* 41, 1–4, headline].

Zu den indirekten Tiermetaphern zählt auch das wirtschafts- und parteipolitische Schlag- und Modewort *Aufschwung*, wenn als Analogiephänomen das Aufwärtskreisen von Raubvögeln angenommen wird [*NR* 117, 1; *St* 284, 3 und 310, 2].

Direkte Tierübertragungen, die eine satzumgreifende Aussage formen, finden sich ausschließlich im *Stern* und wirken gespreizt, z. B.:

> Produzent [X] kann über *sein jüngstes Pferd* [= *TV-Show-»Star«*] *im sonst betagten Stall nur jubeln* [66, 1];
> Im Frühjahr 1978 *sollen die ersten Rabbits* [...] *vom Fließband hoppeln* [*rabbit* = ›Kaninchen‹ als Bezeichnung des VW-Typs Golf in den USA] [248, 2].

Öfters benutzen die Kolumnisten direkte Tiermetaphern als schon usuelle sprachökonomische Kürzel für Personen und industrielle Produkte oder als mehr oder weniger gelungene neue Nennungen. Die Übertragungen sind ein- und zweigliedrig (letztere mit einem Tiernamen als Grundwort). Zunächst einige Komposita:

Baulöwe [*NR* 115, 4; 116, 2; *St* 227, 1];
Kredithai [*B*+*F* 70, 3–4; in der Überschrift];
Leseratten; Ballett-Ratten [*B*+*F* 101, 3; *Br* 71, 3];
Straßenflöhe [= Kleinst-Stadtautos, *St* 163, 1–3; in der Überschrift];
US-Rabbit; Diesel-Rabbit [*St* 250, 3; 252, 1].

Eingliedrige Nennungen sind u.a.:

Löwin [*B*+*F* 61, 1]

als Wertungsklischee für eine Schlagersängerin;

Rabbit und *Käfer* [*St* 250, 1, 2 und 3; 252, 1]

als Typenbezeichnungen für VW-Automobile;

Renner [vermutlich = ›siegversprechende Rennpferde‹; *Bu* 5, 1; *Br* 62, 1 und 4; jeweils in der Überschrift]

als Bezeichnung für absatzgünstige Taschenbücher sowie für in der »Bravo-Disco« plazierte Schlager.

Zwei weitere ungefähr gleich große Gruppen bilden Konkretisierungen mit den toposhaften Bildgegenständen *Weg* und *Welt* (je rd. 45), wovon die erstgenannten auch in der konventionellen Tagespresse vielfach aufzufinden sind (rd. 30).

Die Nennung *Weg* und die ihrem Sinnbezirk zuzurechnende Bezeichnung *Karriere* als bequeme, bündige Fixierungen für den beruflichen Erfolg von Personen werden in allen Illustrierten informativ verwendet:

> [...] *der Mime, der* [...] *als spindeldürrer* »Otto Normalverbraucher« *seine Karriere begann* [*NR* 6, 4; ähnlich u.a.: *St* 64, 1; *B*+*F* 23, 4; *FiSp* 86, 2];
> [ein Bundestagskandidat] nicht aufzuhalten *auf dem Weg* nach Bonn [*Bu* 13, 2].

Die metaphorische Stereotype *Karriere* benutzen die Kolumnisten auch für Komposita, z. B.:
> *Filmkarriere* [*Br* 26, 4];
> *Karrierestart; Karrierefrau* [*Br* 48, 1; *B+F* 6, 1].

Die *Weg*-Stereotype wird zudem zur Aussage von Lebensproblematik benutzt:
> [...] wie kam es nun, daß [XY] *einen Weg einschlug, der* [...?] [*Bu* 57, 1];
> [...], daß sie keinen anderen *Ausweg* sehen als den Freitod [*B+F* 40, 2].

Wie die *Weg*-Übertragungen sind auch die formelhaften metaphorischen *Welt*-Fixierungen in Texten aller Sparten aufzufinden, letztere überwiegend jedoch als fazitive Stellungnahmen. Sie etikettieren superlativisch Personen und summativ das mehr oder minder problematische Lebensumfeld von Menschen:
> Die »Met« in New York feierte die [X] als »*beste Isolde« der Welt* [*Bu* 5, 2];
> *Eine heile Welt in einer fränkischen Familie* [*Br* 13, 1].

Weiterhin wird die Nennung *Welt* sprachökonomisch oder aus Bequemlichkeit metaphorisch als geographische Stereotype mit der Bedeutung »[überall] auf der Erde« bemüht:
> *In unserer Welt* [...] wächst die Zahl der Menschen unaufhaltsam [*B+F* 53, 1/2];
> [die Berliner Philharmonia]: *Der schönste Konzertsaal der Welt* [*St* 195, 1].

Die Konkretisierungen der bisher präsentierten und noch vorzuweisenden Übertragungsbereiche sind vorherrschend als lexikalisiert, gebräuchlich zu bezeichnen – sie werden nicht mehr als Metaphern empfunden – und zu einem geringen Teil als konventionell – sie werden nicht mehr als originell und kreativ empfunden, jedoch auch nicht als schon usuell. Das trifft gleichfalls für die Übertragungen der anderen Kategorien zu, und zwar in gleicher Weise für die Illustrierten und die gesamte Tagespresse. Sogenannte »kreative« oder lediglich neuartige Metaphern formulieren oder verwenden die Journalisten, wie an jeweils gegebener Stelle aufzuzeigen ist, äußerst selten. Der Befund beinhaltet keinen Vorwurf, weil der Pressesprache aufgrund ihrer Funktionen diese Metapherverwendung nicht angemessen ist.

Hinsichtlich der Konkretisierungen, die Bezugsphänomene und -sachverhalte umbenennen in Produkte menschlicher Tätigkeit und andersartige Sachverhalte menschlichen Handelns, sind in den Illustrierten und der gesamten Tagespresse die Übertragungen aus dem Bereich des Militärischen am zahlreichsten (rd. 140, in den konventionellen Zeitungen 80, den Boulevardblättern 40). Sie haben überwiegend in Artikeln zum Zeitgeschehen ihren Platz und werden fast gleichgewichtig für Informationen und Stellungnahmen benutzt.

Die häufigen Bezeichnungen *Kampf* [z. B. *NR* 61, 1; *FiSp* 7, 2] und vor allem *Wahlkampf* [u.a. *Bu* 11, 3 zweimal; *St* 284 dreimal] sowie gleichfalls die Nennung *Kampagne* [z. B. *St* 164, 4; 288, 3] sind lexikalisierte und zudem indirekte Übertragungen. Das gilt ebenso für die Wörter *Sieg* und *Niederlage (Vor-, Rück-)Marsch* und *Durchbruch*. Hinsichtlich der letzteren zwei Beispiele:
> Aber das Bekenntnis seiner Frau [...] muß ihn schmerzhafter getroffen haben *als jede andere Niederlage in seinem Leben* [*Bu* 28, 2];
> Aber *zum Marsch auf Bonn* reicht das Gesamtergebnis nicht [*St* 27; im Text zu einem ganzseitigen Bild].

Der usuelle Gebrauch trifft weiterhin zu für das öfter bemühte Wort *Waffe*, so z. B.:
> Fest steht, daß die *Hypnosetherapie* [...] *eine wirksame Waffe* [...] bedeutet [*NR* 48, 3];

und auch hinsichtlich der affektiven salopp-umgangssprachlichen Klischee-Komposita:
> *Sportskanone* und *Sexbombe* [*Br* 26, 1 und 26, 3].

Noch nicht lexikalisiert, sondern konventionell sind eine Reihe von metaphorisch verwendeten Wörtern. Als Belegzitate:

Die [FDP] verhinderte *die Aufspaltung des Landes in zwei feindliche Lager* [*Bu* 11, 2 und *St* 29, 4];

[»...] aber wir haben *unsere Stellung in der Regierung behauptet*« [*St* 30, 4];

Das Tarnmanöver verdeckte nur [kurz] die Wahrheit [*NR* 122, 1].

Die aus dem Englischen übernommene Bezeichnung *hit* für einen publikumswirksamen Schlager ist heutzutage durch die Massenmedien schon gebräuchlich [z.B. *Br* 61, 2 und 62, 1–2; in einer Überschrift], jedoch nicht als superlativische Wertung für Kinofilme und TV-Serien:

[XY] machte [...] *die Serie* [...] *zum Hit;*

[»XYZ«] hieß *einer seiner Thriller-Hits* [*Br* 43, 3 und 42, 4].

Wie bei der Analyse der Metaphorik in den Boulevardblättern und den konventionellen Tageszeitungen muß auch hinsichtlich der Illustriertenpresse herausgehoben werden, daß der intensive Gebrauch von Übertragungen aus dem Bezugskreis des Militärischen vor allem in der Sparte »Aktuelles Zeitgeschehen« weder Ausdruck einer militanten, speziell politisch militanten Einstellung der Journalisten ist, noch von der Härte und Heftigkeit der Auseinandersetzung politischer und gesellschaftlicher Gruppen bedingt sein kann[20]. Für die Darstellung und Beurteilung politischer und gesellschaftlicher Sachverhalte, die durch Kontroversen und den Durchsetzungswillen von Gruppen und Institutionen gekennzeichnet sind, bietet sich speziell die Militärmetaphorik als analoges sprachliches Bildfeld an.

Die nächst umfangreiche Gruppe der Übertragungen, die Bezugsphänomene und -sachverhalte in Gegenstände und andersartige Sachverhalte menschlichen Schaffens und Handelns umformulieren, bilden in den Illustrierten die Bauwerk-Metaphern (rd. 65, in den konventionellen Zeitungen 40, den Boulevardblättern 15). Im Gegensatz zu den Übertragungen in der Tagespresse werden sie überwiegend für Stellungnahmen und in Kolumnen zum Zeitgeschehen verwendet.

Als usuelle Bezeichnungen sind zu nennen *Fundament, Basis* sowie *Stütze, Pfeiler, Säule:*

[...], daß die Parteiarbeit an der *SPD-Basis* [...] zu stagnieren begann [*St* 36, 2; ähnlich u.a. 92, 3; 288, 3; 310, 2].

Als Beispiele für eine gespreizte, übertriebene und stark emotionalisierte Aussage:

Die Wogen der Empörung schlugen hoch und brandeten *gegen die Säulen des Hauses Oranien* [*FiSp* 54, 1; gleichartig 77, 3].

Wie in dem letzten Zitat das Lexem *Haus* metaphorisch benutzt wird, so geschieht dies auch, jedoch bedeutungsverengend, in Formulierungen folgender Art:

Zu den Freunden des Hauses [...],

[...] die Erziehung in einem vorurteilsfreien *Elternhaus* [*NR* 46, 3; 74, 2 und 121, 1].

Weitere Bildobjekte sind *Brücke* und *Fabrik:*

Zu jeder Zeit war [*der Rhein*] *Brücke zwischen Nationen und Kulturen* [*B+F* 52, 3/4];

[XXX] besitzt [...] nicht nur *die größte Traumfabrik Asiens* [*St* 88, 4; 90, 3].

Als indirekte Bauwerk-Metaphern sind u.a. zu bestimmen der Bezug der Verben *bauen, fallen* und *brechen* – meist mit einem Präfix versehen – zu einem Substantiv, welches durch ein Verb indirekt als *Gebäude* konkretisiert wird, z.B.:

---

[20] Die erste Meinung vertritt hinsichtlich der *Bild-Zeitung* Ekkehart Mittelberg, *Wortschatz und Syntax der Bild-Zeitung.* (= Marburger Beiträge zur Germanistik, 19.) Marburg: Elwert 1967, S. 132. Die zweite Meinung äußert Wolfgang Butzlaff, *Sprachbetrachtung und Sprachkritik mit Hilfe der Zeitung;* in: *Der Deutschunterricht,* XXI (1969), H. 4, S. 33.

»Deshalb treten wir [...] für die freiheitliche *Ordnung* unserer Geschichte ein, *die wir weiter ausbauen wollen*« [*Bu* 11, 3];
Innerhalb weniger Stunden *brach* [...] *das* kommunistische *Regime in Ungarn zusammen* [*St* 69; im lead neben einem großformatigen Bild].

Zwei weitere gleich große Gruppen erstellen die Metaphern aus den Übertragungsbezirken Spiel und Technik (je rd. 45, in den konventionellen Zeitungen je 35, in den Boulevardblättern waren nur die Spiel-Metaphern, rd. 20, erwähnenswert). Die ersteren sind plaziert in Texten zum Zeitgeschehen und der Serien, die anderen in allen Sparten; beide Gruppen werden durchgängig für Informationen verwendet.

Im *Stern* ist zur bündigen Aussage mehrfach die Nennung *Patt* benutzt:

[1969] mußten [X] und [Y] *wegen des* [...] *Patts im Bundestag* vorzeitige Neuwahlen ausschreiben lassen [*St* 29, 2; ebenso 285, 1; 286, 1; 290, 4; 292, 2].

Als weitere Beispiele noch eins zum Schachspiel und ein anderes hinsichtlich von Kartenspielen:

»Und *ich war für ihn die Königin* [...] *Aber ich war eben auch nur eine Schachfigur*« [*Bu* 26, 1; ähnlich 20 im lead neben einem großformatigen Bild];
Musik ist Trumpf [*B+F* 14, 2; 47, 1 und 51, 1].

Die Übertragungen aus dem Bezugssektor Technik sind überwiegend Bezeichnungen für »Gegenstände« industrieller Produktion. Sie erweisen sich im Gegensatz zu den Spielmetaphern meist nicht als usuell, sondern als konventionell:

Aber [...] Wissenschaftler fanden heraus, daß sich *im Zwischenhirn engbegrenzte Schaltstellen* befinden [...] [*NR* 26, 2];
Diese Kostenwalze [...] hat hochfliegende Politikerträume unter sich begraben [*St* 235, 2].

Unter anderem werden metaphorisiert:

ein Schlagersänger   als *»Senkrechtstarter«* im [...] *Showgeschäft* [*B+F* 69, 2];
eine Fischart   als *Müllschlucker* [*St* 171, 2];
ein Pkw-Typ   als *Zwei-Liter-110-PS-Rakete* [*Bu* 82, 2];
Kinofilme   als *Streifen* [*NR* 118, 1; *B+F* 27, 2];
Schallplatten   als *Scheiben* [*Br* 72; im Text neben einem Bild].

Einige Übertragungen sind als indirekt zu bezeichnen. Wenn es heißt:

Und leider wird [...] der Showmaster oft *für Pannen verantwortlich gemacht* [...] [*B+F* 45, 1],

dann ist der reale Bezug ein Defekt an einem Fahrzeug. Ein Defekt am Fernsprechapparat oder der Telefonleitung ist die Analogie für die Aussage:

Machten [X und Y] sogar häufig zusammen Segelurlaub, *so riß die Verbindung plötzlich ab* [*FiSp* 96, 2].

Weiterhin lassen sich zwei ebenfalls gleich umfangreiche Metapherngruppen ermitteln, deren komplexe Analogiebereiche das Theater und die Handwerke sind (je rd. 30, nur zur ersteren fanden sich einige in den konventionellen Tageszeitungen, rd. 15). Sie dominieren völlig in den Spalten zum Zeitgeschehen und fixieren mit ihrem Kontext vorwiegend Stellungnahmen.

Traditionell werden im Sprachgebrauch zwischenmenschliche Beziehungen und Sachverhalte mit Öffentlichkeitscharakter häufig sprachökonomisch und mehr oder weniger emotionalisiert mit der Angabe szenischer Textarten gekennzeichnet:

»*Mein Leben mit* [*X*] *war wahrhaftig keine Tragödie*« [*NR* 19, 2];
Obwohl *der »große Coup« zur Kriminalgroteske geriet* [...] [*St* 45, 3].

Die Nennungen *Bühne* und heutzutage speziell *Szene* metaphorisieren politische, gesellschaftspolitische und massenmediale Sachverhalte. In Kurzangabe einige Beispiele:
[...] *auf der Bühne des Bundesrats* agieren [St 288, 3];
Erschütternder *Bericht aus der Drogen-Szene* [Br 47, 3];
Stars der *internationalen Schlagerszene* [B+F 61, 2].

Auch die Wörter *Auftritt* und *Rolle* werden mehrfach metaphorisch benutzt.

Die Übertragungen aus dem Bildsektor der Handwerke präsentieren sich mit wenigen Ausnahmen als indirekte. Adjektive, Partizipien und Verben konkretisieren substantivisch ausgesagte Sachverhalte, z. B.:
Der Bruch mit [X] *ist nicht mehr zu kitten* [FiSp 96, 1];
Nur die von Verdi satanisch gedachte *Hexenszene* [der Oper »Macbeth«] *klingt* [...] *allzu poliert* [St 106, 3];
Bei seinen Parteifreunden [...] ist [XY] wegen seiner *geschliffenen Reden* [...] bekannt [NR 6, 4/7, 1].

Eine letzte bedeutsame Gruppe konkretisierender Metaphern in den illustrierten Publikumszeitschriften bilden wie in den konventionellen Tageszeitungen die Raumlagebezeichnungen *rechts* und *links* (in beiden Pressebereichen je rd. 30, in die Untersuchung der Boulevardblätter wurden sie noch nicht einbezogen). Aufgrund der Sitzordnung in Parlamenten – die konservativen Fraktionen rechts, links die sozialistischen – sind diese Raumlagebezeichnungen in Texten mit politischer und gesellschaftspolitischer Thematik seit langem zu sprachökonomischen metaphorischen Kürzeln geworden: vor allem für politische und gesellschaftspolitische Zuordnungen und ebenso für die Plazierung konservativer und nichtkonservater Mitglieder und Gruppierungen innerhalb von Parteien. Die Journalisten verwenden die Fixierungen meist in Stellungnahmen, und zwar weniger adjektivisch als vielmehr substantiviert und in Zusammensetzungen. Als Beispiele:
die ungenierte *Aktion der rechten Subversion* [St 254, 4];
Eine Selbstzerfleischung der Demokratie nutzt [...] unseren gemeinsamen Feinden *auf der Linken und auf der Rechten* [Bu 11, 3];
[X] warf [Y] vor, er habe *die Außenpolitik eines Linksblocks* vertreten [St 29, 4].

Wie in den Texten der gesamten Tagespresse sind auch die Konkretisierungen in den Illustrierten als lexikalisierte und konventionelle zu klassifizieren. Neuartige, wenn auch nicht »kreative« ließen sich im Gegensatz zu den Tageszeitungen immerhin eine Handvoll aufspüren, z. B.:
Galicien – ein Ferienland mit »Klimaanlage« [NR 3, 2 und 103, 1; als Überschrift];
Die Offensive des Lächelns dauerte nur eine Nacht [St 288, 2].

Die Journalisten benutzen traditionelle Bildbezirke als Analogieebenen, um Informationen und Stellungnahmen bildhaft und bündig, pointiert und unmittelbar verständlich zu fixieren. Hinsichtlich der Bildbereiche sind die Konkretisierungen in den Illustrierten und konventionellen Tageszeitungen komplexer ausgeprägt als in den Boulevardblättern. In diesen konnten neun dominante metaphorische Analogiefelder ermittelt werden und in jenen jeweils dreizehn. Hinzu kommen in den Illustrierten gegenüber der Tagespresse die Welt- und Handwerk-Metaphern und gegenüber den Boulevardblättern zudem die Weg- und Technik-Übertragungen. Im Vergleich mit den konventionellen Tageszeitungen entfallen in den Illustrierten wegen ihrer geringen Anzahl die Flora-, Wasser- und Schiffsmetaphern.

In weitaus größerem Umfang als die Dynamisierungen akzentuieren und gewichten die Konkretisierungen Stellungnahmen und sinnzentrale Aussagen in Texten, und zwar vorwiegend in der Sparte »Aktuelles Zeitgeschehen« (über 20% der Gesamtanzahl).

Die konkretisierenden Übertragungen erweisen sich in den Illustrierten wie in der Tagespresse völlig eindeutig als normalsprachlich. Aus der Gruppe der salopp-umgangssprachlichen einige Belege (insgesamt rd. 40, in der *Bravo* über ein Drittel hiervon; in den konventionellen Zeitungen über ein, in den Boulevardblättern rd. zwei Dutzend):

Der Prozeß platzte [NR 121, 1];
Ein Mediziner unter Beschuß [B+F 68, 3–4; als Überschrift];
Dieser Teil [...] schildert [XYs] *steilen Weg nach oben, der mit Skandalen gepflastert war* [Br 25, 1; aus einem lead];
[Ein Song], mit dem [XY] *einen Riesenhit landen konnte* [Br 63, 1–3; aus einem lead].

Die Konkretisierungen gestalten die Texte der Illustrierten weitaus intensiver affektiv als die Dynamisierungen, und zwar aufgrund ihrer extensiveren sprachlichen Formung und durch ihre fast vierfach größere Anzahl. Diese Emotionalisierung stellt eine weitere – bisher nicht genannte – allgemeine Funktion der konkretisierenden Metapher dar. Sie wird gesteigert sowohl durch die salopp-umgangssprachlichen Übertragungen als auch vor allem durch die, welche sich in und mit ihrem Kontext überzogen affektiv oder preziös präsentieren (erstere rd. 25, fast die Hälfte in der *Bravo;* letztere rd. 60, knapp die Hälfte im *Stern;* in den konventionellen Zeitungen rd. 20 emotional überzogene Konkretisierungen, in den Boulevardblättern signifikant mehr, sie wurden jedoch nicht quantitativ erfaßt; die preziösen Übertragungen wurden bei der Untersuchung der Tagespresse noch nicht berücksichtigt).

Alle Konkretisierungen – ob mit oder ohne Absicht verwendet – wirken leseanreizend, die Übertragungen der drei soeben genannten Gruppen in erhöhtem Maße. Die hyperbolisch emotionalisierten und die preziösen Konkretisierungen unterscheiden sich darin, daß die ersten wie die salopp-umgangssprachlichen zum Lesen stimulieren aufgrund übermittelter Inhalte, die anderen jedoch durch ihre – meist beabsichtigte – geschraubte Fixierung von Aussagen. Für beide Gruppen als Beispiele:

Am Wochenende ins Stadion!/Fußballfieber/Samstags bricht das Fußballfieber aus [B+F 69, 1–2; headline, Überschrift, erster Satz im Text];
Der erwartete *Sturm der Entrüstung, der Feldzug gegen die unmoralischen* [*Film-*]*Nackten wurde* [...] *eingeleitet* [Br 25, 2];
[X] habe es [...] verhindert, daß *die Erfolgswelle der Christenunion* in Süddeutschland auch den Norden erfaßt habe [St 288, 4]. –
Vorsicht – *das Leben hat da so einige vertrackte Hürden und Hindernisse bereit, bei denen schon mancher vom Pferd gefallen ist* [FiSp 88, 4];
[XY] ritt [...] in der Top-Serie [Z] *in die Herzen der BRAVO-Leser* [Br 43, 3].

Der generelle Leseanreiz der Konkretisierungen, erhöht durch die salopp-umgangssprachlichen, affektiv übertriebenen und preziösen, wird zudem noch gesteigert durch drei Aussageintentionen eines Teils der Übertragungen, die auf drei spezielle Funktionen der konkretisierenden Metapher in den Illustrierten hinweisen: die vorwiegend gezielte Plazierung an exponierten Textstellen (in Überschriften, headlines, leads und Kurztexten zu Bildern) sowie ihre humvorvolle und scherzhaft oder ihre ernsthaft satirische Handhabe, die jedoch nur in den illustrierten Publikumszeitschriften zu ermitteln ist (die erste Funktion repräsentieren rd. 100, in den konventionellen Zeitungen rd. 80, für die Boulevardblätter nicht ermittelt; die beiden anderen Funktionen repräsentieren rd. 40 Übertragungen, in die Untersuchung der Tagespresse wurden diese Aussageintentionen nicht einbezogen). Für die erstgenannte Funktion erübrigen sich Beispiele, weil eine Reihe von Zitaten den exponierten humorvollen und satirischen Einsatz von Konkretisierungen belegen. Hinsichtlich der humorvollen und satirischen Intentionsart jeweils ein Beispiel:

Halten Sie Ihre Brieftasche fest: Die neuen Pelze kommen [*Bu* 126, 2-3];
Der Vorhang zu Deutschlands größter Agenten-Klamotte hob sich im Abfallvernichtungsraum des [Flugzeug-]Herstellers [XYZ] [*St* 41, 3];
Korrespondent im linken Westbeirut – derzeit *ein Drahtseilakt ohne Netz* [*NR* 112, 3].

Die salopp-umgangssprachlichen Konkretisierungen und auch die emotional überzogenen sind in den Illustrierten häufiger zu finden als in den konventionellen Tageszeitungen und weniger als in den Boulevardblättern, wenn zum Vergleich die Textmenge der jeweils untersuchten Ausgaben herangezogen wird. Eindeutig negativ herauszustellen sind hinsichtlich der Illustrierten die affektiv übertriebenen und preziösen Übertragungen, weniger die salopp-umgangssprachlichen, weil diese in ihrem jeweiligen Kontext oft treffend und aussageadäquat sind. Abgesehen von diesen Negativa erweist sich die Verwendung der konkretisierenden Metapher in der Illustriertenpresse relational zu ihrer primären Funktion – dem Leserpublikum Unterhaltung und unterhaltend artikulierte Informationen sowie Anzeigenwerbung zu vermitteln – als ein Ausdrucksmittel, das den präsentierten Inhalten durchgängig angemessen ist.

Auszuschließen jedoch von dem Untersuchungsergebnis und von der Einschätzung ist die Jugendzeitschrift *Bravo*. Sie weist im Vergleich mit dem Textvolumen der anderen Illustrierten fast zehnmal mehr emotional überzogene, fast sechsmal mehr salopp-umgangssprachliche und fast doppelt so viele preziöse Konkretisierungen auf als durchschnittlich jede der anderen fünf Zeitschriften. Die Gründe für diese massive Verwendung sind die gleichen, die schon bei der Untersuchung *Zur Idiomatik in der Illustriertenpresse* in bezug auf die Verwendungsweise der Redensarten in der *Bravo* fixiert wurden[21]. Im Hinblick auf die Schichtzugehörigkeit der speziell angezielten jugendlichen Leser und im Wissen um ihr dominant affektives Sprechen passen sich die Texter diesem Sprachgebrauch an[22]. Sowohl der Verwendungsmodus der Redensarten als auch der dynamisierenden, konkretisierenden und der noch vorzuführenden sensorischen Metapher kann in der kommerziellen Jugendzeitschrift als manipulativ bezeichnet werden: Dieser Sprachgebrauch zielt ständig bewußt auf Erhaltung und Erhöhung des Auflagenabsatzes ab; er bestätigt, bestärkt und verstärkt mittelbar durch die Anpassung an den Sprachgebrauch der jungen Konsumenten deren Sprachhandhabe, und er wird indirekt für Werbung eingesetzt[23].

Letzteres geschieht, indem in jeder Ausgabe allein schon durch die »Star«-Präsentationen aktuelle Schallplatten sowie Kino- und TV-Filme emotional aufgebläht und damit suggestiv werbewirksam angepriesen werden[24].

---

[21] Erscheint demnächst in: *Muttersprache*, LXXXVIII (1978), H. 5

[22] Vgl. hierzu auch Rolf Gutte, *Gesellschaftliche Identifikationsangebote – Zum Beispiel »Bravo«;* in: *Projekt Deutschunterricht*, 5; hg. von Heinz Ide in Verbindung mit dem Bremer Kollektiv; Stuttgart: Metzler u. Poeschel 1973, S. 65, und Erdmute Beha, *BRAVO;* in: *Kürbiskern*, 2/1972, S. 276.

[23] Vgl. hierzu auch Rolf Gutte, a.a.O. (Anm. 22), S. 65, und Dieter Baacke, *Der traurige Schein des Glücks. Zum Typus kommerzieller Jugendzeitschriften;* in: Hermann K. Ehmer (Hg.), *Visuelle Kommunikation. Beiträge zur Kritik der Bewußtseinsindustrie;* Köln: DuMont Schauberg 1971, S. 245f., sowie in bezug auf Massenmedien allgemein: Horst Holzer, *Massenmedien oder Monopolmedien;* in: *Kürbiskern*, 4/1971, S. 626.

[24] Die Gefahr der indirekten Werbung ist in allen Illustrierten präsent durch die Sparte *Ratgeber*. Hier finden sich aber meist sprachlich distanziert auskunftfördernde Informationen über bestimmte Produkte.

4 Die personifizierende Metapher

Sie benennt Personen in andere Personen um, anthropomorphisiert Institutionen (d.h., Personengruppen werden singularisiert) oder personifiziert menschliche Eigenschaften, Gefühle, Befindlichkeiten; weiterhin anthropomorphisiert sie Gegenständliches, Begriffe und numinose Wesen.

Die Personifikationen stellen in den Illustrierten wie in den konventionellen Tageszeitungen und Boulevardblättern den zweitgrößten Metaphernkomplex (440 = 18,8%:29,3%:19%). Überwiegend benutzen die Journalisten die Übertragungen in Texten zum Zeitgeschehen und geringfügig in den anderen Sparten. Die Personifizierungen können mehrfach unterteilt werden. Eine Gruppe bilden ein- und zweigliedrige Substantive, die Personen schlagwortartig profilieren, indem ihnen durch die Übertragungen eine Funktion oder Rolle zugeordnet wird. Drei Analogiebereiche sind herauszustellen: der des Militärischen (im weitgefaßten Sinne), der des Politischen/Gesellschaftspolitischen sowie der Bildsektor Wirtschaft.

Usuelles Wertungsklischee ist die Personifikation *Held*, sie wird für Sportler und Schauspieler benutzt:

Volksheld [Br 26, 2];
Hollywood-Held [FiSp 89, 3]; *Leinwandhelden* [NR 117, 1].

Stellungnehmend und teilweise sinnzentrierend werden u.a. folgende Bezeichnungen benutzt:

Schienen die Zahlen [der Demoskopen] gut, dann beriefen sich *die Wahlkämpfer* [...] auf sie.
So *Angreifer* [XY...] [St 17, 2].

Ebenfalls meist stellungnehmend präsentieren sich gebräuchliche und neuartige Personifikationen, die dem zweiten Analogiebezirk entstammen:

Was für *ein Tyrann, dieser* [X]! [Bu 24, 2; als Überschrift; ähnlich 26, 1];
Auf dem Finanzamt [X] wartet [...] die zuständige Sachbearbeiterin [...], um den [...] *Steuerflüchtling* [...] zu betreuen [Bu 5, 3].

Rein informativ hingegen werden Personenumbenennungen aus dem Wirtschaftssektor gehandhabt:

[...] Anzeichen eines langen Wahlkampfes, den *der FDP-Chef* führt [FiSp 21, 3; ebenso St 22; im Text zu einem ganzseitigen Bild; ähnlich 288, 3].

Die Fixierung *Boß* bleibt Wirtschafts- und Massenmedien-Managern vorbehalten [St 248, 2; Br 10, 1; NR 117, 1].

Erwähnt seien noch die Personifikationen *Koalitions-Kompagnon* und *Geschäftsreisender*, die auf Politiker bezogen werden, sowie aus anderen Bildsektoren die preziös anmutenden Nennungen *Juso-Jäger*, *Asphalt-Cowboy* (= Lastwagenfahrer) und *Schönheitstechniker* [= kosmetische Chirurgen, St 26, 1; 49, 2, als Überschrift; Br 25, 4].

Wie in den Boulevardblättern werden auch in den Illustrierten Titel der Spitzenränge einer feudalistischen Gesellschaftsordnung benutzt, und zwar ausschließlich als affektiv überzogene oder preziöse Wertungsklischees für Massenmedien-Prominenz. Exponenten der Bewußtseinsindustrie offeriert man wie Produkte bestimmter Branchen semantisch aufwertend und zugleich suggestiv:

Filmkönigin aus Hollywood [NR 17, 2];
einer der ersten »*Horrorgrafen*« Hollywoods [NR 118, 1];
Der *König der Karate-Killer* [= Filmproduzent, St 88, 2-3; als Überschrift; erwähnenswert die – in der Werbung häufig verwendete – Alliteration];
Calypso-König; Schlagerkönig [St 150, 4; 152, 3; B+F 72, 3].

Die *Bravo* jedoch bietet die »Spitze«:
Die Götter der Pop-Szene [als Titel einer Serie; 25, 1].

Die Personen-Umbenennungen werden hier differenzierter gehandhabt als in der Tagespresse. Sie wirken insgesamt leseanreizend und sind zumindest teilweise mit Absicht formuliert und auch an exponierten Stellen plaziert.

Den Hauptkomplex der Personifikationen bilden die von öffentlichen und politischen Institutionen (rd. 240, in den konventionellen Zeitungen 370, den Boulevardblättern 50). Die Metaphern konstituieren sich, indem den Namen der Institutionen Verben zugeordnet werden, die menschliches Verhalten meinen und sich auf einen Kontext beziehen.

Konnten hinsichtlich der konventionellen Zeitungen sechs Schwerpunkte für die Personifikationen öffentlicher Institutionen angegeben werden, so ist das Spektrum in den Illustrierten enger. Es dominieren mit Ausnahme in *Bild + Funk* die Anthropomorphisierungen der Illustrierten jeweils selbst als öffentliche Einrichtungen:

[Über die geplante Verminderung von Schäden durch die Schulreform] *berichtet die BUNTE als erste deutsche Zeitschrift* in allen Einzelheiten [32, 1; ähnliche Formulierungen noch siebenmal];
Der STERN sprach mit [*X Y*] [3,1];
Im Modeteil stellt FRAU IM SPIEGEL [...] *vor* [3, 1; aus dem Text zu einem Bild];
Liebe BRAVO-Leser, wußtet Ihr eigentlich, daß die Eigenschaftswörter »brandheiß« u. »randvoll« *von BRAVO erfunden worden* sind? [7, 1; ähnliche Aussagen noch elfmal!, davon drei in headlines].

Diese Personifikationen sind sprachökonomisch bündige Formulierungen. Inhaltlich aber dokumentiert sich in einem Teil von ihnen und ihrem Kontext – die Illustriertennamen werden zudem in Großbuchstaben gedruckt – massives Imponiergehabe gepaart mit Imagepflege und Prestigedenken; die Analogie zur Konzeption vieler Werbeanzeigen ist offenkundig.

Im *Stern* werden Zeitungen, die in den USA erscheinen, personifiziert und in *Bild + Funk* die Namen von Fernseh- und Rundfunkanstalten. Als Beispiel:

ARD und ZDF erklärten übereinstimmend [...] [*B + F* 3, 3].

Die Übertragungen und ihr sprachliches Umfeld übermitteln knapp Informationen und Stellungnahmen und markieren durchgehend aussagewichtige Textstellen. Das gilt ebenso hinsichtlich der anderen Personifizierungen öffentlicher Einrichtungen. Hierzu ein Beispiel:

So fordert die Deutsche Gesellschaft für Soziale Psychiatrie »klare Richtlinien« für Hirnoperationen an Menschen mit Verhaltensstörungen [*NR* 26, 4].

Anthropomorphisierungen politischer Institutionen weisen nur die illustrierten Publikumszeitschriften auf. Als Gruppen lassen sich ermitteln: politische Parteien in der Bundesrepublik sowie europäische/außereuropäische Regierungen. Was die letztgenannten betrifft, so werden meistens die Namen der Länder oder die Namen ihrer Hauptstädte metaphorisiert. Für beide Gruppen als Beispiele:

Die SPD muß ihre Affären bereinigen, die FDP mit CDU-Koalitionsangeboten [...] *fertig werden* [*St* 18; aus dem großformatigen lead];
Ob Bonn den Juden (in Argentinien) *helfen kann*, steht freilich dahin [*St* 254, 4];
England und Frankreich pokerten in den Friedensverhandlungen mit der Türkei [*St* 124, 4];
China befürwortet die Notwendigkeit, aus der Bipolarität Washington/Moskau [...] herauszukommen [*NR* 11, 3].

Auch hinsichtlich der Personifikationen politischer Institutionen ist wie bei denen öffentlicher Einrichtungen gegenüber den konventionellen Zeitungen eine Reduktion festzustellen. Sie beruht darin, daß die illustrierten Publikumszeitschriften nicht das Hauptgewicht auf politische und gesellschaftspolitische Berichterstattung legen.

In ihnen werden jedoch im Gegensatz zu den Zeitungen häufiger Wirtschaftsunternehmen personifiziert (rd. 15mal):

> Für [X] Mark Jahresgehalt *heuerte VW den Amerikaner* [*XY*] *an* [*St* 248, 1; aus dem lead];
> *Die Centfox will* [XYs] Filmvertrag *kündigen* [*Br* 25, 1].

Wie in den Tageszeitungen sind auch in den Illustrierten Anthropomorphisierungen von Städten/Ländern sowie der *Welt* als Summationsformel mit der Bedeutung ›überall auf der Erde‹ nicht oft verwendet; gleichfalls werden selten Begriffe und (einst oder jetzt geglaubte) numinose Wesen personifiziert (insgesamt rd. 35, in den konventionellen Zeitungen 25, den Boulevardblättern 35). Jeweils ein Beispiel:

> *Der Libanon will leben* und stirbt doch [*NR* 109, 3];
> *Die Welt fürchtete den Ausbruch eines Atomkrieges* [*St* 69; aus dem lead neben einem großformatigen Bild];
> Aber wenn *das Schicksal es nicht gnädig mit ihm meint* [...] [*B+F* 25, 2];
> Normalerweise *dürfte der Amor eine solche Begegnung überhaupt nicht registrieren* [*NR* 106, 2].

Die Personifikationen in den Illustrierten sind fast ausschließlich normalsprachlich geprägt und erweisen sich sämtlich als usuell oder konventionell. Durch den Kontext sich emotional überzogen oder sich gespreizt ausweisende Metaphern formulieren die Journalisten selten, wenn die *König*-Wertungsklischees nicht berücksichtigt werden (knapp 20, über die Hälfte im *Stern*). Dies gilt noch mehr hinsichtlich von Aussagen, die durch Personifizierungen humorvoll, satirisch oder ironisch eingefärbt werden (knapp 10). Öfter hingegen finden sich, wie mehrfach die Angaben zu Zitaten belegen, die Übertragungen als deutlicher Leseanreiz in exponierten Textstellen (rd. 45mal).

Einige Gruppen der Personifikationen sind auch in negativer Weise verwendet: die *Held*- und *König*-Stereotypen als Wertungsklischees, z.T. die Personifizierungen der Illustrierten selbst als Imponier- und Prestigeformel; überwiegend als Leerformeln präsentieren sich die Anthropomorphisierungen von Städten/Ländern, die *Welt*-Nennungen und zudem die personifizierten Begriffe und numinosen Wesen.

Die Mehrzahl der Personen-Umbenennungen jedoch, die anthropomorphisierten Wirtschaftsunternehmen sowie öffentlichen und politischen Institutionen können als Kürzel journalistischer Schreibweise und textfunktionell meist als Fazit- oder Resümeeformeln bezeichnet werden. Erforderliche Informationen oder Begründungen sind ihnen voran- oder nachgesetzt. Durch diesen Gebrauch der Personifikationen formulieren die Journalisten mehr oder weniger komplexe Sachverhalte und Situationen nicht abstrakt, sondern so, daß Aktionen und Reaktionen von Personen durch ihnen zuerteilte metaphorische Rollen gekennzeichnet und ebenso Aktionen, Reaktionen von Institutionen durch die Eindeutung individueller menschlicher Verhaltensweisen dargestellt werden. Die personifizierende Metapher hat in den Illustrierten wie in allen anderen Sektoren der Pressesprache die gleichen allgemeinen Funktionen aller Übertragungskategorien. Dominant aber ist bei der personifizierenden Metapher in der Pressesprache die Funktion der sprachlichen Raffung, wodurch sie sich auch in den Illustrierten speziell als Ausdrucksmittel sprachlicher Ökonomie ausweist.

Wie bei der Untersuchung der Personifizierungen in den Boulevardblättern und den konventionellen Zeitungen ist auch hier wieder zu betonen, daß die reale Komplexität von Institutionen durch Anthropomorphisierungen sprachlich formelhaft reduziert wird – z.B.: *Die SPD muß ihre Affären bereinigen* – und daß eine Gesamtinstitution die für einen Sachverhalt zuständige Teilinstitution repräsentiert – z.B.: *Ob Bonn den Juden* [in Argentinien] *helfen kann* [...]. Zudem signalisieren sie eine (singularisch eingeengte) Personalisierung politischer und gesellschaftspolitischer Probleme und Entscheidungen sowie eine umkomplizierte Lösung von Problemen und Entscheidungen. Unter dieser Perspektive spiegeln die Personifizierungen von Institutionen mit ihrem jeweiligen Kontext sprachlich die für die Massenmedien typische vordergründige und punktuelle Personalisierung politischer und gesellschaftspolitischer Probleme und Entscheidungen. Ihre Vielschichtigkeit und unzureichende Transparenz werden dem Publikum durch diese Vermittlungsmodalität vereinfacht und vermindert.

Die Gefahr der möglichen inhaltlichen Reduktion von Aussagen durch die Personifikationen von Institutionen besteht in den Illustrierten meist nicht, weil in ihnen die Metaphern von detaillierten Angaben umgeben sind. Dasselbe Resultat konnte hinsichtlich der konventionellen Tageszeitungen festgestellt werden – im Gegensatz zu der Verwendung der Personifizierungen politischer Institutionen in den Boulevardblättern.

5 Die sensorische Metapher

Die Sensorierungen übertragen Sinnesreize als subjektiv wahrnehmbare Merkmale von dinghaften Erscheinungen auf andere Gegenstände sowie auf Personen, Sachverhalte und Begriffe. Sie sondern sich in Tast- und Temperaturmetaphern, Geschmacks-, Helligkeits- und Farbübertragungen. Grammatisch sind sie meist an Adjektive gebunden, seltener an Verben, Partizipien und Nomen, die von Adjektiven und Verben abgeleitet sind.

Wie in der Tagespresse stellen die Sensorierungen auch in den Illustrierten, verglichen mit den anderen Übertragungskategorien, die kleinste Metapherngruppe (304 = 12,6 % des Gesamtbestandes, in den konventionellen Zeitungen 10,9 %, den Boulevardblättern 12 %).

Die Sensorierungen finden sich in allen Sparten, vorherrschend – und zwar fast gleichgewichtig – in Texten zum Zeitgeschehen und der Serien.

Die Helligkeitsübertragungen werden in den Illustrierten zahlreicher und nuancierter verwendet als in der Tagespresse (insgesamt rd. 30, in den beiden Arten der Zeitungen je ein Dutzend). Der Grund ist in den mehr personen- und weniger sachverhaltsbezogenen Aussagen der Illustrierten gegenüber den Zeitungen zu sehen.

Die Helligkeitsangabe *strahlend* sowie ihr verbaler und nominaler Gebrauch etikettiert stereotyp meist die Befindlichkeit von Personen des sogenannten öffentlichen Lebens:

[XY ...] *strahlte vor den Kameras* [St 288, 2].

Erwähnenswert ist das neuartige und originelle Kompositum *Strahlemann* für einen sich stets »blendend« aufgelegt gebenden homo novus der politischen Szene '76 in der Bundesrepublik [ebenso St 288, 2].

Die Nennung *glänzend* und ihre grammatischen Modalitäten hingegen beziehen sich wie in den Tageszeitungen auf Sachverhalte, ebenso ihre konträren Fixierungen *trüb* und *düster*, die alle klischeehafte Stellungnahmen beinhalten:

Topstar [XY] hat *eine glänzende Tournee* hinter sich [St 152, 2/3];

Heute [...] sind ihm nur noch ein paar Millionen auf dem Konto und *ein paar trübe Erinnerungen* geblieben [B + F 3, 1; aus dem Text zu einem Bild].

Mehr noch abgegriffen zeigt sich, gleichfalls in den Zeitungen, die Verwendung der oppositären Temperaturmetaphern *kalt/kühl* und *heiß* (rd. zwei, in den Zeitungen jeweils ein Dutzend). Das *heiß*-Klischee und ebenso die Steigerungsformen sind spezielle emotional übertriebene und werbewirksam intendierte Kürzel für Aussagen über Pop-Musik in der *Bravo* (rd. 10mal), die für sich die »Kreation« des Adjektivs *brandheiß* beansprucht [7, 1]:

Höchste Zeit, daß der alte Rocksound durch [...] *heißen Rock 'n' Roll* aufgemöbelt wird [5, 1];
BRAVO blickte hinter *die Kulissen der heißesten TV-Show* [68–69; headline].
Und zur *Abkühlung:*
> Man darf gespannt sein, *wie herzlich – oder kühl? – die Begrüßung* zwischen [X und Y] *ausfallen wird* [*Bu* 42, 3].

Die umfangreichste Gruppe der Sensorierungen bilden wie in der Tagespresse die Tastmetaphern (knapp 80, in den konventionellen Zeitungen 90, den Boulevardblättern 40).

Das seltene attributive Adjektiv *scharf* wird wie ein Teil der *heiß*-Nennungen zur sexuellen Kennzeichnung bemüht:
> Die Filme [aus Hongkong] gehören *zur schärfsten Ware* auf dem internationalen Unterhaltungsmarkt [*St* 90, 1/3].

Das Adjektiv *hart* hingegen dient zur punktuellen klischeehaften Stellungnahme in Aussagen:
> Der SPD stehen *harte Jahre* bevor [*St* 29, 1];
> Es gab viele Tränen, viel Kritik, *harte Worte* fielen [*FiSp* 54, 3].

Die Gegensatz-Adjektive *leicht* und *schwer*, die den Tastübertragungen zugerechnet werden können, verwenden die Journalisten der Illustrierten relativ häufig, und zwar in allen Sparten (insgesamt über 50), während sie in den Tageszeitungen fast nur in Unfallnachrichten und in den Spalten zum Sport aufzufinden sind. Fast ausgewogen ist ihr attributiver und adverbialer Gebrauch:
> Viele fette und *schwere Speisen* sind viel besser bekömmlich, wenn [...] [*NR* 96, 2];
> *Machen Sie es deshalb den Herren Einbrechern schwer!* [*B+F* 98, 3];
> Knappe Mehrheitsverhältnisse [in Parlamenten] zeugen *leicht labile Mandatsträger* [*St* 29, 3];
> Es war nicht immer *ein ganz leichtes Leben* [*FiSp* 18, 4].

Die *leicht*- und *schwer*-Nennungen sind wie die Helligkeitsangaben – aufgrund der Primärfunktion der Illustrierten – ein Erweis für die in ihren Texten vorwiegend personen- und nicht sachverhaltsbezogenen Aussagen. Sie geben den Journalisten bequeme, undifferenzierte Formulierungsklischees an die Hand.

Usuelle Geschmacksübertragungen finden sich in den Illustrierten wie auch in den Tageszeitungen wenig (jeweils rd. ein Dutzend). *Bitter* sind u.a. Erfahrungen, und *süß* ist das Leben an der Seite eines Film-Topstars [*St* 124, 4 und *Bu* 24, 1–2; aus einer Bildunterschrift].

Die Gruppe der Farbmetaphern in den Illustrierten ist umfangreich, wenn die Adjektive *weiß, schwarz* und *farbig* – vor allem substantivisch benutzt – berücksichtigt werden. Sie finden gehäuft in zwei Serienartikeln Verwendung als gebräuchliche Angaben für die Rassenzugehörigkeit von Menschen und zur Fixierung der mit der Zugehörigkeit verbundenen politischen, gesellschaftspolitischen oder zwischenmenschlichen Problematik (rd. 60 von insgesamt 70):
> *England verrät die Schwarzen* [*St* 138, 1–2; Überschrift des untersuchten Ausgabetextes zur Serie »Die Buren«];
> In der Kapkolonie war [um die Jahrhundertwende] nur den *weißen Prostituierten* der Umgang mit »Eingeborenen« verboten, in Transvaal dagegen jeglicher Verkehr zwischen *weißen Frauen und schwarzen Männern* [*St* 140, 1];
> [Das Eingeborenen-Land-Gesetz von 1913] teilte *der schwarzen Mehrheit des Landes* [...]»Reservate« zu [*St* 144, 4];

Ein Mann ist ein Mann, ob er nun *ein Farbiger* ist oder [...] ein Deutscher [*NR* 74, 2]; [XYs] *Einstellung zu andersfarbigen Menschen* ist das Ergebnis einer aufgeklärten [...] Erziehung [*NR* 78, 1].

Schwarz und *rot* als Emblemfarben politischer Parteien und von Gesellschaftssystemen werden metaphorisch nur im *Stern* zur sprachökonomischen Formulierung benutzt:

[...] als *die schwarze Mannschaft* [die CDU/CSU-Fraktion 1972] nur müde am kalten Büfett hing;

[XYs] Traumfabrik liegt [nicht weit] von der Grenze zum *roten China* entfernt [*St* 288, 2 und 90, 1 und 3].

Weitere sporadische Farbübertragungen sind nicht erwähnenswert.

Die Sensorierungen sind als normalsprachlich zu bezeichnen, mit Ausnahme der Tastmetapher *scharf* und der Temperaturübertragung *heiß*, die sich in ihrem Kontext jeweils saloppumgangssprachlich und emotional überzogen präsentieren (insgesamt rd. 20). Wie in der Tagespresse werden die Sensorierungen auch in den Illustrierten usuell und konventionell verwendet und zudem völlig überwiegend als bequeme klischeehafte Formulierungen. Die sensorischen Metaphern haben – abgesehen von den als Emblemfarben benutzten Übertragungen *rot* und *schwarz* – über die allen untersuchten Metaphernkategorien gemeinsamen generellen Funktionen hinaus die spezielle Funktion, Informationen und Stellungnahmen punktuell zu akzentuieren und die Bedeutsamkeit des Übermittelten den Lesern zu signalisieren. Das gilt besonders dann, wenn die Sensorierungen an exponierten Textstellen plaziert sind (rd. 30mal).

6 *Tabelle zum Metaphernbestand und Schlußbemerkungen zur Metaphorik der illustrierten Zeitschriften*

Text	Bu 24	NR 28,5	St 52	B+F 23	FiSp 18,5	Br 13,5	=159,5
dyn. Met.	58	62	99	31	42	54	= 346 = 14,8% (11,2–19,6%)
konkr. Met.	176	219	448	123	122	176	=1264 = 53,8% (48,6–50,6%)
pers. Met.	70	70	197	33	35	35	= 440 = 18,8% (29,2–18,9%)
sens. Met.	30	57	131	31	21	34	= 304 = 12,6% (11,0–11,9%)
Anzahl der Metaph.	334	408	875	218	220	299	=2354=100%
je Seite	13,9	14,3	16,8	9,5	11,9		=14,8 im Durchschnitt (33/14)

Die erste in Klammern gesetzte Prozentzahl bezieht sich jeweils auf die entsprechende Metaphernkategorie in den konventionellen Tageszeitungen, die zweite auf die der Boulevardblätter. Dieselbe Plazierung gilt für die in Klammern angegebene durchschnittliche Metaphernzahl je Seite.

Über die Hälfte der Übertragungen sind Konkretisierungen und knapp ein Fünftel Personifikationen. Ihre Dominanz resultiert wie in der gesamten Tagespresse daraus, daß die Metaphern dieser Klassen ein Ausdrucksmittel für satzumfassende Aussagen sind.

In Relation zu den Textseiten – d.h. abzüglich der in den Illustrierten gedruckten Werbung, der Fortsetzungsteile von Romanen, der Krimis sowie der Leserbriefe, Tabellen und besonders der Bilder – weisen die Zeitschriften eine quantitativ sehr unterschiedliche Metaphorisierung auf: *Bild+Funk* knapp 10 je Seite und *Bravo* mehr als die doppelte Anzahl. Dieselbe Spanne konnte hinsichtlich der konventionellen Tageszeitungen und der Boulevardblätter ermittelt werden. Diese deutliche Divergenz beweist auch hinsichtlich der Illustrierten einen verschiedenartigen Gebrauch der Übertragungen. Die geringe Zahl in der Hörfunk- und Fernsehzeitschrift ist bedingt durch die meist kurzen informierenden Texte; die große Anzahl in der kommerziellen Jugendzeitschrift ergibt sich aus der mit Absicht stark emotional eingefärbten Sprache der Kolumnen.

Als durchschnittliche Menge werden in den Illustrierten rd. 15 Übertragungen je Seite ermittelt. Berücksichtigt man jedoch, daß die Blätter der Zeitungen doppelt so groß wie die der Illustrierten sind, so wäre im Vergleich mit den Tageszeitungen der Mittelwert zu verdoppeln. Das Verhältnis ist dann: 30 Übertragungen je Textseite in den Illustrierten, 33 in den konventionellen Zeitungen, 14 in den Boulevardblättern. Die fast gleich starke und intensive Metaphorisierung in den erstgenannten Pressesektoren resultiert aus dem Primat ihrer Sparten »Aktuelles Zeitgeschehen« und »Serien« bzw. »Politik« und »Zeitgeschehen«. In ihnen werden weitaus mehr Stellungnahmen formuliert und damit auch häufiger Übertragungen verwendet als in den vorherrschend informierend übermittelten, aber sensationell aufgeblähten aktuellen Berichten der Boulevardblätter. Hinzu kommt, daß die Texte aller publizistischen Formen in den Illustrierten und konventionellen Zeitungen umfangreicher sind als in den Konkurrenzzeitungen; das zur Verfügung stehende größere Textvolumen provoziert einen intensiveren Gebrauch der Metaphern. Hierdurch ist auch eine fast gleichartige Differenzierung der Übertragungsbezirke hinsichtlich der Konkretisierungen bedingt, wenn die aus den Illustrierten und konventionellen Zeitungen mit denen der Boulevardblätter verglichen werden. Was die anderen Metaphernkategorien angeht, so lassen die Illustrierten gegenüber der gesamten Tagespresse eine komplexere Unterteilung in Gruppen erkennen.

Wie in den Zeitungen sind auch in den Zeitschriften die Übertragungen vornehmlich der normalsprachlichen Stilschicht zuzurechnen. Aber in den Illustrierten finden sich sowohl mehr salopp-umgangssprachliche und preziöse Metaphern (100 und 90, d.h. je rd. 4% der Gesamtzahl) als auch zahlreiche emotional überzogene und humorvoll bzw. satirisch akzentuierte (rd. 90 und 60, d.h. rd. 4% und knapp 3% der Gesamtmenge). Die Gründe hierfür wurden angegeben.

Die Übertragungen können wie gleichfalls in der gesamten Tagespresse wegen ihrer eminenten Anzahl als das bedeutsamste Ausdrucksmittel der Illustrierten fixiert werden. Hinsichtlich der Publikumszeitschriften liegt der Schwerpunkt der Metaphorisierung in den Texten der Sparte »Aktuelles Zeitgeschehen«, weil sie die anderen Ressorts an Textvolumen übertrifft. In *Bild+Funk*, *Frau im Spiegel* und *Bravo* ist der Schwerpunkt in den »Ratgeber«- und »Rubriken«-Spalten zu erkennen, wenn in der Jugendzeitschrift die Star- und Popgruppen-Präsentationen nicht der Sparte Zeitgeschehen zugerechnet werden.

Positiv herauszustellen sind die allgemeinen Funktionen der Metaphernkategorien in den untersuchten Illustrierten. Die Übertragungen konturieren bündig und somit sprachökonomisch informierende und stellungnehmende Aussagen, sie verlebendigen die Sprache und lockern sie auf. Hierdurch erweisen sie sich als Stilmittel, das der dominanten Abstraktion der Sprache der Öffentlichkeit entgegenwirkt und auf die Zeitschriften-Konsumenten lesestimulierend wirkt. Der Anreiz erfolgt vor allem durch die häufig und z.T. mit Absicht vorgenommene Plazierung von Metaphern an exponierten Textstellen – ein Sachverhalt, der eine spezielle Funktion der Übertragungen in den Illustrierten offenlegt (insgesamt rd. 210mal = 9% der Gesamtanzahl; erwähnenswert ist der gleiche Prozentsatz hinsichtlich der konventionellen Zeitungen).

Die aufgewiesenen allgemeinen Funktionen der Metaphern bewirken im Syndrom eine weitere generelle Funktion: die Emotionalisierung von Einzelaussagen und Texten. Jedoch nur in *Bravo* ist – wie teilweise in den Boulevardzeitungen – eine überzogene emotionale Aufladung durch Übertragungen festzustellen. Sie trägt mit dazu bei – genauer formuliert: die bewußt vorgenommene affektive Aufblähung intendiert –, daß der redaktionelle Teil der Jugendzeitschrift indirekt wirksame Werbung betreibt durch die Präsentation von jeweils aktuellen Akteuren der Massenmedien. Das bedeutet für die angezielten Konsumenten publizistische Manipulation und für Verlag und Texter eine Form journalistischer Prostitution[25].

Die primäre spezielle (und auch positive) Funktion der Metaphern in den Illustrierten besteht analog zu denen in der Tagespresse darin, daß Konkretisierungen und Personifikationen häufig und in geringerem Umfang auch Dynamisierungen für sinnzentrale Aussagen in Texten verwendet werden.

Demgegenüber sind als negativ herauszustellen: die z.T. leerformelhafte Handhabe von Konkretisierungen und Personifikationen sowie der überwiegend klischeehafte Gebrauch von Sensorierungen. Diese Verwendungsweise erfolgt in den Illustrierten häufiger als in den konventionellen Tageszeitungen, aber eingeschränkter als in den Boulevardblättern. Hinsichtlich der Journalisten ist sie bedingt durch sprachliche Bequemlichkeit und fehlende Sachkenntnis, durch Selbstgefälligkeit und Imponiergehabe.

Trotz des teilweise abzulehnenden Gebrauchs der Metaphern in den Illustrierten erweisen sie sich speziell vor dem Hintergrund der primären Funktion der illustrierten Zeitschriften – einer unstrukturierten Leserschaft Unterhaltung, unterhaltsam aufbereitete Informationen sowie Werbung zu übermitteln – als ein sehr differenziert und vorwiegend in positiver Weise verwendetes Ausdrucksmittel. An die illustrierten Zeitschriften als eine Kategorie der unterhaltenden Freizeitlektüre kann nämlich nicht wie an die konventionellen Tageszeitungen der Anspruch gestellt werden, die Leser hinsichtlich bedeutsamer aktueller Angelegenheiten von öffentlichem Interesse beständig zu fundierter Meinungs- und Willensbildung anzuregen.

---

[25] Zu anderen Formen journalistischer Prostitution gibt die zeitgenössische Literatur Auskunft. Verwiesen sei auf Heinrich Böll, *Ansichten eines Clowns;* München: Deutscher Taschenbuchverlag [6]1969, S. 222, und Ders., *Die verlorene Ehre der Katharina Blum;* Köln 1974, sowie auf den Report von Günter Wallraff, *Der Aufmacher. Der Mann, der bei Bild Hans Esser war;* Köln: Kiepenheuer & Witsch 1977.

Zur Idiomatik in der Illustriertenpresse

Von HARALD REGER

Die Entwicklung der Illustrierten setzte um die Mitte des vorigen Jahrhunderts in Europa ein, beschleunigt wurde sie rund fünfzig Jahre später. Ökonomisch war das bedingt durch die fortschreitende kapitalistische Industrialisierung und die hierdurch entstandenen Absatzzentren in den Ballungsräumen; technisch durch Verbesserungen sowohl im Nachrichtenwesen als auch vor allem der Druck- und Illustrationsverfahren. Seit ungefähr dreißig Jahren vollzieht sich – zumindest hierzulande – eine weitere Expansion der Illustriertenpresse.

Die Illustrierten stellen neben dem Fernsehen die bedeutsamste Form der Bildpublizistik dar. Sie sind informativ-unterhaltende Zeitschriften, deren spezielles Kennzeichen die reichhaltige Bebilderung ist. Zu ihnen zählen deshalb nicht nur die illustrierten Publikumszeitschriften (die Illustrierten im engeren Sinne), sondern auch Periodika, die ihnen in Aufmachung und Inhalt gleichen: die Rundfunk- und Fernsehblätter sowie z. T. die Eltern-, Frauen- und Jugendzeitschriften.[1] Sie weisen insgesamt vier mehr oder weniger differenzierbare Sparten auf: Aktuelles Zeitgeschehen (vorherrschend repräsentiert durch Bildberichte und -reportagen), Ratgeber für Leser, Romane und Serien (letztere mit dem Hauptakzent der human interest story) sowie einen kaleidoskopartigen Teil, mehrfach »Rubriken« genannt (in dem u. a. Klatschkolumnen, Horoskope, Rätsel und Fernsehprogramme zu finden sind).

Die Funktion der Illustriertenpresse besteht primär darin, daß sie einer dispersen Leserschaft Informationen, Unterhaltung und Anzeigenwerbung vermittelt, d. h. die Leser vornehmlich in ihren Individual- und Berufsrollen anspricht. Ihre sekundäre Funktion besteht analog zu der der Tagespresse darin, daß sie ihr Publikum fortlaufend und möglichst umfassend über aktuelle und bedeutsame Angelegenheiten von öffentlichem Interesse informiert und aufklärt, d. h. die Leser speziell in ihren gesellschaftspolitischen und politischen Rollen anspricht.

Diese zweite Funktion wird in den fest adressatengebundenen Illustrierten nicht realisiert, mit Ausnahme eines Teils der Jugendzeitschriften; und in den illustrierten Publikumszeitschriften sowie den Rundfunk- und Fernsehblättern wird sie mehr oder weniger verkürzt oder pervertiert verwirklicht. Das letztere ist bedingt durch verschiedenartige Intentionen der Verlage. Weil die Illustrierten als Unternehmen sowohl untereinander als auch mit anderen Massenmedien konkurrieren, sind sie in ihrem Fortbestehen von gesellschaftlichen und ökonomischen Faktoren abhängig. Die Kontinuität und Maximierung der Auflage werden mitbestimmt von den (wirklichen und nur unterstellten) Erwartungen einer speziell oder diffus angezielten Leserschaft sowie den vielfachen Interessen von Gruppen und Institutionen. Die Prosperität der illustrierten Zeitschriften wird weiterhin mitbegünstigt durch die rationalisierte Produktion der Verlage und in entscheidendem Maße durch die zahlreichen Wirtschaftsunternehmen, die in ihnen beständig Werbung betreiben.[2]

---

[1] Vgl. *Wörterbuch der Publizistik*, hgg. von Kurt Koszyk u. Karl Hugo Pruys; München ²1970, S. 161.

[2] Vgl. Franz Böckelmann, *Theorie der Massenkommunikation;* Frankfurt a. M. 1975, S. 34 ff. – Dieter Baacke, *Mediendidaktik als Kommunikationsdidaktik;* in Baacke (Hg.), *Mediendidaktische Modelle: Zeitung und Zeitschrift;* München 1973, S. 8 f., 27 f.

Die scharfe Kritik an der »Bewußtseinsindustrie« und damit an der Illustriertenpresse als eines ihrer Segmente bezieht sich vorherrschend auf die durch sie vermittelten Inhalte. Information, Aufklärung und Kontrolle in bezug auf bedeutsame öffentliche Sachverhalte gingen in der konglomeratischen Menge des angebotenen Unterhaltungsstoffes fast völlig unter; hierdurch würden die objektiven Bedürfnisse der Leser nicht angesprochen und artikuliert; eine fundierte Meinungsbildung würde verhindert. Somit präsentiere sich die Massenkommunikation als ein Faktor, der die *falschen* Bedürfnisse der Konsumenten ausbeute und so ihre Emanzipation verhindere und zudem die jeweiligen Herrschaftsverhältnisse stabilisiere.[3]

Diese massiven Vorwürfe sind hinsichtlich der illustrierten Zeitschriften einzuschränken. Ihr vorrangiges Ziel ist Unterhaltung. Damit erfüllen sie zwei bedeutsame und berechtigte Funktionen von Literatur im weitgefaßten Sinne: die regenerative und kompensatorische. Gesellschaftliche und politische Emanzipation kann und will die Illustriertenpresse somit nicht leisten. Trotz dieser Perspektive ist ihr vorzuwerfen, daß sie reale und berechtigte Bedürfnisse der Leserschaft verfälscht und ausnutzt.[4]

Untersuchungen zur Sprache der illustrierten Zeitschriften stehen noch aus. Die nachfolgenden Analysen beziehen sich auf die für Illustrierten (und gleichfalls für andere Pressesektoren) bedeutsamen Idiomarten:
- die allgemeinen und
- die sprichwörtlichen Redensarten,
sowie ergänzend auf
- die Sprichwörter,
die in den Zeitschriften jedoch im Vergleich zur Anzahl der Redewendungen nur selten aufzufinden sind.

Zuerst werden die hauptsächlichen Bezugs- und Herkunftsbereiche der Redensarten ermittelt und ebenso die Stilschichten, denen sie zuzuordnen sind. Dann werden die Idiomkategorien als Ausdrucksmittel auf ihre Funktionen hin befragt:
- Was bewirken sie hinsichtlich der Sprache der illustrierten Zeitschriften,
- wie und warum verwenden die Journalisten sie,
- wie können sie auf die Leser wirken?

Außerdem sollen die Ergebnisse mit denen verglichen werden, die sich bei der Untersuchung der gleichen Idiomarten in den Boulevardblättern und in den konventionellen Tageszeitungen ergaben.[5]

---

[3] Vgl. Theodor W. Adorno, *Ohne Leitbild. Parva Aesthetica;* Frankfurt a. M. [4]1970, S. 70. – Hans Magnus Enzensberger, *Bewußtseins-Industrie;* in: Enzensberger, *Einzelheiten I. Bewußtseins-Industrie;* Frankfurt a. M. [7]1971, S. 13. – Dieter Prokop, *Zum Problem von Produktion und Kommunikation im Bereich der Massenmedien;* in: Prokop (Hg.), *Massenkommunikationsforschung 1: Produktion;* Frankfurt a. M. 1972 (Taschenbuch), S. 21 ff. – Weiterhin sei verwiesen auf den (Trivial-)Roman des Branchenkenners Johannes Mario Simmel mit dem signifikanten Titel *Der Stoff, aus dem die Träume sind* (1971), in dem die Illustriertenpresse einer scharfen Kritik unterzogen wird.

[4] Vgl. Hans Magnus Enzensberger, *Baukasten zu einer Theorie der Medien;* in: *Kursbuch* 20; Frankfurt a. M. 1970, S. 171.

[5] Vgl. Harald Reger, *Zur Idiomatik der Boulevardpresse;* in: *Muttersprache,* LXXXIV (1974), S. 230–239, und ders., *Zur Idiomatik der konventionellen Tagespresse;* in: *Muttersprache,* LXXXVII (1977), S. 337–346.

Die Untersuchung intendiert schließlich, einen Beitrag zu leisten zur »Phraseologie als Aufgabe der Sprachdidaktik«.[6]
Für die Aufschlüsse wurden herangezogen:

Bunte, Nr. 39, 16.9.1976; Offenburg: Burda-Verlag [*Bu*][7],
Neue Revue, Nr. 39, 20.9.1976; Hamburg: Heinrich Bauer Verlag [*NR*],
Stern, Nr. 42, 7.10.76; Hamburg: Verlag Gruner + Jahr [*St*],
Bild + Funk, H. 38, 18.–24.9.76; Offenburg: Burda-Verlag [*B+F*],
Frau im Spiegel, Nr. 38, 9.9.1976; Lübeck: Verlag Ehrlich & Sohn [*FiSp*],
Bravo, Nr. 42, 7.10.1976; München: Heinrich Bauer Fachzeitschriften-Verlag [*Br*].

In der Linguistik werden verschiedenartige Gruppen von sprachlichen Einheiten synonym u. a. als *Idiome* und *Phraseologismen, feste Syntagmen* sowie als *feste oder stehende Verbindungen* bezeichnet.[8] Sie bilden einen komplexen Bereich der Sprache und erweisen sich stets als Verbindungen von zwei oder mehreren bedeutungstragenden sprachlichen Elementen, deren Abfolge beim Sprachgebrauch nicht »aus den einzelnen Wörtern mit Hilfe der Kombinatsregeln hergestellt, sondern als ganze reproduziert« wird.[9] – Für die zu untersuchenden Idiomgruppen ist zudem kennzeichnend, daß die Gesamtbedeutung der Redensarten und Sprichwörter nicht aus der Bedeutung ihrer Teile erschlossen werden kann.[10] Das gilt ebenso für metaphorisch geformte Phraseologismen der Kategorien »Zwillingsformeln« (z. B. *Kind und Kegel*) und »Zitate aus literarischen und philosophischen Werken«. Hierdurch unterscheiden sich die eben genannten Idiomarten von den nicht-metaphorischen Phraseologismen der angeführten und noch zu nennenden Kategorien. In bezug auf die Typologie, die die *Duden-Grammatik* und die *Idiomatik des Deutschen* von Harald Burger vorweisen, sind dies:
- die Gemeinplätze *(meiner unmaßgeblichen Meinung nach)*,
- die stereotypen Vergleiche *(schlafen wie ein Murmeltier)*,
- die festen Verbindungen *(Erfolg haben)*, die z. T. Streckformen von Verben sind *(Befehl erteilen)*.[11]

Die allgemeinen und die sprichwörtlichen *Redensarten* stellen mit Ausnahme weniger festgefügter Sätze – wie: *Das ist ein Hammer!* – ein Glied oder den Zentralteil eines Satzes, wobei die Abfolge ihrer Wörter variabel ist *(Wir werden alles auf eine Karte setzen / Setz alles auf eine*

---

[6] So der Titel des Aufsatzes von Karlheinz Daniels in: Ulrich Engel u. Helmut Schumacher (Hgg.), *Linguistik. Beschreibung der Gegenwartssprachen*, Bd. 4; Heidelberg 1975, S. 92–99. In ihm wird »Der Anteil der Phraseologie an einer Taxonomie sprachorientierter Lernziele« skizziert in bezug auf die Hauptaspekte bisheriger Sprachforschung. – Ebenso sei hingewiesen auf Daniels, *Redensarten, Sprichwörter, Slogans, Parolen. Bericht über ein Forschungs- und Lehrprojekt zum Thema »Schematismen des Sprachhandelns«;* in: G. Henrici u. R. Meyer-Hermann (Hgg.), *Linguistik und Sprachunterricht;* Paderborn 1976, S. 174–191.

[7] Die eingeklammerten Abkürzungen werden für die angeführten Textstellen verwendet.

[8] Vgl. H. D. Althaus u. a., *Lexikon der Germanistischen Linguistik*, 3 Bde.; Tübingen 1973, 1. Bd., Stichwort *Idiomatik* (S. 176). – Harald Burger, *Idiomatik des Deutschen* (= *Germanistische Arbeitshefte*, 16); Tübingen 1973, S. 1.

[9] *Ebenda*, S. 2.

[10] *Ebenda*, S. 10.

[11] Vgl. *Duden. Grammatik der deutschen Gegenwartssprache;* Mannheim ³1973, S. 436 ff. – H. Burger, a. a. O. (Anm. 8), S. 4 f. Burger nimmt als weitere Gruppe die Bezeichnungen für Anstalten und Institutionen usw. hinzu, z. B. *Höhere Technische Lehranstalt, Deutsche Demokratische Republik*. Noch ungeklärt sei, ob auch die sogenannten pragmatischen Idiome (wie Gruß- und Höflichkeitsfloskeln) in die Idiomatik einzubeziehen sind (*ebenda*, S. 6 und 58 f.).

Karte!). Die Redewendungen sind meist metaphorisiert. Ihre Bedeutungen sind Sprechern und Hörern geläufig, weil die Idiome in situationsgebundenem Gebrauch beständig überliefert und somit gelernt werden. Der Unterschied zwischen den allgemeinen und den sprichwörtlichen Redewendungen besteht darin, daß bei jenen sowohl der ursprüngliche Sinn als auch die Herkunft unmittelbar offenkundig sind, hingegen bei den sprichwörtlichen Wendungen nicht. Sie verlangen eine historische Erklärung.[12] Bezogen auf das sprachliche Wissen des einzelnen, bleibt allerdings die Abgrenzung zwischen den beiden Arten fließend.

Auch die *Sprichwörter* werden von den Sprachteilnehmern häufig nicht in ihrer ursprünglichen Bedeutung erfaßt. Sie unterscheiden sich sprachlich von den allgemeinen und den sprichwörtlichen Redensarten, wenn in systemlinguistischer Perspektive ihre Vollformen betrachtet werden. Die Sprichwörter besitzen eine nicht-variable Wortfolge. Sie bilden durchweg eine satzumgreifende Aussage (selten ist ein Glied ausgespart) und sind oft rhythmisch gegliedert, parallel oder antithetisch gebaut sowie durch den Reim akzentuiert.[13] Ihre Sprachform ist somit teilweise als gehoben und teilweise als normalsprachlich zu bezeichnen, während Redewendungen mit Ausnahme der gehobenen Sprachebene den anderen Schichten zuzuordnen sind.

Unter pragmalinguistischem Aspekt ist jedoch zu betonen, daß im Sprachgebrauch die Sprichwörter variiert in Sätze eingefügt werden können, wobei sie ihre feste Form verlieren und u. U. ihre soeben genannten sprachlichen Akzidentien. Umgekehrt werden im Sprachhandeln Redensarten zu Sprichwörtern ausgeprägt, wenn auch nur jeweils situativ und deshalb ohne Fortbestand (z. B.: *Man läßt sich nicht in die Karten sehen*).

Ein weiterer Unterschied zwischen Redewendung und Sprichwort besteht in systemlinguistischer Sicht darin, daß dieses eine lehrhafte Intention hat und jene nicht. Aber Redensarten sind, weil sie situations- und sachverhaltsabhängig benutzt werden, gleichfalls mit belehrender Absicht verwendbar.[14] Die lehrhafte Tendenz der Sprichwörter – impliziert durch verbalisierte Erfahrungen – kommt im Sprachhandeln auch erst situations- und sachverhaltsbezogen zur Geltung: Sie artikuliert sich als »*Weisung* in die Zukunft (...), die ein Verhalten nahelegt, dessen Folge voraussehbar ist«.[15] Hierbei kann die »Weisung« das pragmatische oder ebenso das kognitive und das affektive Verhalten der Angesprochenen anzielen.

Die Schreiber der illustrierten Zeitschriften verwenden weitaus mehr allgemeine als sprichwörtliche Wendungen und nur sporadisch Sprichwörter (rd. 370:60:9). Setzt man die Anzahl der Redensarten beider Idiomkategorien in den untersuchten Ausgaben jeweils in Relation zu deren Textseiten (d. h. abzüglich von Werbeanzeigen, von Tabellen, Fernsehprogrammen, Fortsetzungsromanen, Leserbriefen und Illustrationen), ergibt sich folgende Übersicht: Die kommerzielle Jugendzeitschrift *Bravo* weist mit fünf Wendungen je Seite die meisten auf, mit knapp vier folgt die *Neue Revue*, knapp zweieinhalb präsentieren *Frau im Spiegel* und *Stern; Bunte* sowie *Bild und Funk* weisen jeweils knapp über zwei auf. Der Durchschnitt beträgt drei Redensarten je Seite. Der Mittelwert sowohl der Wendungen in den untersuchten Ausgaben

---

[12] Vgl. *Duden, a. a. O.* (Anm. 11), S. 438. – Lutz Röhrich, *Lexikon der sprichwörtlichen Redensarten,* 2 Bde.; Freiburg, Basel, Wien 1973, 1. Bd., S. 12, 15, 18.

[13] Vgl. auch Wilhelm Schmidt, *Deutsche Sprachkunde;* Berlin (DDR) ⁶1968, S. 245.

[14] Vgl. Karlheinz Daniels, *Neue Aspekte zum Thema Phraseologie in der gegenwärtigen Sprachforschung;* in: *Muttersprache,* LXXXVI (1976), S. 258 f.

[15] Werner R. Herzenstiel, *Erziehungserfahrung im deutschen Sprichwort. Theorie einer freiheitlichen Erziehungspraxis;* Saarbrücken 1973, S. 56.

der Boulevardblätter als auch der konventionellen Tageszeitungen ist mit vier Wendungen anzugeben.[16] Weil jedoch eine Blattseite der Boulevard- und der konventionellen Tageszeitungen doppelt so groß ist wie eine Seite der Illustrierten, muß in Relation zu den Tagesblättern die durchschnittliche Anzahl der Redensarten in den Illustrierten verdoppelt werden: Das sind dann knapp sechs Wendungen. Im Verhältnis zu den Tageszeitungen ist das fast um die Hälfte mehr. Die größere Quantität resultiert jedoch nur aus der erhöhten Verwendung von Redensarten in der *Bravo,* der *Neuen Revue* und in *Frau im Spiegel.*

Der einerseits ungefähr gleiche und andererseits stärkere Gebrauch der festen Syntagmen in den Illustrierten im Vergleich zu den beiden Arten der Tagespresse überrascht zunächst. Weil die Journalisten der Zeitschriften nicht im gleichen Maße wie die Kollegen der Zeitungen täglich dem Zwang der raschen Produktion unterliegen, wäre anzunehmen, daß sie das immense Repertoire der geläufigen und formelhaften Redewendungen weniger bemühten, d. h. einen abstrakteren und individuelleren Stil schrieben.

Daß dies nicht so ist, dafür kann zunächst ein Grund angegeben werden, der sich aus der Struktur der Illustrierten ableitet. Die Berichte, Reportagen und Kommentare in den Zeitschriften sind umfangreicher als die analogen Texte in den Boulevardblättern und den Tageszeitungen. Sowohl die genannten publizistischen Formen als auch vor allem die Produktion einer vergleichsweise größeren Textmenge stimulieren die Schreiber zur Verwendung eines usuell geläufigen Ausdrucksmittels.

Vorherrschend stammen die allgemeinen Redensarten aus dem anschauungsvollen volkstümlichen Sprachgebrauch. Viele der sprichwörtlichen hingegen haben ihren Ursprung in Sondersprachen.[17] Diesen Befund bestätigen die Bezugs- und Herkunftsbereiche, denen vornehmlich die ursprünglichen Bedeutungen der allgemeinen und sprichwörtlichen Wendungen in den illustrierten Zeitschriften entstammen. Wie in den Boulevardblättern und konventionellen Tageszeitungen bilden auch in den Illustrierten den größten Komplex die allgemeinen Redensarten, die den menschlichen Körper, Kopf, Glieder und Organe betreffen (knapp 90). Kopf, Augen und Hand werden vornehmlich zur bündigen und nachdrücklichen Kennzeichnung von Situationen und Sachverhalten benutzt (rd. 45 mal):

> Die über Nacht wiederaufgeflammte Popularität des [Calypso-Königs XY] *stellt* alle [...] Regeln des Tourneegeschäfts *auf den Kopf* [*St* 152, 4];
> Die SPD ist [bei der Bundestagswahl 1976] noch einmal *mit einem blauen Auge davongekommen* [*St* 30, 2];
> Und der Vorwand [der niederländischen Königin] zum Rücktritt *läge doch auf der Hand* [wegen ihres Alters statt wegen der Verstrickung des Prinzgemahls in den Lockheed-Skandal] [*FiSp* 54, 2].[18]

Die zweitgrößte Gruppe bilden jene, die Wolf Friederich in seiner Anthologie als »allgemeine Ausdrücke« bezeichnet (rd. 75).[19] Bei den Untersuchungen hinsichtlich der Tagespresse wurde dieser Bereich nicht berücksichtigt. Ihm zuzuordnen wären die dort aufgezeigten festen Syntagmen, die speziell psychische Verhaltensweisen anzielen:

> Die Königin hat [Prinz Bernhard] verziehen, da *fällt* auch dem Volk das Verzeihen *leichter* [*Bu* 42,3].

---

[16] Vgl. Reger, *a. a. O.* (Anm. 5, 1977), S. 340
[17] Vgl. auch Schmidt, *a. a. O.* (Anm. 13), S. 245. – Röhrich, *a. a. O.* (Anm. 12), Bd. 1, S. 12, 23 f.
[18] Sämtliche Redensarten – zitiert oder nicht – wurden anhand zweier Sammelwerke überprüft: Wolf Friederich, *Moderne deutsche Idiomatik;* München 1966, und L. Röhrich, *a. a. O.* (Anm. 12).
[19] Friederich, *a. a. O.* (Anm. 18), S. 511–801.

Die Variation von *etwas fällt jemandem leicht* wird auch in anderem Zusammenhang benutzt [*St* 232f., *B + F* 40,3 und 72,4].

[XY] wurde vom Fernsehen [...] etwas *links liegengelassen* [*Br* 44,1 u. *B + F* 93,2];
Selbst spät am Abend *war* die Gesellschaft [= CDU-Politiker] noch *guter Dinge* [*St* 288,1].

Weitere Belege seien nur in der Nennung der stehenden Verbindungen aufgezeigt:

in den Schmutz ziehen [*Br* 7,2];
jemanden fallenlassen [*FiSp* 52, 1–3 in Bildunterschrift];
auf lange Sicht;
in erster Linie [*St* 35, 1 u. 249, 1].

Allgemeine Wendungen aus dem Bereich Verkehr und Technik sowie des Militärs bilden weitere Komplexe (je rd. 20):

Im Saarland wird die Parteispitze [der FDP] *grünes Licht* für eine Koalition mit der CDU *geben* [*St* 286,1];
[...] wie Sie Ihren Körper wieder *auf Touren bringen* können [*B + F* 3,1];
Die Zentrale [der Bravo] [...] nimmt Gerüchte *aufs Korn* [*Br* 7,2–4 aus headline];
Der Gedanke, [...] *mit den eigenen Waffen* [...] *geschlagen zu werden*, erschien den Sozialdemokraten undenkbar [*St* 36, 2].

Ebenfalls finden sich in größerer Anzahl feste Syntagmen aus den Bereichen Wirtschaft und Handel, das Haus und seine Einrichtung sowie aus dem Umkreis Spiel und Sport [je rd. 15]:

Für dieses Rauschgefühl *nahm* [XY] jedes Risiko *in Kauf* [*NR* 122, 4];
Weshalb die [SPD] *mit diesem Pfund* nicht *zu wuchern* verstand [...] [*St* 284, 4];
»Die Menschen *haben ein Dach über dem Kopf*« [*NR* 11, 2];
»Als ich das merkte, *hab ich ihn vor die Tür gesetzt*« [*FiSp* 10, 4];
»Du mußt etwas völlig Neues bringen, um *am Ball zu bleiben*« [*Br* 10, 1];
[X] weiß genau, daß er sein Leben *aufs Spiel setzt* [*B + F* 70, 4 und *St* 29, 4].

Hinsichtlich der allgemeinen Redensarten, erwachsen aus der Beobachtung von Naturphänomenen, sind mehrfach nur Verbindungen mit dem Bezugsgegenstand Tier aufzufinden (knapp 20 von insgesamt rd. 40):

Ich dachte, *in der Höhle des Löwen* ist man am besten aufgehoben [*NR* 112, 1];
Die knappen Mehrheitsverhältnisse [in X und Y] zwingen die CDU, *die Krallen* gegenüber der Genscher-Partei [...] *einzuziehen* [*St* 285, 4].

In bezug auf die sechs zuletztgenannten Ursprungsbezirke der Wendungen haben lediglich die Bereiche Spiel und Sport in beiden Kategorien der Tagespresse Bedeutung, in den konventionellen Zeitungen zudem die Herkunftsbezirke Verkehr und Technik, Wirtschaft und Handel. Feste Syntagmen, die sich aus dem weiten sprachlichen Umfeld des Militärischen ergeben, sind auch in den Boulevardblättern mehrfach zu finden.

Die sprichwörtlichen Redensarten besitzen sowohl in der gesamten Tagespresse als auch in den Illustrierten ihren Schwerpunkt im letztgenannten sprachlichen Bezugssektor. Die Idiome stammen entweder aus dem Rittertum oder wurden in späterer Zeit im Hinblick auf historisch gewordene Kriegerbräuche sowie Kampf- und Turniersituationen fixiert, oder aber sie entstanden in der Soldaten- und der militärischen Fachsprache (rd. ein Dutzend). Hierfür folgende Beispiele:

Und mit ihrem Charme *sticht* [Caroline Kennedy] auch ihre Mutter Jackie *aus* [*Bu* 44, 2 gleichfalls *Br* 66, 12f.].

Die schon seit dem 15. Jahrhundert belegte reduzierte Wendung leitet sich ab von der Vollform *jemanden aus dem Sattel stechen* (Röhrich, 1. Bd., S. 84).

Doch gab [XY] ihm *den Laufpaß* [*FiSp* 10, 2].

Der *Laufzettel* oder *-paß* war der Ausweis, der Soldaten bei der Entlassung ausgestellt wurde, um ihnen bei der Arbeitssuche von Nutzen zu sein (Röhrich, 1. Bd., S. 577 f.).

[XY] fühlte sich [...] von Kreisverwaltung und Gemeinde *»übers Ohr gehauen«* [*NR* II, hinter S. 26].

Die Wendung stammt aus der Fechtersprache; die Aussage bedeutete ursprünglich *jemandem einen derben Streich versetzen* (Röhrich, 2. Bd., S. 695).

In gleicher Stärke präsentieren sich in den Illustrierten sprichwörtliche Redensarten, die man als »allgemeine Ausdrücke« bezeichnen kann (rd. ein Dutzend):

Manches *geht* [laut Horoskop den »Widdern«] auch in Liebe und Freundschaft sehr *gegen den Strich* [*NR* 90, 1].

Strich bedeutet die Richtung, in der die Haare wachsen. Die Beobachtung, daß Tiere sich unbehaglich fühlen, wenn sie gegen den Strich gestreichelt werden, führte zur Übertragung auf den Menschen (Röhrich, 2. Bd., S. 1039).

Freunde hatten [XY] darauf aufmerksam gemacht, daß ihm [...] jemand *»Hörner aufsetzte«* [*Br* 26, 1 und *FiSp* 77, 2].

Es ist ungewiß, ob die (beiden) Hörner den Ehemann und den Freund einer verheirateten Frau meinen, ob sie ein phallisches Zeichen bedeuten oder ob sie metaphorisch hinsichtlich des betrogenen Ehemannes soviel wie *Rindvieh* aussagen (Röhrich, 1. Bd., S. 434–437).

Doch [die »boys« der Rock-Gruppe] Damned *schlugen* [denen einer anderen] *ein Schnippchen* [*Br* 5, 4Hg].

Die Redensart leitet sich ab von einer gebräuchlichen geringschätzigen oder spöttischen Gebärde, bei welcher der dritte oder vierte Finger mit klatschendem Geräusch am Daumen entlangfährt. Die Gebärde zeigte Überlegenheit einem anderen gegenüber an (Röhrich, 2. Bd., S. 878).

Für die konventionellen Tageszeitungen sind die aus dem mittelalterlichen Rechtswesen stammenden Wendungen erwähnenswert und für die Boulevardblätter die aus dem Bereich des Theaters. Beide Gruppen sind für die Illustrierten fast ohne Belang. Wie in der gesamten Tagespresse erweisen sich auch in den Zeitschriften die sprichwörtlichen Idiome insgesamt als normalsprachlich und die allgemeinen Redensarten völlig überwiegend ebenfalls. Die umgangssprachlichen und die saloppen allgemeinen Wendungen bilden jedoch in den Illustrierten eine umfangreichere Gruppe als in den Zeitungen (rd. 30). Für beide Stilebenen einige Beispiele:

Als *es um die Wurst ging,* hatte [XY] sich wieder gefangen [*St* 24, 1];
Das ist ein dicker Hund! [*NR* 29, 2–3 als Überschrift, 3, 3 als Bildunterschrift];
[XYs] nächste Inszenierungen *gingen* alle *schief* [*Bu* 9, 3];
Ich bin echt *scharf auf* dich [*Br* 30 in einer Sprechblase];
[X] *hat* die Ehe mit seiner Frau [Y] *satt* [*B+F* 56, 3];
Dieser Junge *macht* die amerikanischen Mädchen *schwach* [*Br* 50, 1–3, ähnlich *Bu* 17, ebenfalls in einer Überschrift];
»Ich bin bedient [...]« [*B+F* 32, 1, Bildunterschrift];
[XY] findet die Rolle interessant, weil *alles drin sei* [*Bu* 117, 2, Variation zu: *da ist noch alles drin*].

Während in der gesamten Tagespresse die nicht-normalsprachlich geformten Idiome in den Sportteilen der Ausgaben aufgefunden wurden, haben sie in den Illustrierten ihr Zentrum in Informationen und in kritischen Äußerungen zu Filmen, TV-Sendungen und Theaterstükken. Weil hier meist von emotional akzentuierten Inhalten die Rede ist, bedienen sich dementsprechend die Journalisten teilweise der übertreibenden und umgangssprachlich formulierten Redensarten.

Im Gegensatz zu den untersuchten Angaben der konventionellen Tages- und der Boulevardzeitungen ließen sich in den Illustrierten einige von den Sammelwerken nicht angeführte Wendungen ermitteln. Zu ihnen zählen auch – wie gleichartig schon aus vorstehenden Zitaten ersichtlich ist – transitive Verben, die mit einem variablen Akkusativobjekt eine stehende Verbindung bilden. Es bleibt abzuwarten, ob sie im umgangssprachlichen oder saloppen Sprachgebrauch weiterhin verwendet werden oder ob sie teilweise z. Z. modische Nennungen präsentieren. Anzunehmen ist dies z. B. für den ersten der nun folgenden Belege:

Ist das nicht *super*? [*Br* 7, 4]

Die Verbindung *super sein* wird meist von Jugendlichen als affirmativer Ausdruck benutzt.

Mitnahmemöbel *sind »in«* [*St* 19, 2–3, aus dem lead eines Textes, ebenso auf Personen bezogen *St* 59, 4];
[...] morgens schlägt [XY] die Augen auf »und *ist* sofort *voll da«* [*FiSp* 19, 3];
Trotz[dem ...] glaubt Regisseur [XY], daß sein »Star« sowohl die schwere Arbeit als auch den Ruhm mühelos *verkraften wird* [*B + F* 27, 3/4, ähnlich 27, 1 und in negierender Aussage 27,2];
[Die Bosse der Centfox] nehmen den Verlust [...] hin [...] und *feuern* Marilyn [Monroe] [*Br* 26, 4, ebenso *St* 90, 2 in einer Zwischenüberschrift, wobei an die Stelle des Objekts ein Gliedsatz tritt];
[Starlet X in den Filmstudios von Hongkong] *macht* Asiaten *an* [= sexuell aufputschen, *St* 90, 1–4 aus einer Bildunterschrift; in passivischer Formulierung *Br* 61, 4].

Diese »neuartigen« Wendungen vergrößern in den Illustrierten die Gruppe der umgangssprachlichen und saloppen allgemeinen Redensarten (auf zusammen über 40, d. h. gleich rd. 12% der allgemeinen stehenden Verbindungen insgesamt).

Bei dem Vergleich der quantitativen Verwendung von Redewendungen in bezug auf die gesamte Tagespresse und die Illustrierten ist herauszustellen, daß sich in den Zeitschriften die Idiome hinsichtlich ihrer Herkunfts- und Bezugsbereiche sowohl gegliederter als auch umfangreicher erweisen.

Im folgenden werden die Funktionen der Redensarten und als Annex auch die der wenigen Sprichwörter in den Illustrierten herausgestellt. Mehrfach und z. T. zahlreich finden sich Wendungen vor allem in Texten der Sparte Aktuelles Zeitgeschehen und den Kolumnen der Serien. In einem umfangreichen Artikel des *Sterns* zur Bundestagswahl 1976, der als Bildreportage beginnt, sich als Bericht fortsetzt und den Schwerpunkt in einem ausführlichen Kommentar hat, werden besonders in dem kritischen Part auf jeder Seite feste Syntagmen verwendet. Hier ein Textausschnitt:

Insgesamt verzichtete die SPD darauf [...], ihr politisches Vertrauenskapitel *Schritt für Schritt* zu vergrößern. Statt dessen blieb keine Gelegenheit ungenutzt, vor allem die [...] Mittelschichten kräftig *vor den Kopf zu stoßen* [36, 1];
Der Gedanke, eines Tages *mit den eigenen* Waffen von den Unionsparteien *geschlagen zu werden*, erschien den Sozialdemokraten unvorstellbar;

Vier Jahre später konnte [...] das millionste Mitglied *dingfest gemacht werden* [36, 2];
Ohne die alten [...] Kader, die *sich* [...] *noch einmal voll ins Zeug legten,* hätte die SPD einen Zusammenbruch *auf der ganzen Linie* erlebt [36, 3].

Die allgemeinen und die sprichwörtlichen Redewendungen entstanden und entstehen als sprachlicher Reflex auf sich beständig in ähnlicher Weise wiederholende Lebenssituationen. Für die Journalisten sind sie stets verfügbare Spracheinheiten, um – wie überwiegend die vorstehenden und gleichfalls die folgenden Zitate belegen – äußerst bündig statt mehr oder weniger ausformuliert Informationen und Stellungnahmen zu fixieren. Die Leser verstehen unmittelbar die stehenden Verbindungen und ebenso die durch sie gerafft übermittelten Aussagen. Die für alle Redensarten in Pressetexten grundlegende Funktion besteht somit darin, Informationen und Stellungnahmen sprachökonomisch zu konturieren. Eine weitere allgemeine und bedeutsame Funktion beruht in der anschaulichen Akzentuierung der Aussagen und der somit bewirkten Auflockerung und Dynamisierung des dominant abstrakten Stils der berichtenden Sprache. Dadurch wirken die durch Redewendungen geprägten Formulierungen auf die Leser interesseanreizend und lesemotivierend. Dies ist ihre weitere grundlegende Funktion in der Pressesprache.

Die zitierten Sätze lassen, wenn ihr Kontext berücksichtigt wird, darüber hinaus eine spezielle Funktion der Redensarten in Illustriertentexten erkennen. Sie fixieren häufig die Schwerpunkte von Aussagen in stellungnehmenden Passagen und ebenso in Texten, denen kritische Äußerungen eingefügt sind. Diese Sinnzentren erweisen sich entweder negativ als Leerformeln oder positiv als Fazitformeln. Sowohl die zitierten allgemeinen Wendungen *vor den Kopf stoßen, mit den eigenen Waffen schlagen* als auch die für viele Leser sprichwörtliche Redensart *sich ins Zeug legen* sind in den Sätzen als Fazitformeln benutzt. Informationen, Argumente hinsichtlich der zentralen Aussagen werden entweder voran- oder nachstehend angeführt. Vornehmlich jedoch prägen die festen Syntagmen punktuelle Stellungnahmen (insgesamt ungefähr 125 der rd. 425 Redewendungen = rund 30%; knapp 50 stehende Verbindungen sind Fazitformeln = rd. 11%).

Auch in den durchgängig informierenden Texten der Zeitschriften werden die Redensarten häufig zur Gewichtung von Informationen benutzt. Während aber in den kommentierenden Spalten und den stellungnehmenden Äußerungen die Wendungen nur sporadisch der Fixierung von Leerformeln dienen, ist die negative Handhabung in den informierenden Kolumnen öfter zu erkennen. Wenn der Kontext von Aussagen diese als hypothetisch ausweist, sind sie Leerformeln. Einige Beispiele aus der *Bravo,* in der sie auffallen:

Dieser Junge [Schauspieler] *macht* die amerikanischen Mädchen *schwach* [50, 1–3, Überschrift];
Bei diesen Live-Auftritten [einer Rockgruppe] *werden die Wände wackeln* [66, 5];
Wir [Reporter der Zeitschrift] waren [...] bei der August-»Starparade« in Bremen dabei und *schauten* den Verantwortlichen *auf die Finger* [71, 3].

Gleichfalls können die in den Horoskopen der Illustrierten auffindbaren Behauptungen mit integrierten Wendungen als Leerformeln etikettiert werden. Als Beleg u. a.:

Liebe und Freundschaft werden Ihnen *zur Seite stehen* [*NR* 90, 2];
Ihr Partner *hält* Sie jetzt *in Atem* [*St* 165, 1];
Sonntag und Montag bist Du ganz schön *auf Draht* [*Br* 43, 2].

Sieht man von den Leerformeln in den Horoskopen ab, dann lassen sich für die hypothetischen Äußerungen in den Illustriertentexten als vorherrschende Gründe angeben: sprachliche Bequemlichkeit und Imponiergehabe der Schreiber sowie ihre nicht ausreichende Information oder Kenntnis in bezug auf die jeweiligen Situationen und Sachverhalte. Hierdurch werden Stellungnahmen nichtssagend, Informationen verkürzt oder sogar nur suggerierend benutzt.

Aber wie in den Kolumnen der konventionellen Tagespresse ist die leerformelhafte Verwendung von Redensarten in Illustriertentexten im Verhältnis zu ihrer dominant positiven Handhabe als Stilmittel nur selten aufzufinden, d. h. in ihrem Gebrauch zur Fixierung von Fazitformeln und ihrer häufigeren Verwendung für Informationen und Stellungnahmen, die ihren Aussageinhalten adäquat sind.

Die lesemotivierende Funktion und Wirkung der Idiome steigert sich, wenn sie an exponierten Stellen plaziert sind: in Überschriften/Schlagzeilen, in der Zeile unter oder über den erstgenannten (= headline) oder im groß- bzw. fettgedruckten ersten Absatz von Texten (= lead) und in Zwischenüberschriften (rd. 25 mal). Außerdem werden die Wendungen lesestimulierend für Textzusätze von Bildern benutzt (rd. 20 mal, insgesamt mit der vorherigen Angabe 11% der Gesamtzahl). Folgende Zitate als Beispiele:

> *Das ist ein dicker Hund!* [Überschrift, *NR* 29];
> BRAVO *blickte hinter die Kulissen* der heißesten TV-Show [headline, *Br* 68–69, Variation zu: *hinter die Kulissen sehen*];
> Die Fragen der Frauen und Männer, die an dieser Stelle *ihr Herz ausschütten* [aus dem lead, *FiSp* 68, 2–3];
> Eve *macht* Asiaten *an* [Bildunterschrift, *St* 90, 1–3];
> Auch nach dem Eklat *läßt* die Königin [der Niederlande] *ihren Mann nicht fallen* [Bildunterschrift, *FiSp* 52, 1–3; negierende Variation zu: *jemanden fallenlassen*].

In der *Bravo*-Serie »Die Götter der Pop-Szene« zentrieren und gewichten Redensarten z. T. die Informationen über das Leben der einstigen amerikanischen Schauspielerin Marilyn Monroe:

> Auch der Boß des Centfox-Filmverleihs [...] beeilt sich, sein verloren geglaubtes *schwarzes Schaf* wieder in seine Arme zu schließen [25, 3];
> Freunde hatten [Marilyns zweiten Ehemann] darauf aufmerksam gemacht, daß ihm [...] jemand »*Hörner aufsetzte*«;
> Nun wollte Joe *auf Teufel komm raus* wissen, [...] [26, 1];
> Zwar schreibt [der Dramatiker Arthur Miller – ihr dritter Ehemann –] noch den Filmstoff zu »Misfits« [...], aber dann *räumt er* endgültig *das Feld*;
> Hatte man sie [...] schon *abgeschrieben,* so wollte die Monroe [...];
> Nun *platzt* den Bossen der Centfox *der Kragen:* Sie feuern Marilyn [alle 26, 4].

Wie in den Zitaten des *Stern*-Artikels sind die allgemeinen und sprichwörtlichen Wendungen als Fazitformeln benutzt. Jedoch bei dem Vergleich der Idiome in den beiden Texten läßt sich erkennen – vor allem wenn auch der Kontext mit in den Blick rückt –, daß die Redensarten in den *Bravo*-Kolumnen affektiver akzentuiert sind als die der *Stern*-Passage. Der emotionalisierende Effekt entsteht vor allem durch das Einblenden speziell gegenstands- und/oder aktionsbezogener sprachlicher Bildhaftigkeit in informierende und stellungnehmende Aussagen. Hierbei pointiert und übertreibt die metaphorische Anschaulichkeit die durch sie vermittelten Inhalte.

Die Emotionalisierung von Texten ist eine allgemeine und bedeutsame Funktion der Redensarten in der gesamten Pressesprache. Sie wirken hierdurch in hohem Grade leseanreizend. Deshalb verwenden die Journalisten die massiv affektvollen Wendungen meist mit Absicht. Die Texte der Illustrierten sind wie die der konventionellen Tagespresse jedoch nicht überzogen emotionalisiert (ungefähr 17% der festen Syntagmen prägen Äußerungen betont affektiv). Als Ausnahme allerdings ist *Bravo* herauszustellen. Sie weist relational zu ihrer und der Textmenge der anderen Zeitschriften über dreimal so viele durch stehende Verbindungen stark emotionalisierte Aussagen auf wie die übrigen zusammen (rd. 25 auf 13,3 Seiten: rd. 55 auf 146 Seiten). Das hat Gründe. Im Hinblick auf die angezielten jugendlichen Leser der Unterschicht und der unteren Mittelschicht und in bezug auf ihr durchgängig emotional gesteuertes Sprechen passen sich die Schreiber diesem Sprachgebrauch weitgehend an.[20] Ein wenn auch quantitativ geringfügiges Ausdrucksmittel bilden in dem angegebenen Bezugsrahmen die Redensarten. Ihre Verwendung kann aber im Syndrom der zahlreichen und zum Teil gleichfalls betont emotional geprägten Metaphern als manipulativ gekennzeichnet werden: weil sie einen bewußt eingesetzten Faktor zur Absatzkontinuität bzw. -maximierung darstellt und weil die jungen Konsumenten beständig unbewußt mit einer Sprachverwendung konfrontiert werden, die sowohl ihrer eigenen analog ist als auch ihr emotional bestimmtes Sprechen indirekt fortlaufend bestätigt und damit immanent bestärkt und verstärkt. Außerdem dient die Emotionalisierung der Texte durch Redensarten und weit mehr noch durch Metaphern unmittelbar der Werbung.[21] Indem das äußerst schmale Themenspektrum der Jugendzeitschrift unaufhörlich affektvoll Sänger(innen) und Gruppen der jeweils aktuellen Teenager-Musikszene präsentiert, Schallplatten anpreist sowie junge Filmschauspieler(innen) und Filme, die »in« sind, vorstellt, werden durch vorherrschend »unthematische Informationen« den jungen Lesern mehr oder weniger Bedürfnisse suggeriert und sie so zum entsprechenden Konsum motiviert.[22] Als Beleg einige Exempel:

> [Der junge Sänger XY] *packt* plötzlich *ein Eisen an,* das bislang im deutschen Schlager tabu war [9, 1, aus dem lead];
> Wäre zu hoffen, daß die Jungs [einer amerikanischen Folk-Rock-Formation mit ihrer neuen Single] mal *die Kurve kriegten* [65, 4, aus der Plattenpräsentation];
> Die amerikanischen Mädchen *liegen* [dem jungen Schauspieler XY] *zu Füßen* [50, 2, aus dem lead];
> [...] seine Frau tröstet sich mit seinem Verleger, *macht* dem Göttergatten aber *die Hölle heiß,* als sie von dessen Affäre erfährt [20, 4, aus einer Filminformation].

Von den Aussagen, die durch Redensarten affektiv zugespitzt oder übersteigert werden, sind die durch Wendungen preziös geprägten zu unterscheiden. Die ersteren beabsichtigen primär Leseanreiz aufgrund von emotional formulierten Inhalten. Die geschraubt sich darbietenden Aussagen intendieren effektvolle Lesestimulation durch sich selbst und sind somit von vornherein ihren Inhalten nicht angemessen. Sie entspringen vornehmlich dem Imponiergehabe der Schreiber. In den Illustrierten finden sie sich noch seltener als in den Boulevardblättern und konventionellen Tageszeitungen (rd. 10). Mehrfach weist sie nur der *Stern* auf. Zwei Beispiele:

---

[20] Vgl. Rolf Gutte, *Gesellschaftliche Identifikationsangebote – zum Beispiel »Bravo«;* in: *Projekt Deutschunterricht,* Bd. 5, hg. von Heinz Ide in Verbindung mit dem Bremer Kollektiv; Stuttgart 1973, S. 65.

[21] Vgl. auch Gutte, ebenda, S. 60f., und D. Baacke, *Der traurige Schein des Glücks. Zum Typus kommerzieller Jugendzeitschriften;* in: Hermann K. Ehmer (Hg.), *Visuelle Kommunikation. Beiträge zur Kritik der Bewußtseinsindustrie;* Köln 1971, S. 245f. – Hinsichtlich der Massenmedien allgemein s. Horst Holzer, *Massenmedien oder Monopolmedien;* in: *Kürbiskern,* IV (1971), S. 626.

[22] Die Gefahr der indirekten Werbung ist selbstverständlich in allen Illustrierten durch die Sparte »Ratgeber für Leser« vorgegeben. Hier werden aber zumeist in nicht-emotionalisierten Formulierungen sachliche Informationen über Waren geliefert.

Es läuft einem *kalt über den Rücken,* wenn man aus dem Wörterbuch des modernen Bauens zitiert;

[...] ganz im Gegensatz zur Lethbridge-Universität in Kanada, mit der der Architekt [XY] *einen Trumpf* gegen die Natur *ausspielt* und dabei zu gewinnen hofft [*St* 192, 2 und 197, 2].

Nicht preziös und gleichfalls nicht affektiv übertrieben sind Aussagen, wenn die Journalisten sie durch Redensarten bewußt komisch, d. h. lachenerregend zuspitzen. In den illustrierten Zeitschriften geschieht das wie in den Boulevardblättern seltener als in den konventionellen Tageszeitungen (rd. 30 mal). Noch eingeschränkter ist zu sagen: Nur die *Neue Revue,* der *Stern* und *Frau im Spiegel* bieten humorvoll und scherzhaft satirische Formulierungen. Ironische hingegen waren im Gegensatz zu den Tageszeitungen in keiner Illustrierten zu entdecken.

In dem Bildbericht der *Neuen Revue* über »das einzige Hunde-Restaurant der Welt« in New York lautet eine Bildunterschrift:

So ein gepflegtes Fresserchen macht uns immer *mopsfidel* [28, 2],

und im Text steht u. a.:

Aber ein Lokal, in das man nur reinkommt auf allen vieren, da drin kann's doch wohl *nicht mit aufrechten Dingen zugehen* [29, 3];
Wahrscheinlich bekämen [wenn die Hunde sprechen könnten, der Wirt und die »Herrchen«] zu hören, daß so ein Hunderestaurant *für die Katz ist* [30, 3].

In humorvoller Weise, in der Haltung, seltsames menschliches Verhalten lachend hinzunehmen, schreibt der Reporter über das Kuriosum. Sprachspielerisch bezieht er die Wendung *mopsfidel (sein)* – Möpse gelten als zufriedene, vergnügte Hunde – auf die Vierbeiner im Bildfoto zurück. Durch das variierte feste Syntagma *nicht mit aufrechten Dingen zugehen* statt *nicht mit rechten* ... nimmt er vorwegweisend humorvoll Stellung und reiht dann Informationen auf. Die Redensart im Schlußsatz faßt humorvoll-sprachspielerisch – aus der Perspektive der Wohlstandsopfer – seine Meinung zusammen. Es ist jedoch zu fragen, warum hier nicht ein scherzhaft oder ernst satirischer Zugriff erfolgte, den der Sachverhalt geradezu provoziert. Vielleicht mit Rücksicht auf die Leser, die ähnlich- und gleichgeartete »Hundenarren« sind?

In der Serie »Die Prinzgemahle« von *Frau im Spiegel* wird über den Ehemann der niederländischen Königin, der durch den Lockheed-Skandal in die Schußlinie der öffentlichen Kritik geriet, an sinnzentrierenden Stellen der einleitenden Passagen ausgesagt:

Plötzlich aber *hat* es auch ihn *erwischt* [...];
Früher *war* er schon morgens um halb fünf *auf den Beinen* [...];
[...] denkt Bernhard angestrengt darüber nach, wie er *den Tag totschlagen* soll [52, 1; 52, 2 u. 52, 4].

Die Aussagen sind unter Einbezug des Kontextes scherzhaft satirisch akzentuiert zu nennen. Der Journalist übt nicht hart Kritik. Vielmehr: Man hat den Prinzen »erwischt« – gleichsam nach einem harmlosen Jungenstreich. Der Sachverhalt wird dann auch weiterhin verharmlost, veräußerlicht; früher war dies, jetzt ist das der Fall. Wie in den Boulevardblättern und den konventionellen Tageszeitungen wollen und können die durch Redensarten humorig und scherzhaft satirisch eingefärbten Äußerungen leseanreizend wirken. Das ist die allgemeine Funktion der so verwendeten Idiome. Aber ihre spezielle mögliche Aussageintention, die in der gesamten Tagespresse – wenn auch nicht häufig realisiert – erkennbar war, daß die Journalisten durch sie scharfe Kritik aussprechen und z. T. engagiert Stellung nehmen, diese

Intentionsmodalität nehmen die Journalisten der Illustrierten nicht wahr. Hierfür lassen sich mehrere Gründe angeben. Vorwiegend informativ aufbereitete Sachverhalte will (und darf) man nicht einer lächerlich machenden Kritik unterziehen. Dasselbe gilt für Personen, die hinsichtlich der Illustriertenproduktion weiterhin ergiebig sind. Hinzukommen kann die Unlust oder Unfähigkeit, Situationen und Sachverhalte ihnen adäquat kritisch »aufs Korn zu nehmen«. Man will keinesfalls den Lesern »auf die Füße treten«. Diese Gründe, abstrahiert aus der humorigen und scherzhaft satirischen Verwendung von festen Syntagmen und Sätzen, signalisieren wiederum die primäre Funktion der illustrierten Zeitschriften: Unterhaltung bieten zu wollen.

Redensarten sind vorgeprägte sprachliche Einheiten. Weil sie aber grammatisch fast ausschließlich satzintegrierend benutzt werden sowie jeweils auf mannigfache Situationen und Sachverhalte bezogen werden können und zudem intentional variabel verwendbar sind, erfahren sie im Sprech- und Schreibvollzug oft eine Änderung. Die Kolumnisten der Illustrierten ändern Wendungen häufiger ab als die Journalisten der Boulevardblätter und der konventionellen Tageszeitungen (rd. 50 mal). Zudem ist erwähnenswert, daß fast ausschließlich allgemeine Redewendungen variiert zu finden sind. Verb-Variationen ragen heraus, z. B.:

[X] läßt [seine Frau] zu jenem [Y] fahren, der ihr *im Kopf herumspukt* [*Bu* 28, 3; Variation zu: *etwas geht jemandem im Kopf herum*];
Die Siegermächte *scheren sich einen Dreck darum* [die Ausrottung der Armenier durch die Türken im ersten Weltkrieg, *St* 124, 4, statt: *sich einen Dreck um etwas kümmern*].

Sowohl diese geänderte saloppe als auch jene umgangssprachliche Wendung sind affektiver und semantisch schärfer als die gebräuchlichen Idiome. Das gilt fast ausnahmslos ebenso für die übrigen (insgesamt über 20).

Eine weitere Variationsform besteht in der Veränderung von nominalen Teilen der Syntagmen; so z. B. durch die Verwendung des Plurals statt des gebräuchlichen Singulars (*dem Leben die besten Seiten abgewinnen, Br* 43, 4) oder aber auch durch den Austausch der Nomen 6mal, die fast gleiche Zahl ist auch für die folgenden Gruppen anzugeben):

[...] daß das Geschäftsleben [...] bisweilen *einen dunklen Punkt auf der weißen Weste* hinterläßt [*Bu* 42, 3; Variation zu: *ein Fleck auf der weißen Weste*].

In ähnlicher Weise werden auch Adjektive in Wendungen variiert und Steigerungsformen anstelle der üblichen Grundformen verwendet:

Die Herstellung der homöopathischen Medikamente *spielt eine* [...] *wichtige Rolle* [statt: *eine große Rolle, FiSp* 77, 2];
Die Königin hat verziehen, da *fällt* auch dem Volk das Verzeihen *leichter* [statt: *leichtfallen, Bu* 42, 3].[23]

Weiterhin transformieren die Schreiber stehende Verbindungen in eine gegensätzliche Aussage:

»*Er war* mit sich selbst *nicht im Reinen* [sic!]« [oppositionell zu: *mit jemandem im reinen sein, NR* 106, 1];
Niemand konnte es vielleicht sagen [...], solange es noch *einen Funken Hoffnung gab* (konträr zu: *keinen Funken Hoffnung mehr haben, NR* 15, 3].

---

[23] Die Idiomdefinition im *Lexikon der Germanistischen Linguistik* (*a. a. O.*, Anm. 8; 1. Bd., S. 176) lautet: »Ein Idiom ist ein minimalsignifikantes Sprachzeichen. Kommutation seiner Teile ist nicht möglich ...« Diese Bestimmung ist hinsichtlich der aufgewiesenen Variationsarten nicht stringent.

Eine letzte nennenswerte Variationsart, die nur in der Bravo auffindbar war, ist die quantitative Reduktion von Wendungen:

»*Höchste Zeit*, daß der alte Rocksound [...] aufgemöbelt wird«;
[XY] *packt plötzlich ein Eisen an*, das bislang [...] tabu war [5, 1 und 9, 1].

Im ersten Zitat ist die Wendung *es ist hohe/höchste Zeit* auf den semantischen Kern eingegrenzt, und zwar wenn der Kontext berücksichtigt wird, in affektierter, großsprecherischer Weise. In dem anderen Beispiel sparte der Texter das für die Redensart bezeichnende adjektivische Attribut *heiß* aus, was eine semantische Verkürzung und somit auch eine qualitative Reduktion bewirkt und zudem indirekt bezeugt, daß ihm die Herkunft der Wendung aus der mittelalterlichen Praxis der sogenannten Gottesurteile unbekannt ist.

Fast alle Variationen von Redensarten in den Illustrierten, deren bedeutsamsten Modi nachgewiesen wurden, verstärken die Emotionalisierung der Texte. Zugleich erhöhen sie – ob bewußt verwendet oder nicht – den Leseanreiz und pointieren die Informationen und Stellungnahmen der Schreiber z. T. intensiver als die gebräuchlichen stehenden Verbindungen.

Die meisten deutschen Sprichwörter entstanden mehr noch als die Redewendungen während des Mittelalters aus dem volkstümlichen Sprachgebrauch; viele allerdings stammen aus der poetischen Literatur oder bildeten sich durch Lehnübersetzungen aus den Werken antiker Autoren.[24] Die untersuchten Illustrierten weisen in der Relation von Textmenge und Blattgröße eine geringere Sprichwortquantität auf als die analysierten Boulevardblätter (in beiden je 9 bei unterschiedlichem Textvolumen). In den untersuchten konventionellen Tageszeitungen war – was als Zufall zu gelten hat – m. W. kein Sprichwort auffindbar. Die in den Zeitschriften ermittelten Sprichwörter, Sprichwortvariationen und -segmente wurden überprüft an dem Standardwerk *Deutsches Sprichwörter Lexikon* von Karl Friedrich Wilhelm Wander (1880 ediert und 1964 nachgedruckt). Alle aufgefundenen Idiome besitzen sinngleiche Ausformungen in anderen Sprachen.

Fünf Idiome sind in der Vollform benutzt. Eine Lesergruppe, die in einem »Psycho-Test« eine bestimmte Punktspanne erzielt hat, wird in der Beurteilung abschließend fazitziehend hinsichtlich ihrer ermittelten negativen affektiven Verhaltensweise belehrt:

Merke: *Hochmut kommt vor dem Fall* [FiSp 88, 1].

Der Beurteiler dringt auf Änderung der abzulehnenden Attitüden. Ebenso als Resümeeformeln, jedoch das Handeln von Personen bewertend, erweisen sich die Sprichwörter:

»*Undank ist wirklich der Welt Lohn* [...]« und
Viel Feind, viel Ehr' [sic!] [FiSp 96, 2 und St 36, 1].

Das erste Idiom, in welches affirmativ *wirklich* eingefügt ist, markiert verbittert konstatierend die Sinnspitze in einem kurzen Informationstext. Das folgende Sprichwort gewichtet sachlich feststellend einen Abschnitt im Kommentarteil eines Artikels mit politischer Problematik. (Das Idiom wird in Wanders Lexikon als erster Teil des Wahlspruchs von Georg von Fundsberg, Feldhauptmann Maximilian I., ausgewiesen; der zweite Teil lautet *viel Leute, viel Beute*, Bd.1, Sp.971.)

Gleichfalls im Text sinnzentrierend verwendet und das pragmatische Verhalten von Menschen anzielend, aber in argumentierender Aussageintention benutzt, findet sich in einem

---

[24] Vgl. Schmidt, *a. a. O.* (Anm. 13), S. 245 ff., und *Die deutsche Sprache. Kleine Enzyklopädie in 2 Bänden*, hg. von E. Agricola u. a.; Leipzig 1969, Bd. 1, S. 599, 595.

Bildbericht über die »Trucker« (Eigentümer und Fahrer von Fernlastern in den USA) in Parenthesenstellung das Idiom:

Time is money [*St* 60, 3].

In dem gleichen Artikel benutzt der Reporter die Variation eines englischen Sprichwortes für eine textintegrierte übertriebene Feststellung:

His home is his truck [= Lastwagen, *St* 62, 2].

Das Idiom *My home is my castle* wird verändert: Die syntaktische Struktur bleibt bestehen, der Gleichsetzungsnominativ wird ausgetauscht und das Possessivpronomen jeweils von der ersten in die dritte Person transformiert. Diese Variation kann jedoch auch lediglich als Anspielung auf das Sprichwort gelten. Seine spezifische Bedeutung geht allerdings in der Variation oder Ausspielung durch den Austausch des Nomens verloren. Situationsbezogen wird das Idiom im Text zur Floskel, die Imponiergehabe signalisiert.

Zweifelsfrei als Anspielung auf ein bekanntes Sprichwort ist eine fazitive Aussage zu betrachten, in die der zweite Teil des Idioms als Stellungnahme des Journalisten integriert ist in bezug auf das kognitive und pragmatische Verhalten der angesprochenen Personengruppe:

Dieses Wahlergebnis [vom Oktober 1976] wird für [die SPD] *kein sanftes Ruhekissen* sein [*St* 33, 2].

Angezielt ist: *Ein gut Gewissen, ein sanftes Ruhekissen* (Wander, Bd. 1, Sp. 1669). Erwähnenswert ist die negierende Verwendung des Sprichwortteiles. Diese Form der Änderung auch hinsichtlich der Variationen und Vollformen der Sprichwörter bietet sich als weitere Gebrauchsmöglichkeit an. Daß hierdurch zudem der intendierte Aussagegehalt von Idiomen situations- und sachverhaltsbezogen relativiert und verneint werden kann, liegt auf der Hand.

In den untersuchten Illustrierten überwiegen knapp die vollständig zitierten Sprichwörter, in den analysierten Boulevardzeitungen dominieren die Variationen. Bei breiter angelegten Untersuchungen würde der zweite Befund bestätigt, jedoch mit der Modifikation, daß die Journalisten Variationen vollständiger Idiome und ebenfalls Sprichwortteile satzintegrativ verwenden.[25] Wie die vorstehenden Ausführungen belegen, können das Sprichwort und seine Abwandlungen als Stilmittel verschiedenartig sowohl aussageintentional als auch textfunktional benutzt werden. Die vorherrschende Funktion des Sprichworts und seiner Modalitäten in den Texten der Illustrierten besteht darin, daß sie spontan verständliche, sprachökonomisch geraffte und meist bildhafte Fazitaussagen in bezug auf vorher oder nachstehend übermittelte Informationen und Stellungnahmen abgeben. Dies ist die generelle positive Funktion der Sprichwortverwendung auch in den Boulevardzeitungen. Indem die Journalisten – auch in anderen Pressebereichen – Sprichwörter für Äußerungen aufgreifen, erweist sich: Das Sprichwortgut tradiert nicht nur konservierend Erfahrungen und Erkenntnisse vergangener Zeiten, sondern ist weiterhin in der gegenwärtigen Sprache vorhanden und wirksam, weil Sprichwörter auch auf Situationen und Sachverhalte veränderter gegenwärtiger Lebenswirklichkeit bezogen und vielfach aussageintentional und textfunktional verwendet werden können.[26]

---

[25] Vgl. auch Daniels, *a. a. O.* (Anm. 14), S. 290.
[26] Vgl. auch Wolfgang Mieder, *Verwendungsmöglichkeiten und Funktionswerte des Sprichworts in der Wochenzeitung (Untersuchung der »Zeit« für das Jahr 1971);* in: *Muttersprache,* LXXXIII (1973), S. 94, 99.

Sowohl die allgemeinen als auch die sprichwörtlichen Redensarten und Sprichwörter sowie ihre verschiedenartigen Variationen profilieren und straffen in den Illustrierten sprachökonomisch Informationen und Stellungnahmen. Zudem akzentuieren die Idiome die Texte, wodurch die vorherrschend abstrakte berichtende Sprache der Zeitschriften lexikalisch, semantisch und syntaktisch vielfältiger und lebendiger wird. Diese allgemeinen Funktionen sind als positiv herauszuheben. Eine weitere generelle Funktion der Redewendungen und besonders ihrer Variationen besteht in der Emotionalisierung von Einzelaussagen und Texten. Jedoch nur in der *Bravo* läßt sich eine übertriebene affektive Aufladung von Formulierungen durch Idiome feststellen. Sie – und weitaus mehr noch die betont emotionale Metaphorik – trägt mit dazu bei, daß die Texte dieser Jugendzeitschrift zugleich indirekt wirksame Werbung betreiben. Hier wird die primäre Aufgabe der Illustrierten – Informationen, Unterhaltung und Anzeigenwerbung zu übermitteln – inhaltlich und sprachlich eingeengt und verfälscht. Hinsichtlich der angezielten jugendlichen Leser ist das als publizistische Manipulation zu bezeichnen, und für Verlag und Texter bedeutet dies journalistische Prostitution.[27]

Aufgrund der genannten Funktionen wirken die durch Redensarten und Sprichwörter bestimmten Aussagen interesse- und lesestimulierend auf die Leser. Hierin ist die allgemeine adressatenbezogene und positiv zu bewertende Funktion der untersuchten sprachlichen Ausdrucksmittel zu erkennen. Die Lesemotivation wird noch gesteigert, wenn die Schreiber Idiome an exponierten Textstellen verwenden. Das geschieht meist mit Absicht; aber auch der Gebrauch in den Texten selbst ist sehr häufig als Leseanreiz intendiert.

Die vorherrschende spezielle Funktion der drei Idiomarten in den Illustrierten resultiert aus der Ermittlung, daß sie oft für sinnzentrale Aussagen in den Kolumnen verwendet werden. In kommentierenden Artikeln und stellungnehmenden Textpassagen erweisen sich die durch feste Syntagmen geprägten Formulierungen meist als Fazitsetzungen, in den informierenden Texten hingegen oft als Leerformeln. Die Verwendung von Redensarten für preziös artikulierte sowie für humorvoll und scherzhaft satirisch akzentuierte Äußerungen bildet eine spezielle Aussageintention der allgemeinen und sprichwörtlichen Syntagmen. Die Schreiber beabsichtigen mit ersteren in selbstgefälliger Manier Leseanreiz.

Insgesamt stellen die untersuchten Idiomarten differenziert und überwiegend in positiver Weise verwendete Ausdrucksmittel hinsichtlich der Sprache eines publizistischen Sektors dar, der auf anspruchslose Unterhaltung und höchst verschiedenartige und damit z. T. belanglose Informationen abzielt. Die Illustrierten (gleichfalls die anderen weitverbreiteten Zeitschriften und die gesamte Tagespresse) übermitteln und tradieren zugleich Millionen Lesern Redensarten in beträchtlicher und Sprichwörter in geringfügiger Anzahl. Die Massenmedien motivieren hierdurch ihre Konsumenten zur Verwendung dieser Idiomkategorien im eigenen Sprachhandeln. Ob jedoch diese Übermittlung und Tradierung die Leser zu einem situations- und sachverhaltsangemessenen Gebrauch der festen Syntagmen im Sinne einer »elaborierten« Handhabe anregen kann, wie sie vornehmlich die Journalisten in den Illustrierten praktizieren, oder ob die Leserschaft vorherrschend zu einer gegensätzlichen gleichsam »restringierten« Handhabe gebracht wird, dies bleibt zunächst eine unbeantwortete Frage.

---

[27] In diesem Zusammenhang sei an andere Formen journalistischer Prostitution erinnert. Zu verweisen ist auf die Romane Heinrich Bölls *Ansichten eines Clowns* (1963) und *Die verlorene Ehre der Katharina Blum* (1974). Im *Clown* wird aus der Perspektive der Titelgestalt die heutige Zeit in überzogener Kritik summarisch als »Zeitalter der Prostitution« etikettiert (S. 248 f. der dtv-Ausgabe von 1969). Hermann Hesse bezeichnet sie in der Einleitung seiner Utopie *Das Glasperlenspiel* (1943) argumentierend oft als »feuilletonistische Epoche«.

HELMUT BUSKE VERLAG HAMBURG

Sprach- und Literaturwissenschaft

Collinder, B.: Sprache und Sprachen. Einf. i.d.Sprachwissenschaft.
1978. 293 S.   ISBN 3-87118-324-5

Heine, B./Schadeberg, Th./Wolff, E. (Hg): Die Sprachen Afrikas.
1980. ca 700 S.m.zahlr.Karten gr8°   ISBN 3-87118-433-0

Pfeiffer-Rupp, R.: Die sprachwissenschaftliche Arbeit. Formen und Techniken. Mit zahlr. Mustern u. Tab. 1980. XI, 261 S.   ISBN 3-87118-374-1

Schmidt, P.W.: Die Sprachfamilien und Sprachenkreise der Erde. Mit einem Atlas von 14 Karten. 1926. Reprint.
1977. XVI, 595 S.   Text   ISBN 3-87118-277-X
1977. 14 Karten   Atlas   ISBN 3-87118-278-8
    cpl.   ISBN 3-87118-276-1

Adelung, F.v.: Catherinens der Grossen Verdienste um die vergleichende Sprachenkunde. 1815. Nachdruck. M.e.Einl.u.a.bio-bibliogr.Reg.v. H.Haarmann. 1976. (16), XIV, 211 S.
    ISBN 3-87118-221-4

Ahlzweig, C.: Untersuchungen zum Wortfeld des Erlösens im Frühneuhochdeutschen. 1975.
IV, 332 S.m.91 Tab. (HPS 37)   ISBN 3-87118-214-1

Böttcher-Wöbcke, R.: Komik, Ironie u. Satire im dramatischen Werk von Wole Soyinka. (Das englischsprachige Theater in Westafrika).
1976. VI, 290 S. (Lit.275-290) (HPS 42)   ISBN 3-87118-231-1

Boghardt, M.: Der jambische Trimeter im Drama der Goethezeit.
1973. VIII, 220 u. 155 S. (HPS 30)   ISBN 3-87118-141-2

Bünting, K.-D.: Morphologische Strukturen deutscher Wörter.
1970. 2. unveränd.Aufl. 1975. VIII, 175 S. (IKP 19)   ISBN 3-87118-030-0

Cotta, Chr.F.: Eulogius Schneider's Schicksale in Frankreich.
1797. Nachdr.m.e.Einl.v.Chr.Prignitz.1979. XXII, 247 S.   ISBN 3-87118-395-4

Fluss, I.: Das Hervortreten der Erzählerpersönlichkeit und ihre Beziehung zum Publikum in mittelhochdeutscher strophischer Heldendichtung. E. Unters. über Anlass, Absicht u. Formen ihrer sprachl. Verwirklichung.
1971. XI, 317 S. (HPS 9)   ISBN 3-87118-039-4

Fraehn, Chr.M.: Ibn-Foszlan's und anderer Araber Berichte über die Russen älterer Zeit. St. Petersburg 1823.
1976. (VI), LXXXI, 281 S., 1 Taf. (HPS 39)   ISBN 3-87118-216-8

Friedrich der Grosse: De la Littérature Allemande. Franz.-dt. Mit d. Möserschen Gegenschrift.Krit.Ausg.v.Chr.Gutknecht u.P.Kerner.
1969. 183 S.   ISBN 3-87118-027-0

Gross, H.: Der Ausdruck des 'Verbalaspekts' in der deutschen Gegenwartssprache. 1974.
157 S.m.zahlr. Tab. (HPB 15) ISBN 3-87118-184-6

Groth, P.: Der Vortizismus in Literatur, Kunst u. Wissenschaft. Studien z. Bewegung der "Men of 1914". E.Pound, W.Lewis, Gaudier-Brzeska, T.S. Eliot u.a. (Lit.349-405). 1972.
405 S.m.Abb. (HPS 18) ISBN 3-87118-088-2

Gutknecht, Chr.: Die mittelhochdeutsche Versnovelle 'Von zwein koufmannen' des Ruprecht von Würzburg. Handschriftenabdruck,krit.Text, Übers.,Kommentar. (Lit. 249-268) 2., ber.A.1971. 8, XIV,268S.mit 4 Ktn, 1 Abb. (HPS 2) ISBN 3-87118-032-7

Hahn, S.: Luthers Übersetzungsweise im Septembertestament von 1522. Unters.z.Luthers Übers.d.Römerbriefe im Vergl.m.Übers. vor ihm.
1973. 266 S., 18 Taf. (HPS 29) ISBN 3-87118-130-7

Heidrich, C.H. (Hg).: Konstituenten dialogischer Kommunikation.
1977. VII, 426 S. (IPK 67) ISBN 3-87118-312-1

Hennig, J.: Chronologie der Werke Heinrichs von Mügeln.
1972. 314 S. (Lit.295-314) (HPS 27) ISBN 3-87118-126-9

Hirsch-Wierzbicka, L.: Funktionelle Belastung und Phonemkombination am Beispiel einsilbiger Wörter d.deutschen Gegenw.Sprache.M.e.Anhang.
1971. X, 168, 78 S. (IPK 38) ISBN 3-87118-075-0

Hlynsky, B.: Ivan Franko et Émile Zola. Une étude de relations littéraires.
1979. X, 342 p. (HPS 49) ISBN 3-87118-402-0

Huth, L.: Dichterische Wahrheit als Thematisierung der Sprache in poetischer Kommunikation. Unters.a.d.Funktion d.Höfischen i.Wolframs Parzival.
1972. VIII, 440 S. (Lit.413-440) (HPS 28) ISBN 3-87118-127-7

Kallienke, G.: Das Verhältnis von Goethe und Runge im Zusammenhang mit Goethes Auseinandersetzung m.d.Frühromantik.
1973. VI, 158 S.m.11 Abb. (HPS 22) ISBN 3-87118-116-1

Keller, Th.: The City Dialect of Regensburg.
1976. viii, 204 pp m.2 Ktnskizz.u.zahlr.Tab. (HPB 19) ISBN 3-87118-228-1

Kelz, H.P.: Phonetische Probleme im Fremdsprachenunterricht.Überblick u. Bibliographie.
1976. VIII, 264 S. (IPK 59) ISBN 3-87118-243-5

Krogmann, W.: Ophelia. E. identifiz.Motiv d.Dichters Shakespeare.
1970. 71 S. m.e.Kte u.2 Abb. (HPS 3) ISBN 3-87118-033-5

Krogmann, W.: Wilhelm Meister in Hamburg. E.Epilog z.Eröffg.d.Hamburger Stadttheaters, Ostern 1827. 1965. 62 S.m.2 Faks.u. 3 Portr. ISBN 3-87118-013-0

Lambert, P.J.: Ausklammerung in Modern Standard German.
1976. (iv), 211 pp with tables (HPB 21) ISBN 3-87118-247-8

Langholf, B.: Die Syntax des deutschen Amadisromans. Unters.z.Sprachgesch.d.16.Jh.2., durchges.A.1973. 229 S. (HPS 16) ISBN 3-87118-077-7

Latour, B.: Elative und affirmative Modalwörter.Unters.z.Funktion u.Gesch. kommunikat. Einheiten i.Mhd.u.Nhd.1973.321 S. (HPB 12) ISBN 3-87118-153-6

Lenders, W.: Semantische und argumentative Textdeskription.E.Beitr.z. Simulation sprachl.
Kommunikation. 1975. XIV, 265 S.m.zahlr.Abb. (IPK 52)   ISBN 3-87118-199-4

Meier-Branecke, M.: Die Rittertreue. Krit.Ausg., Übers. u.Unters.
1969.(IV), 229 S. (HPS 10)   ISBN 3-87118-040-8

Mestwerdt, B.: Virgo Astrae und Venus Urania. Unters.z.Tradition zweier antiker Mythen bes.i.d.dt.Lit.bis z.Beginn d.19.Jh.
1972. IX, 274 S. (HPS 21)   ISBN 3-87118-110-2

Metzing, D.: Formen kommunikationswissenschaftlicher Argumentationsanalyse.
1975. VIII, 155 S. (IPK 25)   ISBN 3-87118-185-4

Müller, H.M.: Erotische Motive in der griechischen Dichtung bis auf Euripides.
1980. XXIV, 253 S. (HPS 50)   ISBN 3-87118-436-5

Mundhenk, J.: Friedrich Bodenstedt und Mirza Schaffy in der aserbeidschanischen Literaturwiss. 1971. 108 S.   ISBN 3-87118-023-8

Nöther, I.: Luthers Übersetzungen des 2.Psalms. Ihre Beziehungen z.Übersetzungs-u. Auslegungstrad., z.Theologie Luthers u.z.Zeitgeschichte.
1976. IX, 321 S. 13 Tab. (HPS 41)   ISBN 3-87118-229-X

Plett, H.F.: Einführung in die rhetorische Textanalyse.
1971. 4.erg.A.1979. VI, 126 S.   ISBN 3-87118-082-3

Prignitz, Chr.: Friedrich Hölderlin. Die Entwicklung seines polit.Denkens unter d.Einfl.d. Franz.Revolution.
1976. VI, 417 S. (Lit.386-417) (HPS 40)   ISBN 3-87118-234-6

Pritzlaff, Chr.: Zahlensymbolik bei Thomas Mann. (Unter Verwendung teils unveröff.Mat.)
1972. IV, 126, XLVII S. (HPS 25)   ISBN 3-87118-122-6

Pütz, H.-H.: Die Darstellung der Schlacht in mittelhochdeutschen Erzähldichtungen v.1150-1250. 1971. iv, 226 S. (HPS 15)   ISBN 3-87118-076-9

Reger, H.: Metaphern und Idiome in szenischen Texten, in der Werbe- u. Pressesprache.
(Beitr.a.Muttersprache 1972-78) 1980. 150 S.   ISBN 3-87118-440-3

Richter, H./F. Weidmann: Semantisch bedingte Kommunikationskonflikte bei Gleichsprachigen.
2.,durchges.A.1975.XIV, 192 S.m.25 Fig.u.4Tab. (IPK 17)   ISBN 3-87118-179-X

Sauer, W.W.: Der Sprachgebrauch von Nationalsozialisten vor 1933.
1978. (IV), 197 S. (HPS 47)   ISBN 3-87118-346-6

Scharf, G.: Charaktergestaltung und psychologischer Gehalt in Drydens Shakespeare-Bearbeitungen. 1970. 147 S. (HPS 14)   ISBN 3-87118-044-0

Schleier, I.: Das Funktionssystem der Präpositionalkonstruktion i.d. deutschen Gegenwartssprache. 1975.XIV,304 S. (HPK 14)   ISBN 3-87118-178-1

Soeffner, H.-G.: Der geplante Mythos.Unters.z.Struktur u. Wirkungsbedingung d. Utopie. 1974. X, 349 S. (IPK 51)   ISBN 3-87118-109-9

Sonntag, C. (Hg): Sibotes 'Frauenzucht'. Krit.Text,Übers.u.Untersuchgn.
1969. 296 S. (HPS 8)   ISBN 3-87118-038-6

Stock, D.: Untersuchungen zur Stimmhaftigkeit hochdeutscher Phonemrealisationen.
1971. 220 S.m.7 Tab., 32 Abb, 64 Ozsillogr. (IPK 28) ISBN 3-87118-071-8

Stumpf, A.S.: Eulogius Schneiders Leben und Schicksale im Vaterland.
Frankf./M. 1792 Nachdruck.Hrsgeg.u.eingel.v.Chr.Prignitz.
1978. XX, 72 S. ISBN 3-87118-320-2

Ulrich, D.: Die Verskunst der Lyrik Detlev von Liliencrons.
1970. 213 S. (HPS 11) ISBN 3-87118-041-6

Ungeheuer, G.: Materialien zur Phonetik des Deutschen.
1977. 159 S. (IPK 61) ISBN 3-87118-250-8

Ungeheuer, G.: Sprache und Kommunikation. 14 Beiträge.
1972.2.Aufl. 271 S. (IPK 13) ISBN 3-87118-089-0

Voge, W.M.: The Pronunciation of German in the 18th Century.
1978. x, 147 pp(HPB 26) ISBN 3-87118-326-1

Vogel, G.: Der Mythos von Pandora - Die Rezeption eines griechischen Sinnbildes id.d.dt.Lit.
1972.IV, 225 S. (HPS 17) ISBN 3-87118-078-5

Weiss, R.: The Perception of Vowel Length and Quality in German: An Experimental-Phonetic Investigation.
1976. 239 pp (HPB 20) ISBN 3-87118-230-3

Ziedonis, Jr., A.: A Study of Rudolfs Blaumanis with notes (pp352-485), bibliography (486-50), index(&ol-532)
1979. x, 532 pp (HPS 48) ISBN 3-87118-406-3